给作家标个价

旧书店的文学论

[日] 出久根达郎 著

黄悦生 译

四川人民出版社　｜　后浪出版公司

目 录

1

司马辽太郎

龙马的价值

我收到一封来信，信中写道：

前略。①……我家儿子以前不大爱看书，但自从学校举行"晨读活动"以来，忽然喜欢上了读书……前不久竟然把司马辽太郎的整套《龙马行》看完了。现在又从第一卷重新开始看第二遍，简直着了迷。……而且，他还说很想要一套初版的《龙马行》。……我本来想着，难得他开始体会到读书的乐趣，要不就买一套当作生日礼物送给他吧……不过，他却提出要用自己的零花钱买……我想向您请教：这样一套初版旧书的价格是多少呢？

我既写小说，同时又开旧书店，所以时常有人向我咨询这样的问题。

据写信人说，他儿子正读初中二年级。虽然我曾听说司马辽太郎的粉丝里甚至有小学生，但当我看到这么一位十四岁少年开始喜欢读书，并为《龙马行》而感动时，我不禁十分感慨——因为我大概在这个年纪（我是在十八

---

① 日语书信开头的"前略"表示省去客套话，直接进入正题。

岁）时，也曾经沉迷于《龙马行》的世界。

　　当时我看的不是书，而是报纸上的连载。后来书出版之后，我又买回来重读了一遍。我特别崇拜《龙马行》里的坂本龙马，希望自己也能成为和龙马一样的人。我甚至还跑到附近的"北辰一刀流"武馆学习剑术。师父名叫柳沼铁水，是千叶周作的第六代传人。武馆名叫"东武水明馆"，意为"东武"（江户的别称）的水明馆，与"水户"的水明馆（同属北辰一刀流）区别开来。据说，武术流派必须传承两个以上的分支，以防止失传。自家附近竟有这样一个和龙马修习流派有渊源的武馆，这固然是个巧合，但自从去武馆以来，我对龙马以及《龙马行》的热情与日俱增，开始疯狂地收集与龙马有关的图片、物品和书籍，一天到晚都沉迷于龙马之中。至于《龙马行》，我已经读过无数遍，特别喜欢的部分还放声朗读，乐在其中。（顺便提一下，司马的作品朗读起来更带劲。那些文字不能仅用眼睛看，而要放声朗读才能感到其中的韵味。他写的随笔也一样。）

　　我甚至还数过《龙马行》里出场人物的总数。若非喜欢，定无法做到。说到这里，顺便问一下各位读者：这部长篇小说里总共有多少个出场人物呢？如果能答对的话那就太厉害了。

　　当然，我数的也未必准确。因为小说背景是江户幕府末期，当时武士年轻时和晚年时用不同名字的现象很普遍。

　　例如，由利公正是"五条御誓文"①的起草者，是奠定

① 五条御誓文，1868 年明治天皇颁布的五条明治新政基本方针。

明治政府财政基础之人。但他在与龙马来往时的名字却是"三冈八郎"，在那之前还用过"三冈石五郎"。说不定我一不留神就把这三个名字当作三个人了。所以，我计算的结果可能会有五人左右的出入。

我算出的总人数有一千一百四十六人。那些没出现人名的"老人""母亲""某女""某男"不算在内。如此众多的人物出现于其中，而且每个人都个性鲜明——这种深厚的功力令人惊叹。即便是一介船夫，只要出现名字，就必定会写一两行关于其人的逸事。

这就是司马文学的魅力所在吧——取材于历史名人，以饱含深情的笔触，记录下他们周围无数小人物的片段。

总而言之，司马文学是深谙人性之文学。正因为作者深刻地把握了人的本质，才能去发掘那些小人物的行状，为他们投下聚光灯。《龙马行》既是青春小说，同时也是幕末维新史的优秀文本——这正是因为其中有一千多个真实人物的缘故。要说作者虚构的人物，大概就只有盗贼"寝待藤兵卫"之类的角色吧。

言归正传，《龙马行》的初版旧书价格是多少呢？

首先，简单地说明一下出版状况。

单行本第一卷发行于1963年（昭和三十八年）7月，由文艺春秋社出版。版型为四六判^①精装本，定价四百二十日元，卷名为《立志篇》。之后陆续出版第二卷

---

① 四六判，日本书籍的一种开本规格，图书成品尺寸一般为127毫米×188毫米或130毫米×188毫米，约略相当于小32开。

《风云篇》、第三卷《狂澜篇》、第四卷《怒涛篇》、第五卷《回天篇》。后来改版为全套八卷的文库本[1]时，这些卷名被省略掉了。另外，单行本每卷后面附有篇幅颇长的后记，在文库本中则把这些后记合并在一起，统一收录于最后一卷。全套五卷的单行本，第一卷至第四卷的出版社名为"文艺春秋新社"，而1966年（昭和四十一年）8月发行的第五卷则改成以"文艺春秋"之名出版[2]。装帧设计者为中尾进。

这套五卷版的《龙马行》曾在1988年（昭和六十三年）10月1日以"新装版"全套一起发行——这就是"新装版"的初版。

我给前文那位咨询初版书价格的顾客回信，告知以上这些出版情况，并问他："你儿子想要的是哪一种初版呢？"我想现在的中学生，不太可能想要我从前读过的那个"真正的"初版吧。说不定，他儿子想要的是文库本的初版？

我又顺便问他，为什么一个中学生如此执着于要一套初版书呢？我觉得，他儿子可能也并没什么特别的想法，只是随口说要"初版"而已。其实不仅中学生如此，很多人都经常混淆，把"单行本"误以为是"文库本"的别称。也许，他儿子以为"旧书"和"初版"是一回事？

对方回信了。

---

[1] 文库本，日本出版的一种便于携带且价格低廉的袖珍本，图书成品尺寸105毫米×148毫米。

[2] 文艺春秋社曾在1946年改名为"株式会社文艺春秋新社"，1966年改为"株式会社文艺春秋"。

信中说，他儿子在教会的义卖会上淘到了《龙马行》"真正"的初版，但只有第五卷一本。他为这本在自己出生前二十五年问世的初版而感动，很希望能把剩余第一卷至第四卷的初版全部收齐。

据说，他想要初版其实也并没什么特别的理由，只是因为在看书时，鼻子凑近那古旧泛黄的书页，嗅到一股昔日的灰尘味儿，于是心想：《龙马行》或许还是读旧书更合适。而且喜好文学的老师又建议说："既然要买旧书，当以初版为好。这套小说被誉为'国民文学'，长盛不衰，至今还十分畅销。所以和那些发行量少的纯文学作品不同，在旧书店有库存，售价应该不贵吧。"

这位老师的推测并不正确。所谓的畅销书，并非从一开始就是畅销书的。虽然也有例外，但初版数量一般都很少。《龙马行》也是如此。在这部小说开始连载两年以前，司马先生刚以《枭之城》获得直木奖，还没有成为当红作家。

那么，《龙马行》全套五卷的初版旧书，现在售价大约是多少呢？

我开旧书店以来，还从没有经手过这套初版书。不是初版的话，倒是卖过好几十次。售价至多不过在一千五百日元、两千日元、两千五百日元左右。在记忆中，我没见过这套初版书。确切地说，是我没留意过到底是初版还是再版，因为之前从没遇到过执着于买初版书的顾客。这次还是第一次遇到。

因为要给对方回信，所以我特意向同行——"龙生书林"的店主大场启志先生请教。

　　我之所以立刻想起大场先生，是因为他是最了解近代文学和大众文学作品的旧书价值之人。特别是在三岛由纪夫作品的收集上，大场先生成果斐然，在业界首屈一指。他著有《三岛由纪夫——旧书店的书志学》（Wise 出版社）这部研究著作。

　　这部著作的特别之处在于，它将旧书售价以及卖到这个价位的原因公之于众，详细地讲解关于旧书定价的要点。以前还从来没有人将旧书店的生意经公之于众，至少是从来没有公开出版过。这些数据资料是他自己的研究成果，而且事关饭碗，所以一般不会轻易示人。公开的话，非但毫无益处，反而会招来更多搜寻珍本的竞争者，弄不好甚至还可能砸了自己的饭碗。然而，大场先生这么做是出于其他考虑——他希望通过公开这些数据来吸引人们的关注，从而促使那些隐藏多年的珍本重见天日。

　　简而言之，薄薄的一本旧书，如果保留着出版时的原样——例如外封和腰封齐全的话，就能卖几十万日元。无论谁听了这话都会大惊失色吧。旧书店的均价柜台上经常摆出这种薄薄的书，但基本全都是裸本，没有保留着出版原貌的、外封和腰封均不齐全的书。为什么呢？——探究其中缘由的是旧书店，而将其条理清晰地归纳为文字并公之于众的，正是这位大场先生。

　　当我想向人请教《龙马行》初版旧书的行情时，立刻就想到了大场先生。除了以上原因之外，还有另外一个原因——听了可不许笑话我——"坂本龙马"和大场先生的书店"龙生书林"都有一个"龙"字。

　　"不是同一个字哟。"大场先生笑道，"我的书店名是笔画数很多的'龍'，而司马先生作品中的坂本龙马其实用的是'竜'字。"①

大场先生和我是同一年（昭和十九年即 1944 年）出生的。

"咦，是吗？我一直都以为是'竜生书林'呢。对了，《龙马行》中的主人公姓名为什么用'竜'字呢？"

"真实的历史人物'坂本龍马'确实和我书店名是同一个字。"

"从他留下的亲笔信也能见到署名是'龍'字。那么司马先生改用'竜马'是出于什么考虑呢？"

也许，是想把小说人物和真实的历史人物区别开来？总不至于因为嫌"龍"字笔画多难写而偷懒写成"竜"吧？不过，司马先生在其随笔中写到真实的历史人物时也同样写作"竜马"（例如《关于坂本竜马》），所以只能认为是他的个人习惯了。在《龙马行》中，写到龙马之妻阿龙第一次出场时，司马先生担心读者混淆，还特意在"阿龙"这名字上标注读音"おりよう"（oryo），并加以说明：

> "竜"字的正确读音为"リョウ"（ryo），而人们平常读成"リュウ"（ryu）只是习惯读法而已。
>
> 江户时期在江户地区读成"リュウ"，但在京都以西的各地区都读成"リョウ"。

---

① 在日语汉字中，"龙"字还保留有"龍"和"竜"两种形态。《龙马行》原书名是《竜馬がゆく》，小说中的主人公也写作"坂本竜馬"。

所以"竜马"的正确读音应为"リョウマ"（ryoma）。

我小时候经常玩打打杀杀的游戏，那些扮演成鞍马天狗①、近藤勇②的关东地区的小伙伴确实都把"坂本龙马"的"龙马"读成"リュウマ"（ryuma），而非"リョウマ"。

"对了。《龙马行》的初版旧书价格是多少呢？"

"噢，现在店里没有货。四年前卖掉了。当时刚刊登在旧书销售目录里，就有六名顾客下了订单。"

"是因为便宜？"

"也许吧。"大场先生笑道。

大场先生发行了一份名为《龙生》的库存目录。

"司马先生的著作当中，最难买到的应该是出版于昭和三十年（1955年）九月、以原名'福田定一'署名的《名言随笔工薪族》吧？毕竟是司马先生的第一本著作嘛。"

"司马先生刚去世时，周刊杂志曾做过介绍，说这本书是司马先生的稀世珍本。但其实在旧书爱好者之中还是广为人知的。我也曾收过好几次，并卖掉了。这本书是六月社出版的，副标题为'幽默新论语'。现在售价在十五万到十八万日元左右吧。"

前文说过，文学书的初版价格关键要看保存状态。品相极佳、品相一般和有污迹的书，价格有着云泥之别。大场先生所说的价格是以普通品相为基准的。

"这本书后来改名为《工薪族的箴言》再版。这一版

---

① 鞍马天狗，历史小说中的剑客。

② 近藤勇（1834—1868），江户时期末期的武士。

1963 年（昭和三十八年）7
月发行的《龙马行·立志篇》
初版。这本第一卷定价为
四百二十日元。

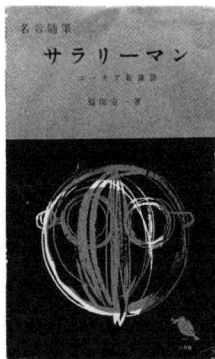

据说在司马辽太郎著作当中
最难买到的、以原名"福田
定一"出版的《名言随笔工
薪族》。

的初版旧书大约六七万日元吧。"

"噢，这个我倒不知。再版情况好像没怎么听说过。"

"而且，昭和四十六年（1971 年）时，文进堂还出版
了《工薪族的箴言》的复刻版呢。"

"这个就更是闻所未闻了。可否告知，司马先生还有
别的什么稀世珍本吗?"

"有几本吧。首先，昭和三十三年（1958 年）七月
由凡凡社出版的《白色的欢喜佛》应算一本。有腰封的
十八万日元，没腰封的大概四五万日元吧。不知为什么，
这书大都品相很好。十年前还很常见的。"

"司马先生好像有些推理小说没收入全集吧?"

"嗯，有两本。一本是《猪与蔷薇》，昭和三十五年

（1960年）十一月由东方社出版，带函套和腰封。此书后记中如此记载：

"'对于推理小说，我几乎没什么兴趣，也不具备天分和相关知识。只是受人之托而勉强写成。当然，写推理小说只此一次，以后也绝不会再碰啦。'

"因为他不喜欢侦探。这一点和夏目漱石先生一样。"大场先生笑道。

"另一本呢？"

"角川书店在昭和三十年代（1955至1964年）出版过'角川小说新书'系列，你还记得吗？"

"噢，当然记得。这个系列我读过石坂洋次郎、若杉慧的青春小说。当时各出版社都兴起一股'新书热'①，例如讲谈社的'Million Books'、光文社的'Kappa Books'、早川书房的'早川丛书'等等。"

"角川小说新书系列中有一本《古寺炎上》。去年秋天东京神田旧书节的图书销售目录中，这本书的售价为四十万日元，一时引起热议。"

"四十万日元！"

"司马先生的粉丝可狂热哩。"

我们的话题转到了关于司马文学的魅力。我提起《龙马行》出场人物的人数。大场先生饶有兴趣地问道：

"噢，那其中总共有多少个女人呢？"

"啊，女人？"

---

① 新书，日本出版的一种系列丛书，尺寸比文库本稍大（成品尺寸为105毫米×173毫米），内容多以知识教育为主。

这个我倒没数过。

"女人的人数也挺重要的吧。"大场先生继续说道，"司马文学嘛，乍一看好像描绘了男人们的世界，但其实女性形象反而刻画得更加鲜明。正因如此，所以才更好地反衬出男人们的形象吧。"

过后，我立刻数了《龙马行》里有多少个女人——跟原先一样，只算出现了名字的人。我是看着文库本来数的，但只数到第三卷时就因为有其他事情而被迫中断了。

那么，到第三卷为止，有多少个出场人物呢？

第一卷：男的一百一十九人，女的十四人；第二卷：男的一百六十三人，女的十七人；第三卷：男的一百四十九人，女的十三人。合计男的四百三十一人，女的四十四人。

第四十四个出场的女人，正是龙马之妻——阿龙。也就是说，我只统计到阿龙出场为止的女性人数。

出乎意料的是，其中竟然有许多女人与龙马相关，例如：龙马的姐姐乙女、家臣总管的女儿、伏见寺田屋旅馆的老板娘、千叶武馆的佐那子等等。也许正如大场先生所说，司马文学毋宁说是女人的文学吧。总之，我打算近期要弄清楚整部小说中到底有多少个女人。然后顺便再数一下《坂上之云》《宛若飞翔》《油菜花的海洋》等作品中的出场人数。尤其是《坂上之云》，书中的陆军海军军人的名字层出不穷，令人眼花缭乱，值得一数。还要数一下其中到底有多少位女性。

我和大场先生聊起了《龙马行》的魅力。

曾经，我因为无比崇拜龙马而去练习北辰一刀流的剑法，学会了"居合"①之招式，还身穿白色剑道服和深蓝色裙裤（北辰一刀流的制服），腰佩仿真刀，走在大街上——感觉自己仿佛走在幕末江户的大街上，就像视大风车为怪物的堂吉诃德一样。我不经意地摸了一下脑袋——当时我留着光头。光头的坂本龙马可不太像样。我打算留个像龙马那样的发型。

龙马的发型是怎样的呢？

——照片中的龙马，头部左右两边的鬓发乱蓬蓬的。司马先生在书中描写道："这就是在志士之中流传甚广的'龙马髻'。两鬓乱蓬蓬地鼓起来。"

我以为历史上确实有过"龙马髻"这个名称，而且到处向人吹嘘。

然而，最近文春新书出版的《司马辽太郎其人》却有不同的看法。此书作者是和田宏先生，长期负责编辑司马先生的作品。书中还提到我所说的小说出场人数之事，令我汗颜——三年前我在司马辽太郎纪念馆做过题为《龙马与辽太郎》的演讲，当时曾谈到出场人物的话题。和田先生举了这样一个例子：在《龙马行》中，阿龙向寺田屋老板娘索要她精心栽培的菊花。老板娘以为她只要一朵，就答应了。不料阿龙却说全都要，把菊花摘下来、晾干了，做"菊花枕"送给龙马。结果龙马不但没有感到欣喜，反而很生气，责骂阿龙残忍。——这件小事鲜明地表现出阿龙和龙马两人的性格，令人印象深刻。然而，这个场面是司马先生虚构出来的。和田先生还披露说："在这部

---

① 指居合道，日本武士的一种讲究一击必杀的武道。

小说里头，类似的虚构还有很多。"而我们这些读者却上了司马先生的当，以为小说中的龙马就是历史上真实的龙马。其实这只是司马先生虚构出来的人物形象而已。

例如，《龙马行》故事最高潮的"伏见寺田屋"有这么一幕——阿龙正在沐浴时，发现旅馆被许多敌人包围，于是连衣服也来不及穿，就立刻跑上二楼去告知龙马。

而历史上的真实情况则有所不同。龙马曾在事后写过一封长信向乡里的哥哥汇报此事。这封书信写得极其详尽，甚至还配有插图。他在信中这么写道："忽听一阵笃笃笃之棍棒声响，只见一个女人从厨房跑过来——即我平时所说之女人，名曰阿龙，现为吾妻。"——不是"浴室"，而是"厨房"，当然信中并没写她没穿衣服。也许是因为不好意思在信中告诉哥哥吧。按许多资料的记载，当时阿龙正在沐浴似乎确有其事，但至少会披件衣服再跑去通风报信吧。在小说里写她一丝不挂地跑去报信，这是否司马先生的虚构，还有待考证。但我冒昧地猜测：司马先生写到此处时，脑海中也许浮现出了森鸥外写的传记《涩江抽斋》里的一个场面——在看见丈夫将受恶徒袭击时，沐浴中的妻子一丝不挂地冲上前去，拔出匕首护住丈夫。

除此之外，《龙马行》里头令我颇觉有趣的场面还有许多，简直不计其数。例如：龙马正在照镜子时，书店里的小伙计问他："先生为什么在端详自己的脸呢？"龙马一本正经地小声回答道："我想看看爱上女人时是什么样子的。"——每次读到这一段都觉得有趣。

大场先生说："司马先生的小说里随处可见关于人和人生的至理名言，虽没有强加于人之感，却能让读者感到心悦诚服。这就是司马先生的魅力所在。"

他接着又说道："噢，对了，差点儿忘说了——《龙马行》全套五卷初版的价格。现在，要弄到这套初版是最难的吧，你刚才提到的那本《名言随笔工薪族》根本不可同日而语。其中，特别是第一卷和第二卷的初版，能买到就是奇迹了。"

"这么说来，就算有的话，价格也会很贵喽？"

"去年年底的横滨旧书展上见到过。听说还有好几个买家订购了。"

"价格呢？"

"三十二万日元。"

"哇——"

"有人说，如果品相上佳的话，也许能卖到五十万日元呢。不过我个人觉得二十万日元以内是比较合理的。"

如果我把这价格告诉那中学生的话，他还会那么执着地要买吗？

换言之，如果我是顾客的话，还会买吗？

初版书的魅力究竟在哪里呢？一本书刚问世时，作者亲眼见到，爱不释手。我们今天如果能拿到原书，就能像作者当初那样亲眼观赏，亲手摩挲——这种欣喜之情也许正是初版书的魅力所在吧。

那么，我们是否舍得为之一掷千金呢？

2

三岛由纪夫

腰封的价值

某日，我因事去拜访一位开旧书店的同行。进门一看，柜台边没人。店主正在账房后一个大约六叠①大的房间里整理书——几百本文库本书脊朝上地摆放在地上，占了半个房间，另一边则密密麻麻地铺满了文库本的外封。

我问他在做什么。他回答说，正在玩纸牌游戏"翻和尚"②。

事情原委是这样的：

他上门去收购旧书时，对方拿出一大摞全被剥掉外封的文库本，说："平时上下班途中常在车上看书，因为嫌外封和腰封碍事，出门时会先把它们剥掉再放进包里。"

但光秃秃的书可卖不出去。现在的书呀，一剥掉外封的话，就只剩下千篇一律的白色封面，显得十分寒碜。

店主很失望，正要回去时，对方又说："那些外封和腰封还全部保留着，并没有扔掉。"随即取出一个大纸箱来。

---

① 在日本，通常房间的面积是用榻榻米的块数来计算的，一块称为一叠。一叠约合 1.62 平方米，不同地区尺寸稍有不同。

② 翻和尚，用"和歌百人一首"纸牌进行的游戏。各人按顺序翻开纸牌，翻到"和尚"者输掉手中所有纸牌，翻到"公主"者赢回纸牌，最后以手中纸牌数多者为胜。

打开一看，里面塞满了书的外封和腰封，几十张一捆地叠得整整齐齐。当然，全都是新的。即使书有点儿脏，只要套上外封和腰封，马上会变得焕然一新。

"结果，我就在这里玩翻纸牌了呗。不过，很难对得上。你看，从早上奋战到现在，只有这么一丁点儿成果。"店主指着旁边的书堆，对我说，"难就难在书名和封面老是对不上。也就是说，没法通过图案记忆，只能牢牢记住书名才行。"

"哎哟，你原来这么贪玩啊。"我笑着说，"要不是为了好玩，就得换个别的方法。先确定方案：按作者分开，或者按书名的字母顺序排列——例如，从'ア'行书名挑起，先把'ア'行的书和外封都分别挑出来，然后再配对，这样不就快多了吗？也可以按不同出版社分开。总之，先得大致分一下类别。"

"噢，对呀。"店主挠挠头说道，"你真聪明！"

"唉，谁想不出来呀。"

我问他："像这样辛辛苦苦地套上外封的文库本能卖多少钱呢？"

"一百日元。"他说完，又补充道，"但如果缺少外封的话，就一分钱也卖不出去。也就是说，外封加人工费值一百日元。"

"还有书的购入成本呢。"

"噢，对呀。书收购回来当然也得花钱，而且这次还买贵了。"他开始抱怨起来，"一开始我看见那堆光秃秃的文库本时，本来是决意不收的。对方央求说：'免费送给你好了，你帮忙处理掉吧。'我还是没答应。正要走时，那家的男主人从房里走出来说：'如果书有外封的话收不收呢？'我不假思索地拍着胸脯说：'那我愿出高价收购。'于是，他就搬出一整箱书外封来……事已至此，我也不好拒绝了。"

"真没想到，给书套上外封这么费劲呀。这次别说赚钱，简直亏大了。"他一直喋喋不休地发牢骚。

过了两天，他又打电话给我说："果然亏大了——整理完后，发现还有很多书和外封是不配套的。外封剩下比较多。都是全新的，不舍得扔掉。你有什么好主意吗？"

没人会单独买张书外封回去。卖旧书的同行们也不会收购的。那怎么办呢？我一时也想不出什么好办法。

后来，我偶然向"龙生书林"旧书店的老板大场先生提及此事时，他一本正经地反问道："那些文库本是从前的旧版书吗？"

"不是，都是近年出版的。其中大多是推理小说。"

"可惜呀，要是旧版书就值钱了。"

"噢，是啊，哪怕是文库本的一条腰封也得好好爱护呢。"

我想起了大场先生的著作《三岛由纪夫——旧书店的书志学》。此书写于平成十年（1998年），书中明确记录了三岛由纪夫文库本初版的旧书价格。例如：角川文库的《爱的饥渴》在昭和二十六年（1951年）七月十五日出版时定价为七十日元，如腰封齐全的话，到今天能卖四千日元。翌年三月二十一日，此书在新潮文库以相同定价出版，这个版本如今也能卖三千日元。当时的初版装帧还只有腰封，没有外封。后来再版时才加了外封。

毫不夸张地说，大场先生是把书外封和腰封的价值公之于世的功臣。他这本论著堪称先驱之作。我为此书写了如下一段序言：

> 可以说，开旧书店的人是没有学位的书志学者，是不写文章的书志学者。
>
> 学者们研究的是书的来历、内容和影响，而旧书店注重的是书的外观和品相。按说这两种研究都很重要，但在学界看来，后者却似乎低人一等。也许学界认为，开旧书店的人对于书的研究只是一种个人爱好而已吧。
>
> 其实，书的性质需要从这两方面进行考察才能完全把握，所以研究书志学需要同时具备科学家的冷静、书迷们始终如一的兴趣，以及好事者们爱钻牛角尖的精神。
>
> 大场先生在此书中指出，三岛由纪夫的书有很多再版时使用了和初版不同的装帧设计。至于个中原因，却从来没人做过解释。也许是因为三岛不喜欢初版的装帧，也许是出于销售方面的考虑。以装帧变化为切入点进行研究，说不定能由此产生崭新的三岛由纪夫论呢。
>
> 然而，目前还没见到这方面的论述。

大场先生是很注重书的腰封的。然而在此之前，《定本三岛由纪夫书志》（此书曾是三岛著作收藏者们的指南）的编者却认为腰封毫无意义，没有将其信息收录入书中。

结果，《裸体和衣裳》（昭和三十四年即1959年出版）的初版本到底有没有腰封，后人就弄不清楚了。

大场先生写道："一般认为，初版书原本就是没有腰封的。"然而，市面上却出现了极少数带有印着"三岛由纪夫小说作法"的红色窄腰封的书。据推测，这有可能是把再版时的腰封套到初版书上了。也有可能出版社收到书店卖剩退回的初版书之后，加上腰封再重新出售。如果是这种情况，就无法断定初版书没有腰封。很显然，应该算作"带有腰封的初版书"。

我在序言中继续写道：

> 可别小看了区区一条腰封。我们何其不幸，无缘看见此书刚问世时的模样，也无缘看见作者三岛由纪夫拿到书时爱不释手的模样。正如大场先生所说："所有文化都是从各种执着和热情之中产生的。"对于看似无足轻重的细节，需要有执着的好奇心。而这正是书志学作为一门学问所欠缺的吧。

我在序言开头说："开旧书店的人是不写文章的书志学者。"——他们不是通过文章，而是通过书的售价来体现自己的学问。顺便说一下，《裸体和衣裳》即属于"旧书带有腰封则身价百倍"之例——只有外封、没有腰封的初版书售价一万五千日元；而外封、腰封齐全的初版书则卖到十五万日元。相差区区一条腰封，价格竟有天渊之别。算起来，一条腰封要值十三万五千日元呢。

各位也不必为此而感到惊奇。其实，三岛著作的趣味就在于这腰封之中。

昭和二十四年（1949 年）二月二十八日讲谈社出版的《宝石买卖》定价为一百五十日元，现在没有腰封的也要八万日元，有腰封的因为很罕见，更是卖到了七十万日元。同年七月五日河出书房出版的《假面自白》定价为二百日元，现在没有腰封的大约四五万日元，外封、腰封齐全而品相又好的话则卖到五十万日元。平成八年（1996 年）六月，河出书房新社按月报的初版原样出了复刻版，定价为两千日元左右，目前价格暂无上涨。但再过几十年之后，说不定会受到三岛粉丝们的热烈追捧，到时价格也会水涨船高吧。旧书价格是由顾客决定的，而不是由旧书店随心所欲地定价。

河出书房在出版《假面自白》之后，次月——八月十五日又马不停蹄地出版了短篇集《魔群的通过》。从昭和二十三年（1948 年）十一月二十日出版的《盗贼》开始，到《魔群的通过》出版，这短短的九个月里，三岛总共出了五部作品，一跃而成为文坛的当红作家。

接着，我和大场先生聊到了这本《魔群的通过》。

"大场先生您在书里说过，这本书如果腰封齐全的话，是三岛作品中价格最高的。现在大概卖到多少钱呢？"

"毕竟现在极其罕见嘛。应该算是战后文学作品中最难买到的吧。"

"没有腰封的偶尔能见到吗？"

"嗯，如果品相上佳的话，也要卖到二十万日元左右。"

"哇，这么说来，如果腰封齐全、品相又好的话，一定是天价了吧。恐怕得足足一百万日元？"

"反正一定会是惊人的数字。"

"三岛的《海岬物语》（昭和二十二年即1947年出版），无论有无腰封都很难买到吧？"

"最近还挺常见的。有两个版本，一种定价五十日元，一种九十五日元。因为当时正处于战后的通货膨胀期，所以也不难理解吧。定价五十日元的是和纸印刷，还分圆脊和方脊两种版本。品相上佳的圆脊版本极少见。"

"那三岛的处女作《鲜花盛开的森林》呢？"

这部作品是七丈书院在昭和十九年（1944年）十月十五日出版的。初版四千册。据说这本书的版税全被三岛用来买旧书了。

"这本书有和纸印刷和西洋纸印刷两个版本。"

"三岛的书很多用了两种纸张呀。"

"可能是因为当时纸张缺乏吧。相比而言，和纸印刷的较多。如果外封齐全、品相又好的话，西洋纸印刷的版本现在卖到四十五万日元，和纸的三十万日元左右。"

"这本的腰封呢？"

"这本书原本就没有腰封。三岛经常赠书，所以现在偶尔还能见到有三岛墨迹的签赠本。他年轻时写字很工整，不像去世前那样苍劲有力。有他亲笔签名的书价格要翻倍吧。"

"关于三岛著作的腰封，还有什么值得关注的话题吗？"

"昭和三十二年（1957年）新潮社出版了新书开本的《布里塔尼居斯》。此书原是让·拉辛的作品，安堂信也翻译，三岛润色。这本有腰封的就很罕见了。没有腰封大概七八千日元，有腰封的话则卖到二十万日元。"

"除了腰封，那关于三岛著作的外封呢?"

"嗯，《布里塔尼居斯》出版的翌年，《走完的桥》（文艺春秋新社）出版了。这本书从初版到第四版都使用蓝色纵条纹的函套，但第五版却改成了红色。这个红色函套的版本很罕见。所以，初版不过五六千日元，但第五版却卖到三万日元左右。这算是旧书价格的一个典型特例——初版便宜，反而是后出的版本贵。"

"了解这种信息就能赚大钱哩。"

这种特别信息，原来只有旧书经营者才知道，现在大场先生却将其公之于众，我要为他的勇气鼓掌喝彩。确实，一本书在第几版装帧有变化，某一版的存书是多还是少，只有每天浏览几百册旧书的经营者才可能了解，如此辛苦获得的信息一般是不愿意让别人知道的。

顺便说一下《走完的桥》这本书的内容。1999 年 7 月，山中湖村[①]开设"三岛由纪夫文学馆"时，曾让我举出三篇"我最喜欢的三岛作品"，打算将书名输入馆内的电脑之中，给参观者看。

我选了《走完的桥》《百万日元煎饼》《绢与明察》这三篇，并写了如下评语：

"要从三岛作品中挑选最好的三篇实在太难了，因为没有哪一篇写得差，应该说每一篇都很出色。所以，只能选自己最'喜欢'的。我从十多岁到三十多岁一直住在东京的下町——小说《走完的桥》就是以这一带为舞台的。

---

① 山中湖村，位于日本山梨县东南边。

三岛独具慧眼，所以才能发现三叉桥的美。七座桥、艺妓、满月……颇有画意。以古雅的文风恰如其分地描绘现代风俗，这正是三岛的特色。《百万日元煎饼》即典型之例。这篇小说发表时，我才十六岁，却已明白何为'夫妻之事'，相当早熟。"

这话是面向三岛爱好者而写的。对于不熟悉三岛作品的人而言，恐怕会不知所云。

我想，若要尽快了解三岛文学的话，不妨看看作品开头和结尾的几行文字。例如《假面自白》。这是一部纯真的青春小说，也是关于性的自传，把三岛文学和三岛本人真实地展现在我们面前。

开头一句：

> 长期以来，我一直固执地认为我看见过自己出生时的情景。

结尾几行：

> 我和园子几乎同时看了一下手表。
> ——时间到了。我站起身时，又往阳光下的椅子那边偷偷看了一眼——他们好像去跳舞了，阳光照射着空椅子，泼洒在桌上的饮料发出眩目的光芒。

以开头和结尾文字之精妙而论，在近代作家里应该无出其右吧。

> 人们对村松夫人的普遍看法是："她十分高傲。"
（《纯白之夜》）

一句话就突然把读者带进故事之中。这种效果在短篇小说中更加明显。

> 苧菀看见了玛耶。从这天起，他就爱上了玛耶。
（《苧菀与玛耶》）

还有哪个作家能用如此简单而贴切的文字表现男女之爱呢？

> 面包店二楼后院，时而有乌鸦飞来啄食面包碎。不知是从什么时候开始的。（《鸦》）

这篇小说是讲乌鸦骗人的故事。乌鸦既啄食人的食物，便能轻而易举地变成人。开头仅用短短一行文字便巧妙地暗示着这一点。

> 郑阿再次踏上旅途。他被解雇了。既然不能选择何时死，那何不选择何处死呢？再次来到堺市港口时，他听到了一声雁叫。归思方悠哉。他直奔福州故地而去。

《中世》的末尾就是一段琅琅上口的名句。
"说起名句，三岛好像写过面向儿童的故事吧？"

"有四个版本，但出于作者本人的意思，全都作废弃绝版处理了。首先是昭和二十五年（1950年）七月三十日由Akane书房出版的"世界名作物语选"中的一册《哈姆雷特》。同年十二月十五日出第二版。翌年四月二十日又出了个同样显示为第二版的版本，但封面图案却完全不同，不知道是排版错误还是有意识的装帧变化。之后，同年九月十日出了第三版，和初版装帧相同。"

"这么说来，岂不是有初版、第二版、不同装帧的第二版、第三版这四个版本了？"

"四个版本一起收齐的很少见。平成三年（1991年），在某书店的销售目录上有其中的三个版本，定价为三十五万日元。另外，在Akane书房出版的'世界绘本文库'全套五十卷中，三岛还担任了其中三卷的撰稿人。"

"刚才说很多书用了'两种'纸张，现在却执着于'三'了。"

"还真是哦。首先，是这个系列的第二十六卷《堂吉诃德》。"

"有腰封吗？"

"有是有，不过这套丛书每本的腰封都是一样的。"

"有腰封的话，总该贵一些吧？"

"差不多。无论有没有腰封，旧书价格都在二十万日元左右。"

"另外两本呢？"

"第二十九卷《仲夏夜之梦》，大约二十五万日元。第三十八卷《爱丽丝梦游仙境》，在三岛撰稿的三本中，这本是最少见的，大约能卖到三十万日元吧。"

　　"价格都贵得很呀。"

　　"儿童文学书总体来说很少有保存状态良好的——不光是三岛，其他作家也一样。因为小孩子们经常反复看，容易弄脏，甚至会在书上乱涂乱画。父母一般会把书扔掉，不会细心保存起来。但现在却有很多顾客为了重温童年回忆而求购旧书，所以旧书价格居高不下。最近是越来越贵了吧。"

　　我曾经和三岛由纪夫有过一面之缘——确切地说，是我偶然遇见过他。当时，我来到位于日本剧场地下的"日剧文化"艺术影院①，准备去看三岛自导自演的影片《忧国》。正走下楼梯时，忽然看见三岛本人沿着楼梯慢慢地往上走——我平时经常看见他的照片，一望而知。三岛的脸很大，当时感觉就像看见他的脸庞忽然升上舞台一般。擦肩而过时，我们互相对视了一眼，他似乎想对我说什么——这大概是粉丝们所特有的自作多情的错觉吧。我发现他个子竟比我矮，不由感到惊讶。因为刚才他从楼梯走上来时，显得身材高挑、风度翩翩——电影《忧国》中的三岛正是如此。和我擦肩而过的，莫非只是长相酷似三岛的其他人而已？长期以来，我一直对此心存疑念。

　　我曾向某编辑提起此事，他却只是笑道："也许是另一个三岛吧。"并不肯告知我所碰见的人究竟是真三岛还是假三岛。

　　昭和四十五年（1970年）十一月二十五日，三岛切腹

---

① "日剧文化"艺术影院是ATG（日本艺术影院行会）的专门影院，在1981年闭馆。

自杀。不知道这切腹自杀的是真三岛还是假三岛呢?

当时我在东京下町一家旧书店里当店员。午后,外出去旧书市场的老板打电话回来,吩咐说:"把三岛的书整理一下。"据说当时在电视里有实况报道,但我正在看店,不知道发生了什么事情。后来,有个中年主妇脸色惨白地冲进店里,大声嚷道:"三岛的书,我全都要了!"

店里的书架上摆着好些三岛的书,例如有《讨论　三岛由纪夫 VS. 东大全共斗》《叶隐入门》等等。其中《为了年轻的武士》还有好几本。

那主妇嚷嚷着说没读过三岛的书,把那些三岛的书全买走了。随后,又有许多中年主妇络绎不绝地来到书店里,问有没有三岛的书。

我后来一想,才恍然大悟:最先得知三岛自杀的,当

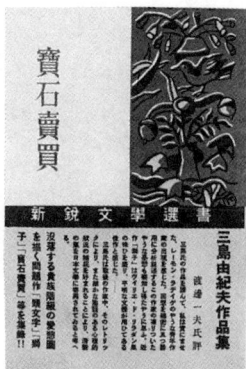

《宝石买卖》,昭和二十四年（1949 年）二月讲谈社出版。

《魔群的通过》,昭和二十四年（1949 年）八月河出书房出版。

《哈姆雷特》初版，昭和二十五年（1950年）Akane书房出版。

《哈姆雷特》第二版，昭和二十六年（1951年）Akane书房出版。

Akane书房出版"世界绘本文库"的《堂吉诃德》（左）和《爱丽丝梦游仙境》（右）。

然是在家里看电视的那些家庭主妇。然而，当我看见那些主妇像抢购便宜货一样疯狂地抢购三岛的书时，我还是觉得无比惊讶——她们平时大概从来不看文学书的，更遑论三岛作品了。

库存的三岛的书一下子全卖光了。我一直忙着接待顾客，连午饭都顾不上吃。老板从旧书市场回来时，我得意扬扬地向他汇报战果。可是，老板非但没有夸我，反而一脸阴沉。——原来，老板吩咐说"把三岛的书整理一下"，本意是让我从店面撤下，先囤积起来。因为他预料到三岛自杀后他的书一定会大涨价，所以才这么吩咐我。没想到我是个不称职的傻瓜，还以为老板是让我在书店里设一个三岛专柜，便手忙脚乱地设了个特别专柜，把所有跟三岛相关的文库本、新书、杂志等全部摆上去。于是一下子就卖了个精光。

当时还卖出了一本皮套精装的、带签名的限量版《三岛由纪夫自选集》，好像卖了五六千日元。也是立刻就卖掉了。

"在泡沫经济时期，应该值十七八万日元呢。"大场先生笑道。

"现在，带函套的话也要卖到十二三万日元吧？"

"三岛自杀之后，他的旧书价格立刻猛涨呀。"

"到处都缺货嘛，无论旧书店还是新书店。"

"从那之后，我再也没见过哪一个作家的书如此畅销。川端康成自杀虽然也曾轰动一时，但书市却相对冷静。"

那个叫嚷着"三岛的书，我全都要了！"的中年主妇，现在大概有七十多岁了吧。当时买下的那些书，现在还在吗？或者应该问：后来她有没有读过那些书呢？

天才作家之死，曾令她一时陷入狂热，那对她后来的人生又会产生怎样的影响呢？

我想悄悄地问问当时买书的那些顾客：他们后来的"三岛观"是怎样的？——也许，这个答案正是三岛自杀后的日本人的精神史，是日本的真实面貌吧。

3
———
山本周五郎

笔名的杰作

我在旧书店练就的本领之一，就是记忆作家的笔名。

现代作家很少有用多个笔名的。但对于明治时期的作家来说，每部作品用不同笔名反而是理所当然之事。例如，《金色夜叉》的作者尾崎红叶原名为"德太郎"，他在写杂文和通俗小说时用笔名"半可通人①""芋太郎"，写俳句时则用号"十千万堂"。尾崎红叶的弟子泉镜花有个特别的笔名叫作"畠芋之助"，大概是模仿师父的"芋太郎"吧。

笔名最多的文人是正冈子规。其中至少有五十多个笔名含有戏谑之意，例如"面读斋②"。正冈子规还曾以"漱石"为雅号——他和夏目漱石是挚友，当然，在两人相识之前他就用这个雅号了。

夏目漱石也有别的雅号——写俳句时用"愚陀佛"，写美术评论时用"愚石"。

这种雅号通常在作家尚未成名之前使用。所以，了解作家的雅号，有助于发现那些被埋没的、不为世间所知的作品。也就是说，想要淘到宝，就需要了解雅号的基础

---

① 半可通人，意为一知半解、似懂非懂之人。
② 面读斋，日语读音与"麻烦"一词谐音。

知识。

那么，这些知识是如何得来的呢？——很简单，只需读作家的年谱，越详细的越好。

在这里，我提一个问题：以下笔名是某一位作家用过的，这位作家于昭和四十二年（1967年）去世，享年六十三岁。那么他到底是谁呢？这道题应该算是旧书店入门考试中的高难度试题吧。

"俵屋宗八""横西五郎""清水きよし①""清水清""青江俊一郎""土生清三""佐野乔吉""仁木繁吉""平田清人"……

战后，他还用过这几个笔名："神田周山""风风亭一迷""五州亭洒竹"。

在这些笔名当中，其中有一个包含了他本来的姓氏。如果有读者了解这位作家的原名，这时一定会恍然大悟吧。这位作家，本名叫作"清水三十六"——出生于明治三十六年（1903年），故取此名。他小学毕业后，在东京木挽町六丁目（今银座七丁目）的当铺里当学徒。店主的雅号为"洒落斋"，对于学问和文学颇有心得。店员们受其影响，办了一份杂志供大家传阅。清水三十六担任杂志的负责人，在上面连载小说。

自号"洒落斋"的店主本名为"山本周五郎"。没错，清水三十六正是以此店主之姓名作为自己的笔名。

山本周五郎的成名作是大正十五年（1926年）四月发表在《文艺春秋》上的《须磨寺附近》。当时投稿的信封

---

① "きよし"是"清"的意思。

上留了"山本周五郎转交清水三十六"的地址。结果刊登时弄错了，误登了店主的名字"山本周五郎"。从那之后，他就以此为自己的笔名。店主竟也欣然应允，十分洒脱，无愧于"洒落斋"之名号。

在从昭和四年（1929 年）开始的十年间，山本周五郎以此笔名写了许多少男少女小说。学界一般认为，这些小说都是发表在杂志上，并没出单行本。但其实出过单行本 —— 当然，确切地说，并不能叫作单行本，而应该算附刊。

昭和五年（1930 年），博文馆发行的月刊《少年少女谭海》八月号附有一个四十页的"特别附录"，尺寸比文库本还要小一些，长 13.3 厘米，宽 7.3 厘米。

这篇读物名为《少年侦探·黑领带帮的魔爪》，配有插图，封面上没写作者名，但扉页上写着"山本周五郎"，插图画家为"加东三郎"。

其实，距今八年之前，人们一直不知道山本周五郎有这样一篇作品。连研究山本周五郎的权威学者木村久迩典也不知晓。某日，他浏览旧书店寄来的销售目录时，偶然发现上面有那本"特别附录"，不禁大吃一惊。

平成九年（1997 年）一月八日的《东京新闻朝刊》上登载了木村先生的感想："没想到竟然有这样一本书。我当即打电话下订单。虽然价格稍贵，但如果不下手的话，恐怕就会落入他人手中，无缘再见。"

这篇报道的标题为"时隔 66 年，发现侦探小说珍本 / 周五郎穷困潦倒时的短篇小说 / 连研究第一人也啧啧称奇"。

　　木村先生顺利地购得此书。正所谓"先下手为强"。如果稍有犹豫，说不定真的会"落入他人手中，无缘再见"。

　　报道中还有卖出此书的旧书店老板的访谈。

　　他说："木村先生不愧是研究山本周五郎的第一人。我一向爱读他的著作，所以此番深感欣慰，觉得此书是'适得其所'。希望他能将此书流传于世。"

　　这位书店老板是谁呢？——他就是我们熟悉的"龙生书林"店主大场先生。

　　他时隔六十六年之后发现了此书，断定为周五郎的稀世珍本，遂以"稍高"的价格将其放上旧书销售目录。

　　后来，大场先生对我说："我是在神田的旧书市场上竞拍购得此书的，但看它这么小一本，还是附刊，所以并不确定是否为周五郎本人的作品。当时有些犹豫。"

　　我说："确实，此书署名为'山本周五郎'，反而令人起疑吧。"

　　他说："如果署名为'清水きよし'或'俵屋宗八'的话，那就一定没错，我会毫不犹豫地拍下。"

　　我说："那时周五郎准备结婚，正缺钱用呢。当时博文馆《谭海》月刊的总编是井口长次，即后来的作家'山手树一郎'吧。"

　　"没错。周五郎向树一郎哀求说：'请让我为这杂志写些少男少女读物吧。'当时他还取了个很有趣的笔名，叫'土生清三'。"

　　"有个作家叫'土师清二'吧，写过《砂绘咒缚》等传奇小说。"

"跟土师清二没关系。'土生'是取自周五郎未婚妻的名字——'土生清'。"

"噢，原来用了未婚妻的名字呀。"这个我还真不知道。

"如此纯真，很有文学青年气质。"

"对了，那篇附录的小说你读过了吗？"

"粗略看了一下。三十五六页的短篇，一下子就看完了。"

"如何？"

"说实话，比江户川乱步的'少年侦探团'系列逊色，也没什么像样的诡计。就讲了一个神秘大盗乔装成私家侦探偷项链的故事。尤其令人失望的是，小说目录中竟有剧透，有这么一条：'出乎意料！侦探竟然是假冒的！'虽说是写给小孩看的，也不能这么糊弄人嘛。其实那些小家伙可机灵了。"

我边想边说道："不过，我倒是觉得，正因为周五郎写了很多少男少女读物，才酝酿出后来那些名作中的人物形象吧。"

"此话怎讲？"

"周五郎笔下的人物都很纯真可爱，带有几分孩子气。特别是女孩子。而且，他也很擅长描写这种人物性格。"

例如，在他笔下，十二三岁的女孩子以故作老成的口吻说话，简直惟妙惟肖。相反，二十五六岁的女子配上幼稚的台词，也同样浑然天成，惹人怜爱。

例如，短篇佳作《桑树物语》中有一段年轻夫妻的对话。两人年纪在二十五至三十岁之间（顺便一提，这篇小说中的年龄设定有前后矛盾之处）：

> 夏（大女儿）五岁时，大儿子出生了。美津给儿子取名为"勇吉"。
>
> 美津对丈夫悠二郎说："希望他长大了性格像你一样。而且，我又可以叫他'阿勇①'，真开心。怎么样，这名字取得不错吧。"
>
> 她一边说，一边含情脉脉地看着悠二郎的脸。悠二郎有些不好意思，眨巴着眼睛往旁边看。
>
> "不过，可别像你一样急性子、别像你一样淘气就好。整天出去打架，打得浑身泥巴、鼻青脸肿地回来，我可受不了。"
>
> "你把小孩当成自己的玩具了呀。真服了你。"

这种描写忸怩之状的对话正是周五郎作品的特色及魅力所在。

而在《桑树物语》的另一个场景中，周五郎也忸忸怩怩地做了辩解。——悠二郎和正笃（曾是悠二郎的主公及儿时老友）两人一边摘桑葚吃，一边互相看对方沾满黑色汁液的嘴巴。周五郎是这么写的：

> 这也太傻里傻气了吧。两个三十岁的大男人，还做出这么幼稚的举动，简直是太傻里傻气了。然而，除此之外，他俩找不到别的交谈方式。桑葚以童年记

———

① 在日语中，"勇"和"悠"发音相同。

忆将两人连结起来，而桑树枝叶则掩饰了两人久别重逢的激动。

大场先生打来电话，兴奋地说道：

"我弄到周五郎的稀世珍本了！"

"噢，莫非是《无明画卷》？或是《风云海南记》？"

以前，木村久迩典曾说过这两本书是周五郎的"稀世珍本"。虽然出版过，但现在却找不到实物。昭和五十九年（1984年）新潮社出版的《山本周五郎全集》第三十卷里收录了木村先生制作的年谱——据此年谱，《无明画卷》出版于昭和十五年（1940年），但具体月份不详；《风云海南记》出版于昭和十六年（1941年）。

"现在，这两本书已经不算'稀世珍本'咯。"大场先生告诉我，"《无明画卷》的出版年份应该是昭和十六年（1941年），而《风云海南记》则在昭和十七年（1942年），都是由大阪东光堂出版的。"

"咦，现在不算稀世珍本了吗？"

"嗯，不过周五郎的初期作品毕竟还是很少见，很难买到。"

"那价格应该挺高的吧？"

"两本都在十五万日元左右。"

"周五郎最早的单行本《土佐的顶梁柱》呢？"

——这本是昭和十五年（1940年）十月博文馆出版。

"初版在二十五万日元左右吧。"

"那战前出版的最有名的《日本妇道记》呢？"

——这本书昭和十八年（1943年）八月在大日本雄

辩会讲谈社（即现在的讲谈社）出版，当时曾被推选为第
十七届"直木奖"的获奖作品，但周五郎却拒绝了。他的
拒绝声明发表于同年九月的《文艺春秋》杂志上：

> 听说拙作入选直木奖，甚感荣幸。但本人无意
> 受此殊荣，故冒昧地谢绝之。我对此奖的宗旨一无所
> 知，但我以为：若能授予新作家、新作品的话岂不是
> 更好？（后略）

从那以后，周五郎拒绝了所有奖项。拒绝"文艺春秋
读者奖"时是这么解释的："我时时感到读者给我的奖赏是
过誉了，这会成为一种心理负担。"

周五郎是唯一一个拒绝了直木奖的作家。《日本妇道
记》并非直木奖的"获奖之作"，而是"拒绝获奖之作"，
带有一种别样的光环，在当时成了焦点话题。

"这本的价格应该很高吧？"我满怀期待地问道。

电话那头，大场先生嘿嘿一笑，说道："既然成为焦点
话题，那当时肯定大卖嘛。所以现在的旧书价格让人大跌
眼镜哟。"

"噢？"

"只有三万日元左右。"

那'稀世珍本'是指哪本呢？

"跟《少年侦探·黑领带帮的魔爪》一样，是少年杂志
的附刊。篇名叫作《福尔摩斯侦探小说》。"

"是翻译作品？"

"不是。是以福尔摩斯为主人公而创作的小说。讲的

是福尔摩斯来到日本，和一个叫凡太郎的少年一起破案的故事。"

"跟《少年侦探·黑领带帮的魔爪》一样是《少年少女谭海》的附刊？"

"同样是博文馆出的杂志，但不是《少年少女谭海》，而是《新少年》，是昭和十年（1935 年）十二月（第一卷第九期）的附刊。"

"是新发现的作品吗？"

"也许吧。我得查一下。感觉这书颇有'稀世珍本'之相。"

"不错。真有你的。"

即便是专业人士，接二连三地发现"稀世珍本"也绝不简单。在这个领域，需要"眼光"，同时也需要"运气"。

次日，大场先生向我汇报调查结果："很遗憾，不是'稀世珍本'。"但他的语气却并没显得很遗憾。

"平成十年（1998 年）十月至十二月，山梨县立文学馆举办了名为'曲轩①山本周五郎的世界'的展览，在图鉴中就有这本书——作为收藏品，和那本《黑领带帮的魔爪》一起以照片形式刊登在图鉴里。"

"这样啊。"

"但在旧书市场里出现应该还是头一回吧。我问过其他同行和顾客，没听说过谁手上有这本书。"

"先不论是否新发现，至少也有发掘之功吧。"

---

① 曲轩，山本周五郎的别号。

"我打算详细地查一下资料，然后放到旧书销售目录上去卖。"

"希望能卖出去。嗯，一定能卖出去的。话说回来，打算卖多少钱呢？"

大场先生微笑不语。

"应该不便宜吧？"我问了个愚蠢的问题。

大场先生并没告诉我具体的数字。他到底会定什么价位呢？顺便说一下，听说那本《黑领带帮的魔爪》去年出现在某书店的旧书销售目录上（迄今出现的第二本），并以九万五千日元的价格售出。大场先生卖给木村先生的价格当然比这要低吧。

我一直寻思：到底要卖多少钱呢？仿佛是自己手中有这本书似的。我之所以老惦记着它，是因为大场先生给我寄了些《福尔摩斯侦探小说》的照片和复印件，说供我参考。

照片是这本书的封面——地下室里，一个头戴鸭舌帽的少年摆出架势；地下室入口处，一个男人手举烛台，向地下室里窥探。烛光映照出少年的身影。这封面画、卷首插图以及正文中的插图都是来自吉邨二郎的手笔。

正文一共有一百三十页。我读一下开头部分吧：

> "夜空一片晴，夜风冷飕飕。/肚子咕咕叫，手里却没钱。/俺是流浪儿，长年孤零零。/今晚睡仓库，还是稻草屋？——呜呜，冷啊，简直冷死人了！"
>
> 深夜的丸之内大街上，凡太郎边走边唱。他全身穿得破破烂烂，头上斜戴着帽檐开裂的鸭舌帽。他是

个流浪儿，动作像松鼠一样敏捷，口哨吹得很动听。白天在大街上给人当跑腿儿赚两个钱，晚上就随便钻进某处房屋角落里睡觉。他既没有父母也没有兄弟姐妹，是个孤苦伶仃的流浪儿。

凡太郎随意哼唱着不知从哪里听来的歌曲，走过一栋废弃大楼时，忽然听见三楼上传来女人的惨叫声。——这就是案件的开端。凡太郎连忙往楼上跑去。他曾在这栋楼里过夜，所以即便在黑暗中也对楼里的情况了如指掌。冲进三楼房间时，他看见了烛光映照下的女人尸体。

大名鼎鼎的福尔摩斯从遥远的英国来到日本。凡太郎成为他的助手，和村田刑侦课长等人一起追查有关价值两亿日元的蒙古王财宝的神秘案件。随着故事进展，还借用了柯南道尔原作中的诡计（例如《斑点绳子案》），也令人颇感亲切。

小说最后是大团圆结局：法国客船"拉贝尔"号即将从横滨港起航，凡太郎等人在甲板上为即将回国的福尔摩斯送行。福尔摩斯身边多了个日本女人，他俩是在破案过程中逐渐亲近的，而且还订了婚。凡太郎等人为他俩鼓掌祝福。

　　天空晴朗，微风拂面。祝两人旅途美满，一路平安！

这是小说结尾的最后一句。

"比《黑领带帮的魔爪》好看呢。"大场先生笑道。

"但'凡太郎'这名字也起得太随意了吧。"我对此颇觉不满，"又比如，《桑树物语》的主人公名为'悠二郎'——明明是江户时期的武士，却借用了电影明星石原裕次郎的名字[①]，无论如何也太过儿戏了吧。"

"咦？《桑树物语》好像是战后三四年的作品吧。当时石原裕次郎还没成名呢。"

"是吗？"

我查了一下——果然，《桑树物语》发表在昭和二十四年（1949年）十一月的《King》杂志上（大日本雄辩会讲谈社发行）。他这个书店老板不愧是近代文学的行家。

他又说："周五郎创作的叫'某某物语'的小说可全都是佳作哩，当然也包括《桑树物语》在内。"

"还真是哦。《柳桥物语》《冷饭物语》《丑女物语》《侃爷物语》，对了，还有《青舟物语》……"

其实还有很多：《里长屋物语》《同是女人物语》《似而非物语》《荣花物语》《误会物语》《正是我物语》《榎物语》……

我和大场先生凭着记忆列举这些作品时，发现周五郎有很多篇名都起得很妙。

《母亲》《萤火虫放生》《咻咻咻》《蚬贝河岸》《什么花的芬芳》《今天是午日》《判官大人的小路》……

---

① 在日语中，"悠二郎"与"裕次郎"发音相同。

博文馆发行的月刊《少年少女谭海》昭和五年（1930年）八月这期的特别附录《少年侦探·黑领带帮的魔爪》。

博文馆发行的月刊《新少年》昭和十年（1935年）十二月这期的附刊《福尔摩斯侦探小说》。

　　我说："《判官大人的小路》这篇，'小路'用了假名①，真好。虽然看似细枝末节。"

　　大场先生说："没错。还有《朝露未晞时》《从前至今》《雨停了》。"

　　"《落叶旁》，光看篇名就能断定这是篇佳作。其他还有《孩子们的房屋》《保姆》《小子》《穿门而过》《女佣》《丑女》《佐武》《拍水》《深川安乐亭》《说太多了》……全都很好。"

---

① 这篇的日文原名为《将监さまの細道》，用了假名"細みち"表示，而没用汉字"細道"。比起汉字，用假名多了一种带有日本韵致的柔和感。

按我个人品味，短篇小说集最喜欢《平安喜游集》；如果让我举出最喜欢的一个短篇小说，我会选《榎物语》；长篇小说则必定是《虚空遍历》。

"周五郎一向擅长给作品起篇名。难怪像《少年侦探·黑领带帮的魔爪》《福尔摩斯侦探小说》之类的货色会被读者忽略了。"

"可能是出版社起的名字吧。"大场先生表示同情。

"对了，那本《福尔摩斯侦探小说》的售价定了吗?"

"嗯，经过多方考虑之后定下来了。"

"等等，先别说。"我连忙说，"让我猜一下。"

我稍做停顿，慢条斯理地确认说:"这本书在旧书市场上是首次出售吧?"

"应该是首次出售。"

"时隔七十年之后重现江湖?"

"嗯，因为是少年杂志的附刊，所以图书馆里并没有收藏，恐怕也没人会细心保存。全集里也没有收录。"

"十八万日元。"话音未落，我又立刻改口，"不，应该二十万日元吧。"

大场先生微笑着回答道:"十五万日元。"

"咦，这么便宜?"

"我觉得还算合理吧。"

我们又聊起了题外话:周五郎作品可能还有一些没被发现的——大概是类似于《福尔摩斯侦探小说》的少男少女杂志附刊吧。

大场先生猜测说:"说不定是用全新的笔名发表的呢。"

"有可能用了出乎意料的笔名，例如'佐野乔吉''仁

木繁吉'之类，谁也想不到会是山本周五郎的笔名。就像
太宰治曾用'黑木舜平'的笔名写过侦探小说一样。"

"太宰治在学生时代还用过'小菅银吉'这么奇特的
笔名呢。"

"说到'小菅银吉'，藤泽周平年轻时也用'小菅留
治'之名参加有奖小说征文比赛。我原以为他是仿照太宰
治的笔名，没想到这竟然是他的真名呢。"

不过，要说作家笔名的杰作，还要数"山本周五郎"
吧。我和大场先生在这点上看法完全一致。没什么特别的
理由，就是觉得这笔名和作品浑然一体。倘若不用"山本
周五郎"，那就不是山本周五郎了。

4

川端康成

蔷薇和少女

　　不知是什么时候的事了，新潮社为了纪念创立八十周年，开始发行全套三十五卷的《川端康成全集》。其中第十九卷发行于昭和五十六年（1981年）十一月二十日。在那之前，有过这样一件事：

　　当时我开了间叫"芳雅堂"的旧书店。有个顾客K先生，他有收集报纸连载小说剪贴本的癖好。不知为何，我的店里经常有很多这种剪贴本。

　　有些狂热的爱好者会每天不落地把报纸上的连载小说剪下来保存，等到全部连载完后便将其装订成一册。这种自制的"假书"有时也会流入旧书店来，时间最早的甚至还有明治时期的——我收藏有一本夏目漱石作品的剪贴本，是同行转让给我的。

　　在旧书店的各种商品之中，这种自制书相当有人气。原因有如下几点：有的小说只在报纸上连载，没有出单行本；有的虽然出了单行本，但原先连载时的插图被删掉了——对插图研究者来说，这些插图相当宝贵；另外，对于文学研究者来说，也很希望能看到作品在报纸上连载时的初始模样，拿出版后的书再进行对比，可以研究作家在文章或词汇方面做了怎样的修改。

　　K先生似乎是出于爱好而收集这些剪贴本的。据他说，收集剪贴本当然很辛苦，其中尤需注意的是缺页和破损——缺页是指制作者漏贴了某一期的连载；而破损是因为报纸容易撕破，有时连正文的一部分被撕掉也没发现。这种手工自制书一旦完成后就心满意足，一般不会从头再翻看，所以很难发现其中缺陷。于是这些有缺陷的自制书就这样流入旧书店。而书店方面呢，也因嫌麻烦而不检查是否缺页就摆到店面出售。所以，K先生在购买前，一定要当着店员的面一页一页地仔细翻看一遍。因为这些剪贴本和别的书不一样，过后再投诉说有缺页、破损的话可没人会相信。

某日，K先生从包里取出一本文库本，得意扬扬地拿给我看，说是在旧书展上淘到的。这书封面上画着漂亮的牡丹花，写着书名《盛开的花》、"川端康成著""太田三郎插图"。

我觉得有些诧异：这篇川端的作品名很陌生，而且书名和作者名那几个字也显得有些特别，似乎是用圆珠笔模仿印刷体而写成的。我翻开封面时，才发现原来是复印本，不由吃了一惊。

"没错。"K微笑着说道，"这是把《妇女界》杂志上连载的川端小说复印装订做成的。"

"上面写着'插图小说'嘛。为什么第一期《花道》在第十七页，第二期《女子旁听生》却在二十一页呢？咦，开头还有一篇《妇女界批判会速记录》？"

"这篇小说以专栏形式断断续续地连载。每次二百一十字，一个月大概刊登十至十四次。用四百字稿纸算的话，一个月才五至七张稿纸的篇幅，非常短。全篇小说总共也就五十页左右吧。"

"这小说是没分段的吧？您看过了吗？"

"写得还不太成熟。" K 苦笑着说，"故事梗概是这样的：大学教授的得意门生先与贫家女阿春相恋，后与恩师之女成婚。婚后某日，在新房内发现一弃婴 —— 是阿春为了报复他而扔下的。不过，故事最终倒是个大团圆结局。"

"这小说什么时候写的？"

"连载是从大正十三年（1924 年）七月到大正十四年（1925 年）三月。当时川端二十五岁，刚从东京帝国大学国文学专业毕业。"

"这么说来，比他出版第一部作品集《感情装饰》还要早？"

"要早两年。他二十八岁时写下《伊豆的舞女》，作为新锐作家崭露头角。这篇《盛开的花》没有出单行本，也没被收入全集，所以非常罕见。"

本章开头提到的那套三十五卷《川端康成全集》第十九卷里收入了这篇未出版作品。而我和 K 的对话是在此之前的事。

"K，这复印本是您自己制作的吗？"

"怎么可能，我笨手笨脚的可做不来这活儿。这装帧相当精美吧？封面的画好像是用挂历纸做的。"

"看这封面画还挺新，应该是近年制作的吧？要不就是复印机开始普及的时候制作的？"

"可能是所谓'重氮复印'时期刚结束那会儿复印的吧。不知道原本杂志是在哪里收藏的呢？大概是在公立图书馆里复印的吧。但大正时期的杂志，应该被当作贵重资料收藏才对呀。"

和 K 聊天时，我不由回想起一件往事。

昭和二十五年（1950 年），那时我正读小学一年级，姐姐读初中三年级。一天，她从同学那里借回来一本书——是自制书，把杂志上的连载小说合订成册，再加上封面——封面是从少女杂志剪下来的扉页彩图。我正要翻看时，姐姐却生气地说："别动，这是借人家的宝贝东西。"不让我碰。

当时，战争结束刚过五年，市面上没什么像样的出版物，面向儿童的书或杂志就更少见了。而且，我们住在农村，要跑到几公里外的镇上才有书店。无论什么书、什么杂志，都被当作宝贝一样。

"以前，大家都是自己动手制作书的。"K 说道，"战争时期——当时我还在读小学，我们要给前线的士兵寄送慰问品。送什么好呢？可把我愁坏了。重的东西、体积大的东西都不行。外面虽然有卖慰问品的，但又千篇一律，没什么意思。于是，我从报纸上剪切了各种新闻报道——比如像《每日一语》《后方的支援》等专栏文章，做成小书寄过去。前线的士兵很渴望能看到文字，所以收到这个应该会很高兴吧。"

"噢，你喜欢收集报纸连载小说剪贴本，原来就是从那时开始的呀？"

"也许吧。我狂热地制作这些剪贴本。最受欢迎的是报上登载的图书广告。当时广告版面很小，只有像所谓的'三行广告'那么短小，用来制作小书正好合适。电影广告也很受欢迎。不知道那些袖珍剪贴本后来去哪里了。"K

苦笑着说，"说不定有一天我会突然遇见自己小学时制作的小书呢。我现在整天往旧书店跑，也许正是出于这样一种期待吧。"

一晃将近三十年过去了。不知道 K 后来有没有再遇见那些小书。

写到这里，我忽然心血来潮，打电话给我姐姐，问她还记不记得小时候那本剪贴本的事。

"噢，你说那本书呀。"姐姐立刻回答，"当然不会忘记。那时没有什么书呀，读过的东西很少，所以至今还记得很清楚。那本书是从一个女同学那里借的，她从东京转学过来，那书也是她之前在东京的地摊上买的。"

战后不久，旧书店会把残缺、破损的杂志重新改装，然后出售 —— 这种书被称为"杂烩本"。他们先把所有残缺、破损的杂志拆开，从中选出每期齐全的小说和漫画，重新组合，装订成厚厚一册。例如，用《少女俱乐部》的封面，但里面却是其他杂志 —— 而且是多种杂志的合集。这种改装书倒也别有乐趣，价格也便宜。这种"杂烩本"以儿童杂志为多。

"当时我借的那本是川端康成的小说。"姐姐说。

"啊？"我追问说，"难道是《盛开的花》？"

"什么莫名其妙的，不对不对，书名好像是叫作《美丽的旅途》吧。主人公是一位像海伦·凯勒那样陷入三重痛苦的少女。插图设计者是中原淳一和蕗谷虹儿 —— 这两人的画在我们这些女中学生里相当抢手，简直成了香饽饽。"

"那些是杂志连载小说的插图吧？"

"可能是。纸张很粗糙，容易撕破。所以谁借去看时都得小心翼翼的。"

过后，我打电话给"龙生书林"店主大场先生。

他告诉我说："《美丽的旅途》单行本并没配那两位画家的插图。这书是在昭和十七年（1942年）实业之日本社出版，带函套，书中还附有6页作者写的后记。"

"贵吗？"话题一下转到了价格。真是三句不离本行。

"初版一万日元左右。这本书的初版和再版都很常见。"

"川端写过很多少男少女小说，其中哪本旧书价格最高呢？"

"应该是昭和十三年（1938年）实业之日本社出版的《少女的港湾》吧。装帧设计者是中原淳一——他的画要比川端小说本身更受欢迎呢。这本书很少见到有品相好的。"

"真没想到。我还以为少女读者们会比较爱惜书呢。如果是中原淳一的粉丝，应该会特别小心以防弄脏吧。"

"唉，童书嘛，命该如此啦。褐色的函套和书脊处容易掉色。品相上佳的初版能卖到十五万至十八万日元。品相一般的十万日元左右。有很多缺少函套的。如果函套齐全，即使不是初版，一般也能卖到四万至五万日元。"

"川端写的少男少女读物中最早的好像是《侦探班长》吧？"

这书是在昭和十二年（1937年）中央公论社出版的。

"因为这书的开本比较特别，所以容易损伤，品相上佳的很少见，要卖到十二万日元以上。品相一般的话六万至八万日元吧。相比之下，外封齐全的《阳炎之丘》更稀少，虽然是战后出版的。"

——昭和二十四年（1949年）东光出版社出版。

"市面上很难见到。如果是外封齐全的初版，要十万日元。东光出版社在前一年出版的《翼的抒情歌》也比较少见，价格在三万至四万日元。"

"好像还有一本叫《女学生》的吧？"

"嗯，昭和二十三年（1948年）向日葵出版社出版，正方形的袖珍本。装帧设计者是中原淳一。一万五千日元左右。还有一本《学校的花》也是中原淳一负责装帧设计，红色的，很漂亮。昭和二十一年（1946年）湘南书房出版。三万日元左右。后来，昭和二十七年至三十年（1952—1955年）《少女的港湾》《侦探班长》《美丽的旅途》还在白杨社出版过。比如，《少女的港湾》有昭和二十七年（1952年）和三十年（1955年）两个初版版本，两版封面和衬页的图案都不一样——白杨社每出一版都会用不同图案。收集多个版本也挺有意思。白杨社还出版过《万叶姐妹》《歌剧学校》《花和小铃》等。当时的女中学生应该很喜欢看这些书吧。现在，如果是外封齐全、品相上佳的初版，价格在一万至二万日元左右。"

"收集川端写的少女读物也挺费工夫的呀。"

"要说儿童读物的话，昭和二十六年（1951年）Akane书房出版过一套'世界绘本文库'，其中有川端撰文的《寻母三千里》，同一时期还出版了《小王子》《青鸟》《无家可归的小孩》。品相上佳的要二万日元左右。"

"就是三岛由纪夫的《堂吉诃德》那个系列吧。这套丛书还是值得关注的。"

"另外，凸版印刷株式会社也出过故事绘本《伊索寓言》《一千零一夜》。分别在昭和二十八年（1953年）和昭和三十年（1955年）出版的吧。都是三卷本。带外封的话要一万五千日元左右。对了，还有。昭和三十年（1955年）河出书房的"Robin Books系列"出过《小公主》，昭和三十六年（1961年）偕成社出过《小王子》《佛兰德斯的狗》。"

"哇，要收齐川端的所有儿童读物也得耗尽毕生心血呢。那本《伊豆的舞女》价格还是居高不下吧？虽然列入少女读物有点牵强。"

"你指江川书房出版的那个一百八十册的限量版吧？那个当然最有人气啦。昭和七年（1932年）出版，封面和封底都是小穴隆一创作的木版画和手工染色画，很漂亮。要八十万至一百万日元。"

"这本书的初版呢？"

"昭和二年（1927年）三月金星堂出版的。带函套的初版价格在三十万至三十五万日元左右。然后第二年还出了个平装的普及版，在十五万日元左右。我怀疑，他们会不会是把初版卖剩下的书换个版权页就做成了普及版呢？这书无论函套版还是平装版，品相好的都很少见。"

"田中绢代主演的电影就是那时上映的吧？"

"不，是在昭和八年（1933年）。这一年还出了个《伊豆的舞女》新版本，扉页用了田中绢代的剧照。出版社是近代文艺社，发行者却是金星堂的福冈益雄。有意思的是，这个版本的正式书名叫作《抒情哀话　伊豆的舞女》。很少有保存状态良好的，几乎都有污损。川端的第一部作品集《感情装饰》也是如此。"

"这是不是说明它被反复阅读过?"

"不好说呢。昭和五年（1930 年）出版了《浅草红团》，吉田谦吉设计的现代主义风格的装帧很有人气，但也多是污损本。品相上佳的话要二十万日元以上，但最近根本见不到。"

"为什么川端的书较多污损呢? 研究一下也挺有趣的吧。一提起《浅草红团》，确实有种怀旧之感呀。"

以前我可喜欢读这本书了。川端写的"浅草系列"我都喜欢，例如《浅草的姐妹》《浅草日记》《虹》《浅草祭》等等。其中我最喜欢的是《浅草的鹅哥》。

对了，提到《浅草红团》，我想起来：小说中有一句"清爽的 H"——"H"[①] 这个俗语起到了独特的效果。我以为"H"这个俗语从昭和初期就开始用了，于是自己在小说中也写了这么个场面——二战时期的女学生一不留神说出"H"一语。结果，有读者提醒我说："'H'这俗语是战后才开始用的。"我心想，川端明明早就在小说里用过了呀。为了慎重起见，我又重看了一遍那篇小说。这才发现果然是我弄错了。原文是这样的：

　　粉红色的晨光照在言问桥上，并把昨夜留下的尿痕映照得五彩斑斓。隅田公园就像描绘在大地上的设计图一样，很少装饰物，呈现出清爽的 H 形——言问桥横架在向岛堤和浅草河岸这两条竖线之间。

----

① 在现代日语中，"H"可表示淫秽、下流之意。

《女学生》，昭和二十三年（1948年）向日葵出版社出版，开本为正方形的袖珍本。装帧设计者是中原淳一。

《少女的港湾》，昭和十三年（1938年）实业之日本社出版。装帧设计者也是中原淳一。

——原来"H"是指河上架桥的形状。前文的"粉红色""尿痕"不免让人往那方面联想。再一看到"清爽的H"，便断章取义地误以为是色情之意。仔细看看原文，其实这一描写也不见得特别新颖吧。

即便如此，我们还是可以把《浅草红团》当作绝佳的风俗资料来读，从中了解充满了情欲、荒诞、颓废的浅草全盛期。今天重读，仍颇觉新鲜。一心为姐报仇的美少女弓子的人物形象跃然纸上。她怀揣毒药，女扮男装，化装成卖油郎，化装成短发少女……在小说的后半部分，主人公却变成了阿春——跟《盛开的花》里的贫家女"阿春"同名。（这位阿春是小说《浅草祭》的主人公。）

川端笔下的少女颇有几分男孩子气。而且这种性格的少女别具魅力。例如，在《少女的港湾》中，大河原三千子是主人公，但她所仰慕的学姐八木洋子这一配角反而更生动。

对了，这小说里提到了大河原三千子很喜欢读的一本书——《蔷薇活着》：

> 《蔷薇活着》这个书名，她也很喜欢。然而，这朵蔷薇花——一个名叫山川弥千枝的少女在十六岁时便凋谢了。这本书是她的遗稿集。想到这里，不由令人觉得"活着"一语生机勃勃。

在现实中，这本书确有其物，但正确的书名是写成《蔷薇还活着》。川端在小说中这么写道："这本书名取自这位少女生前写下的一首和歌：'触摸一下美丽的蔷薇，冰凉而润泽，蔷薇活着'。"其实和歌的原文也是"蔷薇还活着"。

《川端康成全集》第二十卷的内容简介中这么写道："山川弥千枝的遗稿发表于昭和八年（1933年）六月的《火之鸟》杂志上，后由甲鸟书林出版。"单行本是在昭和十四年（1939年）十二月三十日发行的。而《少女的港湾》在《少女之友》杂志上连载是从昭和十二年（1937年）六月号到翌年三月号，出单行本是昭和十三年（1938年）四月一日的事。所以，川端在小说中提到的《蔷薇活着》这本"书"，严密地说，应该是指《火之鸟》杂志。

弥千枝的遗稿集被少女读者们广泛阅读。我手中这本是昭和十七年（1942年）二月二十日第五十九次印刷。衬页上，原书主人用钢笔写着"购于三月二十六日"，像是女学生的字迹。这书在当时非常畅销，所以有不少流入旧书店来。但现在却很难卖得掉，可能是因为知道"山川弥千枝"这个名字的读者越来越少了吧。

我既然是开旧书店的，自然会知道。但我年轻时看过这本遗稿集却并非因为开旧书店之故，而是因为弥千枝十六岁时病死于1933年3月31日——这一天恰好是我的生日。一个人竟然会出于这种理由翻看一本毫不相干的书。当然，作为旧书店经营者，我也有兴趣了解一下那个时代的女学生爱读什么样的书。

弥千枝读过屠格涅夫的《前夜》，德莱赛的《珍妮姑娘》，夏目漱石的《心》《行人》，须井一的《清水烧的风景》……还读过三好十郎的《伤痕累累的阿秋》《节日》《被解雇的是谁》等剧本。她还在信中对朋友说："书里头有很多 ××× 的部分，看得一头雾水。"——有关社会主义的文字被当局删掉了。说到出版审查，其实弥千枝自己这本《蔷薇活着》也有些文字被删掉了。1933年2月21日（病死前一个月）的日记里有这么一段话：

听说日本终于要退出国际联盟了。可能会爆发战争。（此处空了十二个字。）我觉得很悲伤。今天读书、画画，然后换了被褥。

在被删去十二字的空白处，用铅笔写着："男人都要去当兵了。""他也要去当兵了。""恋人说要光荣地战死沙场。"[1] 可能是原书主人写的吧。

川端似乎为这本《蔷薇活着》深受感动。特别是后记里的一段文字——这是弥千枝的母亲柳子写的，读来却像是川端的文字。

死去的十六岁少女的脸很美丽。我为她梳头——这两三日繁杂事很多，一直没帮她梳头。然后为她化妆，还擦了胭脂。柔嫩的皮肤毫无血色，任由我摆布。长长的眼睫毛在脸颊落下投影。

川端还在短篇小说（忘记是哪一篇了）中引用过这篇日记的最后一句："女儿的脸生来第一次化妆，就像出嫁的新娘一样。"

川端爱读小学生写的作文，而且还担任评委。他擅长描写"死亡"，但却喜欢那些远离死亡意象的、朝气蓬勃的少男少女。川端文学的出发点就是描绘他们的身体和心灵。

川端写过一百二十多篇所谓的"掌小说"[2]。篇幅大

---

[1]　这儿句话在日语中都刚好是十二个字。

[2]　掌小说，篇幅非常短的小说。

约是四百字稿纸一页至十页，平均每篇四五页。掌小说的"掌"，有"てのひら"（tenohira）和"たなごころ"（tanagokoro）这两种读音，好像一般读作"てのひら"，但川端的掌小说，我却觉得读成"たなごころ"（意为"手之心"）更贴切。

其中一篇《化妆》，篇幅只有四页稿纸。开头是这样的："我家厕所的窗户正对着谷中殡仪馆的厕所。"接下来，写"我"看见一个十七八岁少女哭着跑进厕所的情形——她抖动着肩膀，抽抽搭搭地哭着，而后悲痛难忍，站立着靠在厕所墙壁上。过了一会儿，才终于平静下来，取出一面小镜子，"对着镜子嫣然一笑，随即快步走出了厕所"。

就是这么一个简单的故事。我以前记得，在小说中，那少女是哭过后一边照镜子一边涂口红，然后才"嫣然一笑"。但后来重读一遍，才发现"口红"其实是出现在前文中——描写女人们在厕所化妆的段落。这篇小说的瘆人之处，在于殡仪馆和少女的搭配，更在于"我"这个从自家厕所窥视殡仪馆厕所的人。窥视死亡，窥视少女天真无邪的动作——应该是"偷窥"的最高境界吧。

我打电话给姐姐。

"上次说起的那本自制书《美丽的旅途》，我知道为什么会有两个插图设计者了——蕗谷虹儿负责的是《续篇》的插图设计。据《川端康成全集》的内容介绍，《续篇》只在杂志连载，最后并没出单行本。知道《美丽的旅途》续篇的读者非常少。你是其中一个，真幸运啊。"

"哦，是吗?"姐姐却没有丝毫欣喜之状。

5

——

太宰治

老年太宰粉丝

时隔四十三年，我来到太宰治的墓地扫墓。

六月十九日午后，我出了三鹰地铁站，一边走向黄檗宗禅林寺，一边思考着作家与读者的关系。如今，以个人名义去给作家扫墓的所谓狂热粉丝还有多少呢？在一个作家的忌日，我想亲眼见证一下。当然，最好是自己崇拜的作家。

我从在旧书店里当店员时起，就开始一本接一本地读日本和外国作家的作品。我决定按 ABC 的字母排列顺序，每位作家选一部作品，每天一边看店一边读。这是旧书店店员修炼的第一步。

读到"i"字母开头的作家时，我遇到了井伏鳟二 ①，并为他独特的文风所倾倒。在沉迷于井伏文学的过程中，我开始接触并喜欢上了他的弟子太宰治。对于读者来说，喜爱哪位作家，会顺便去了解这位作家的兴趣及相关人物，这是常有之事。

如果说井伏鳟二适合"闲居老者"阅读，那么太宰治就是"腼腆少年"的菜。喜欢老作家的文学青年，难免也会被这位饶舌的年轻人所吸引。我甚至有一种错觉：太宰

① "井伏鳟二"的日语罗马音写法是 Ibuse Masuji。

治就是我的代言人——他能用准确的语言，替我说出难以表达的情感。

> 虽然明知事情终会败露，但我还是惧怕震惊众人的那一刻到来。于是我拼命地编造应付一时的谎话，想尽量把这份平静延续下去，哪怕一天也好、一刻也好。我总是这样。（《东京八景》）

这不是在说我吗？小说里的"我"说的正是现实中的我呀。太宰治就是我，我就是太宰治。我也未能免俗地患上了"太宰病"这种年轻人的流行病，而且程度远超别人，变得越来越严重。我从第一卷开始读太宰治全集，细细品味。同时也开始收集太宰治的书——既然在旧书店里干活，自然是手到擒来。

当然，我也会去太宰治的墓地扫墓。当时，我所在的那家书店规定每月只在二十号那天休息一日。我想参加樱桃忌①，但又不好跟老板开口。樱桃忌是在六月十九日。老板素来喜好文学，只要我开口，他一定会马上同意把休息日调换一下的。但我就是不好意思说出太宰治的名字。为什么会觉得难为情呢？即便我都一把年纪了，还不好意思自称是太宰粉丝，而且年纪越大越难为情。因为，太宰文学里汇集了人的所有自卑感，而且还像展览会一样展示出来。要把会场告诉别人，难免有所顾忌。

---

① 樱桃忌，太宰治的忌日，当天在其墓地所在的禅林寺会举行纪念活动。"樱桃"得名于太宰治的作品名《樱桃》。

　　昭和三十七年（1962 年）六月二十日，十八岁的我去了一趟禅林寺。太宰治的墓前供满了香和花，大颗小颗的樱桃散落了一地。墓前还有一个容量一升的瓶子，但瓶里只剩了四分之三的酒，也许是那人和太宰治的亡灵对酌所剩吧。

　　我掏出随身携带的"休憩"牌香烟，献上一根，然后又点了一根，自己抽。太宰治墓的斜对面是森鸥外之墓。太宰治对森鸥外十分敬仰，生前曾希望将自己的墓地设在此处。这两位作家有什么共同点呢？

　　首先，两人都非常爱读书。鸥外曾如此告诫儿子："空虚无聊是十分可耻的，明明有那么多值得读的书。"鸥外常常把自家藏书慷慨地借给别人。自古有云：书和伞一旦借给别人，必是有去无回。鸥外抱怨说："想看的书，哪怕偷也得偷回来看。然而，自家的书却下落不明，实在是无可奈何。"

　　太宰治对书没有占有欲，一读完就给别人。他读书范围甚广，日本和外国的古典作品自不必说，各个领域的书都有所涉猎。这一点从他的作品中能看出来。另外，从他桌上留下的几本书，也能看出其读书趣味之杂——根据《新潮日本文学相册　太宰治》里的相片，太宰治桌上有这些书：《鸥外全集》第十六卷、《改订版　上田敏诗集》、《鲁拜集》（堀井梁步译）、《克莱芙公主》、《莱蒙托夫》、《左千夫歌集合评》、《聊斋志异》，还有一本楮皮纸版的《末摘花》[1]。但这些书的品相全都很差。太宰治对

---

[1] 《源氏物语》的其中一卷。

书的态度大概是"能看就行"，与醉心于收集武士名录和古地图的鸥外截然相反。书不是用来玩赏的，而是用来看的——这就是太宰治的理念。

这样的作家，对于自身著作的装帧和制作恐怕不会太讲究吧？然而不可思议的是，太宰治属于例外。他的第一部作品集《晚年》，用了菊判①开本、毛边装帧，相当雅致。米色封面上只有书名，书脊上也没写作者名（作者名在封底的左下角），附带简单的黄色腰封。摘下腰封，把书摆到书架上，倒显得不太像书，更像自制的笔记本。有的顾客以为是笔记本，觉得好奇，就抽出来看，我因此而大赚了一笔……这是后话，暂且不提。

太宰治的著作中有一本《越级申诉》，是和纸装帧的三百册限量版。限量版似乎与太宰治的风格不太相符，但确实在昭和十七年（1942年）一月一日出版过。对于想集齐太宰治著作的人来说，这本是最难买到的。

我年轻时也一直没能购得此书，因为价格太贵了。其他的则基本集齐了。初版倒都是初版，但其中有的污损，有的缺腰封或外封，并不值得炫耀。

即便是在四十多年前，像《晚年》《二十世纪旗手》这些初期作品也十分罕见。而且售价很高，对一个穷小伙子来说根本买不起。

然而，我却在意外的地方，以意外的价格买到了《晚年》初版。

当时我所在的书店参加一个旧书展，我也去会场里

---

① 菊判，日本书籍的一种开本规格，图书成品尺寸一般为152毫米×218毫米。

帮忙。整理书架时，有时会发现掺进了一些其他书店的书——有的顾客在其他店挑拣了书，然后来到我们展位时，发现有更便宜的，就会把先前那本随手扔在我们书架上。

说来也奇怪，我一眼就能认出是其他书店的书，于是把它捡起来——就是刚才说的那本书脊上没有文字的、泛白的书。一看封面，我大吃一惊，连忙看看售价——八百日元。我立刻拿上书奔往会场柜台——当然是以顾客的身份买下那本书。

书的品相并不好。书脊开裂，封面被晒得褪色，而且包背装的书页也不是用裁纸刀，而是用尺子之类的东西胡乱裁开。但即便如此，我还是觉得价格太便宜了。在那个时期，果汁或汽水一瓶四十日元，啤酒一瓶一百五十日元，我的月薪是三千九百日元（老板免费提供食宿，所以这是纯收入）。

为什么生意人会给这本书定这么低的价格呢？我后来才听说，是因为那家书店忙着处理其他事情，直到展期迫近才雇人匆忙进行准备，所以出了差错。他们被《晚年》那朴素的装帧欺骗了。旧书店通常根据作者名来定价，如果封面上没有作者名就很难判断，除非店主是精通文学之人。而那家书店主要是经营经济类图书的，所以也难怪会看走眼了。

然而，令人费解的是，前一位挑中这本书的顾客为什么后来又见异思迁，把它扔下了呢？莫非是发现了比这《晚年》更有价值的珍本，掂量了自己的钱包之后最终决定放弃《晚年》？那么，比这《晚年》更有价值的珍本又是什么书呢？我当然对此耿耿于怀，因为显然是在我们书店展出的书嘛。

我对这本《晚年》视若珍宝。一有闲暇，我就会随处翻看，乐在其中。最后，我甚至还用火柴头在纸上描摹封面书名"晚年"二字，一边自鸣得意。——我曾在别人写的回忆录中看到过，这封面题字是太宰治前妻初代的叔父用火柴头蘸墨写下的。另外，据说这本书是没有版税的，初版只卖出两百册左右。当时，虽然太宰治颇受同辈作家的赞誉，但对于普通大众来说毕竟只是个名不见经传的新人。

初版似乎有挺多印刷错误。例如，《晚年》中收入的一篇《小丑之花》，其中有这样一句："葉蔵の顔を見ぬやうに努めた。気の毒で見れなかつた。"① 我心想："見られなかつた"错印成了"見れなかつた"吧。继续往下看，又发现了一处："飛騨もまた葉蔵の顔を見れなかつた。"② 还有这句："君は、ものを主観的にしか考へれないから駄目だな。"③

后来，年轻人的"ら抜き"④ 用法成为一个有争议的语言现象。例如"見れない"⑤"食べれない"⑥。这样的用

---

① 意为：她尽可能不看叶藏的脸，实在是惨不忍睹。

② 意为：飞騨也不忍心看叶藏的脸。

③ 意为：你思考问题总是这么主观，这可不行啊。

④ ら抜き，指日语一段动词的可能助动词"られる"省略掉"ら"的语言现象。

⑤ 意为：不能看。规范的说法应该是"見られない"。

⑥ 意为：不能吃。规范的说法应该是"食べられない"。

法并非始自今日，而是早在昭和初年太宰治就开始用了。不，甚至更早——大正初期太宰治读小学时写的作文《牛》里有这么一句："諸君は、諸君のはなに舌をつけれるかい！つけれないだらう！"[1] 我据此猜测：这或许不是印刷错误，而是日本东北地区的语法习惯吧。

关于《晚年》，太宰治曾自负地说："我就是为了写这本书而出生的。"这本书里收入了十五篇短篇小说，可以说全都是佳妙名篇。每一篇我都喜欢。如果非让我举出几篇的话，我会选《他不再是他》《传奇》《鱼服记》《猴岛》。这四篇我读过的次数绝对是最多的。

十年后，我在高圆寺开了个旧书店，名为"芳雅堂"。光靠店面收入无法填饱肚子，于是积极参加各种旧书展，努力扩大销路。在旧书展上，通常需要准备几件吸引顾客的商品。我苦于缺货，只好把自己珍藏的宝物拿出来。当时我正缺钱，为解燃眉之急也顾不了许多了。

我把我珍藏的整套太宰治作品拿出来分售。那本《晚年》也标价售卖——经过各方面的考虑，最终把价格定为八万日元。

买下这本书的是大场先生——就是老朋友"龙生书林"的店主。昭和五十一年（1976年），在五反田旧书展上成交。当时啤酒一瓶一百八十日元。那年，父亲去世了，各种开支很大。后来，我在大场先生面前一直抬不起头来，正是因为欠了他一份人情——他慷慨解囊买下《晚年》，这八万日元可帮了我大忙，使我感激不尽。

---

[1] 意为：各位，你们的舌头能舔到自己鼻子吗？舔不到吧！

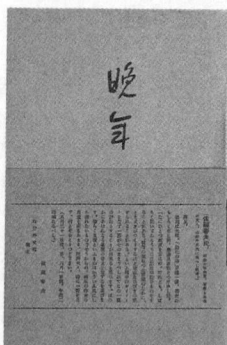

第一部作品集《晚年》使用菊判开本、毛边书装帧，相当雅致。

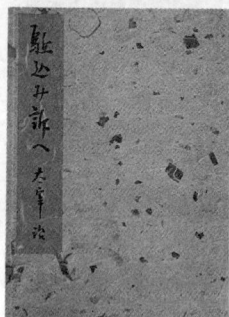

《越级申诉》和纸装帧的三百册限量版。

昭和十四年（1939年）五月出版的全新作品集《关于爱和美》，这本带腰封的初版最难找到。

"有这回事吗？我不记得了。"大场先生笑道。

在困境中得救之人终生难忘，而救人者却并未意识到自己救了人。这也是常有之事。

他点点头，说道："是在我刚开始收集太宰治作品的时候吧。后来我店里也经手过很多他的书。"

我的旧书店是在昭和四十八年（1973年）开业的。翌年，大场先生也从其他职业改行，开了家旧书店。我俩可谓是旧书店的同期生。

大场先生说："当时考虑到押金、房租便宜，就决定在大学正门前租个店面。我事先去踩点时，见街上到处都是学生，就估计生意一定会红火。可是，等我开店之后，才知道一年之中有半年以上是学校假期。看着周围像空荡荡的'鬼城'一样，我吓得脸都绿了。"

对此我深有同感。我开店地址也是选择在有很多学生公寓的街道，而且那块地方还是学生运动的聚集地。然而，在我开业那年，车站前的岗亭被学生烧毁了。从那之后，那些学生公寓就很讨厌男生，只肯给女生入住。而女生是不爱逛旧书店的。但我开店时已经把手头所有的钱都投了进去，想搬也搬不了。无奈之下，只得抓住《晚年》这根救命稻草。

"当时多亏你倾囊相助，我才总算渡过了难关。现在回想起来，那书有污损，让我觉得很过意不去。"

"《晚年》基本上都没有保存状态好的呀。如今，缺腰封、品相一般的都要卖到四五十万日元吧。我们店里现在有一本毛边本的《晚年》，腰封齐全，品相极好，这本可就珍贵了。"

"要四百万日元左右?"

"三百万。"

"既是品相极好的毛边书,这个价格有点低了吧?"

毕竟总共只有两百多册流入了市场,就跟限量发行版差不多。(根据记载,初版发行数量为五百册。)

"实际卖出的数量可能更少一些。旧书市场上出现的初版,大多是太宰治赠送给朋友的,上面写有赠语和签名。不过第二年又再版了。"

"咦?再版了吗?"

"初版是在昭和十一年(1936年)六月二十五日,第二版是昭和十二年(1937年)九月五日发行。而且,紧接着在九月十日又出了第三版。"

"哇,这么厉害。一有名气就开始畅销了吧。"

"第二版和第三版都在书脊上加了书名和作者名,取消腰封,变成了函套装。即便不是初版,如果函套齐全、品相又好的话,也能卖到十五万日元左右。"

"初版腰封正面是佐藤春夫、背面是井伏鳟二所写的书信节选,都是推荐语。为什么再版时取消了腰封呢?"

"好像是因为太宰治没征得两人同意就擅自用了私信吧。后来他向井伏道歉的书信还保留了下来。另外,佐藤春夫的名字还印错了,成了'佐藏春夫',这可不妥。"

"没错。我手头有昭和四十九年(1974年)近代文学馆复刻版的《晚年》,上面的腰封还保留着原来的印刷错误。"

"昭和四十一年(1966年)十月大和书房复刻版《晚年》的腰封则订正为'佐藤春夫'。"

"哎呀，就连复刻版也有很多个版本呢。"

"说到复刻版的腰封，昭和十四年（1939 年）五月出版了太宰治全新作品集《关于爱和美》——找到这个带腰封的初版是最难的。后来近代文学馆在推出太宰治代表作的复刻版时，就因为找不到带腰封的初版书而舍弃了腰封。"

"噢，原来如此。"

"这腰封正面印着川端康成的评语，背面是太宰治自己写的序文《致读者》。腰封脊背处有'新作短篇集'几个字。腰封齐全的卖到八十万日元左右，即便缺腰封，品相上佳的也要十万日元左右。"

"关于腰封，还有什么值得关注的吗？"

"昭和二十三年（1948 年）七月二十五日筑摩书房出版了代表作《人间失格》，因为太宰治刚自杀，所以这书的初版印了很多册。证据之一，是有好几种不同颜色的腰封。光是我们店里收入的，就有黄绿色、浅暗黄色、亮紫色这三种。以前还卖出过蓝色的。当然，不仅颜色，腰封设计也有几处不一样。"

"收集不同腰封的初版书也是一种乐趣呀。"

"衬页的颜色也有不同。大部分是白色衬页，但也有一些用了蓝色纸。可能是因为战后纸张不足，临时用了别的纸作为替代吧。白色衬页的初版版权页上印着'三晃印刷株式会社印刷·矢岛装订'，还有筑摩书房的电话号码。但蓝色衬页的版本却没有这些字样，可能是在其他印刷厂印刷的吧。"

"这本书缺腰封的比较常见。"

"只需一千多日元，不过品相大都很差。如果是腰封齐全、品相上佳的初版，要两万至三万日元吧。"

"太宰治作品的腰封也很重要嘛。"

"昭和十五年（1940年）河出书房出版的《女人的决斗》，腰封齐全的很少见，而且蓝色函套容易褪色，要找到品相好的相当费劲。品相上佳的能卖到三十万日元。缺腰封的话六万至七万日元吧。"

"昭和二十二年（1947）中央公论社出版了《冬之烟火》。太宰治在信中对责任编辑说：'希望初版能印一万册。'这封信收入了他的全集之中。根据信中所写，战后太宰治作品的初版印了七千册。太宰治说：'这种愿望是一种积极进取的气魄，而并非出于想多拿版税的私心。'他抱怨说，结果只印七千册，令人感觉荒唐、凄惨而扫兴。"

"七千册印数确实比较少，令人意外。另外，还有一件跟腰封有关的事——昭和二十四年（1949年）六月十五日八云书店出版了《Goodbye》。"

"噢，就是出版了《太宰治全集》的那个出版社。"

第一次发行了第二卷《虚构的彷徨》之后不久，太宰治就投水自杀了。原计划是全套十八卷，但出到十四卷就中断了。这套全集是菊判开本的平装书。出版社编辑部里还有野上照代这样的人物——自从昭和二十五年（1950年）电影《罗生门》以来，她一直担任黑泽明电影的拍摄场记。她父亲在杉并区阿佐谷开旧书店。

我第一次读太宰治的书就是这套八云书店版的全集残本——旧书价格为每册八十日元。当时大概是在昭和三十六年（1961年）前后。我还记得，我想把这套书集齐，但第九卷《右大臣实朝》怎么也找不到。最后是在吉祥寺的藤井书店里找到的。那店里还有很多本八云书店版的太宰治全集。这里真不愧是太宰治曾经的住地（太宰治从昭和十四年即 1939 年至死一直住在三鹰市），令我佩服不已。

对了，刚才大场先生的话还没说完——关于《Goodbye》的腰封。

大场先生继续说道："这本书采用了宽腰封，但保留至今的很少——因为当时这腰封还兼作电影试映会赠券之用。"

"这是什么情况？"

"《Goodbye》被拍成了电影，岛耕二导演，高峰秀子、森雅之主演。"

"高峰女士在随笔里写过：太宰治经常偷偷看她。一次，大家在餐厅里讨论工作，结束时，太宰治已经喝得烂醉，却还在那里央求服务员继续倒酒。最后临出门时，还回头嚷嚷着说：'真小气！'不过，这部电影不是《Goodbye》，而是根据《佳日》改编的《四个婚礼》。"

"那腰封上写着：'请带上本书前往观看，以先到的五千名为限。时间：六月二十四日下午四点半。地点：共立讲堂。'"

"原来是进场时腰封被收回去了。难怪现在很少保留下来。"

"这书有腰封的话能卖到三万至四万日元。"

"对了，那个限量版的《越级申诉》现在大概价位是多少呢？"

"昭和十七年（1942年）出版，发行人是月曜庄的高梨一男。当时定价为五日元，相当昂贵呢。"

在那个时代，月刊杂志《中央公论》的定价只有九十钱[①]。

"据说这书的封面有紫红色、蓝色、黄色这几种。除了黄色封面的，其余我都见过。需要注意的是，这个限量版附有一张小彩纸，上面有太宰治用毛笔亲笔题写的序跋。有很多人把这张彩纸取出来另作摆设。然而，这个限量版若缺了这张彩纸的话，就不完整了哟。"

"对于初次购书的人来说，这可是必备知识呢。这太重要了。"

"十多年前，在某旧书店，附有彩纸的完本（装在邮寄盒套里）以三百五十万日元卖出，轰动一时。我们书店也有品相极好的珍本，也是装在邮寄盒套里，唯独缺了那张彩纸。所以只卖了九十九万七千五百日元。"

禅林寺到了。山门前右侧，刻着"不许荤酒入山门"的石碑一如既往地竖在那里。这碑文的意思是说，带有韭菜味、大蒜味以及酒味的人不得进入寺内。

从正殿左边绕到后面，就到了太宰治墓地。那里已经有几名访客，而且后面还不断有人前来祭拜。令我惊讶的是，那些访客竟然没有一个是年轻人，都比我年长。而从前每逢樱桃忌，墓前总是挤满了二十多岁的太宰粉丝，报纸上的照片全是这番景致，无一例外。有"青春文学"之誉的太宰文学，如今却被老年读者深爱着。

---

① 钱，日本货币单位，一百钱为一日元。

　　墓前供着两瓶"One Cup 大关"日本酒、一瓶麒麟罐
装啤酒、五盒"金蝙蝠"香烟，还摆着七八支从盒里取出
来的香烟。既然了解太宰治爱抽的香烟牌子，这位粉丝一
定相当狂热。而且现在还知道这么古老的香烟牌子，想必
不是年轻人，而是一位年老的太宰粉丝吧。

　　我烧香叩头之后，还顺便去了森鸥外的墓地。这时，
我忽然想到了森鸥外和太宰治的共同点——确切地说是
两人的关系——不是鸥外本人，而是鸥外的女儿小堀杏
奴女士（散文家），她可是一位非同寻常的太宰粉丝。

　　太宰治的读者有很多是"暗粉"（因为不好意思明说，
和美空云雀①的歌迷一样）——其中，有内田百閒，还有
司马辽太郎。司马先生曾在演讲中（据朝日文库出版的
《司马辽太郎演讲全集》）说自己曾读过好几遍太宰治全
集，还说从前不知道"太宰治"的正确读音，读成了"ダ
ザイ・ジ"（Dazai Ji）②，令人忍俊不禁。

---

① 　美空云雀（美空ひばり，1937—1989 年），日本女歌手、演员。
② 　"太宰治"的正确日语读音应为"ダザイ・オサム"（Dazai
Osamu）"。

6

寺山修司

如"风"

> 二十岁，我在五月诞生。
> 我踩着树叶，呼唤年轻的树林。
> 此刻，我在我的季节的入口，
> 腼腆地向鸟儿们，
> 挥一挥手。
> 二十岁，我在五月诞生。
>
> （《五月的诗·序词》）

这事说来真是奇妙的巧合。

昭和五十八年（1983年）五月四日，我骑自行车上门去收购书——有一位顾客说想处理掉一些旧书。从我的书店到他家只需五六分钟，而对方要处理的书用两个橘子箱就能装下，所以骑辆货架稍大的自行车足矣。谈妥价钱后，我偶然看见房间角落乱糟糟地放着一大堆杂志，看起来好像挺有年头的。于是问对方："这些杂志呢?"如果对方也想处理掉的话，我倒打算看看。

"没什么值得看的。"他却摇摇手说，"是以前的同人杂志。卖不出去的吧。读大学时，很流行创办同人杂志，三天两头就有人拿来推销。我也不好意思拒绝，就买下来了。"

　　他苦笑着说。看样子，他大概在四十五到五十岁之间吧。

　　在我的一再坚持下，他让我看了一下那些杂志。杂志名称全都是前所未见的。作为同人杂志，作者名很重要。所以我先看目录。昭和三十年代（1955 至 1964 年）的文学青年很少用笔名，大都用真名。

　　咦？看着看着，我的眼睛愣住了——上面有我认识的名字，一个，两个。而且这两个人名可都来头不小。我有些不敢相信，连忙确认一下这份杂志的发行处。

　　——早稻田大学教育学院国语国文学专业。没错，不是偶然同名。

　　寺山修司，山田太一，这两人当时应该都是这所大学这个学院这个专业的在读生。这份杂志名叫《风》，从第一期到第四期，一共有四册。昭和三十年（1955 年）发行。四册都是不足一百页的打字机印刷杂志。

　　第一期的封面画是寺山的手笔，还刊登了诗歌《年轻的手册》以及短文《致山田太一君》。第二期的编辑后记里写着："寺山病重，医院不允许会面。"当时寺山十九岁，因肾病而住院。他与山田太一是知交。

　　这可是很宝贵的资料啊。我非常兴奋，恳求对方将其转让给我。

　　"这些杂志有这么宝贵吗？"他十分惊讶。

　　这也难怪，毕竟他对文学本无兴趣，是因为被同学强行推销才买下来的。说实话，这些杂志比刚才那两箱书更有价值。实际上，后来我也付了相应的钱。

　　"原来如此。旧书价值还挺奇妙的。想不到那些受尽冷落、差点被我扔掉的杂志比珍藏的书更宝贵啊！正因为常被忽略，所以才变得稀缺吧。"

虽然未必尽然，但他这话倒也有些道理。

我载着那些书和杂志，骑车回店里。经过阿佐谷北的河北综合医院门前时，看见聚集了很多人，还有好几个人扛着摄影机走来走去。我停下车，问一位中年妇女："是在拍电视吗？"她飞快地回答说："听说是寺山修司去世了。""啊？"我反问道，随即一片茫然。

天底下竟然有这种巧合？我的自行车货架上载着刚去世之人读大学时创办的同人杂志，而且还是刚收购回来的。河北综合医院就在我家书店的后面。寺山修司就在我眼皮底下去世了，真是难以置信。

其实，我和寺山先生非亲非故。虽然我靠卖他的书为生，不能说全无关系，但却从没见过面。不过，关于他的消息还是时有耳闻。

我在高圆寺开旧书店两年后，某日，有个老顾客告诉我："杉并警察署附近发生了骚乱。"他几乎每天都骑自行车从高圆寺和阿佐谷一路逛旧书店——当时，光是这一带就有十九家旧书店。

他兴奋地嚷嚷着："隐形人，隐形人！"

他说，有个从头到脚全身都缠着白色绷带的人被警察围住审问。

我笑道："是在拍电影吧？"

"但警察是真的哟。"他一本正经地说道，"而且也没看到旁边有摄影机呀。"

第二天，我看了报纸才恍然大悟——那"隐形人"

其实是寺山修司的街头剧《敲门》的出场人物"木乃伊男"。高圆寺和阿佐谷的各处街道都是戏剧舞台。木乃伊男来到普通居民家门前敲门，开门者看见这怪异的不速之客大吃一惊。那些居民都是普通市民，不是剧团的演员。观众们一路跟随木乃伊男，一边欣赏着这没有剧本、不知道剧情如何发展的即兴剧。这种做法，不惊动警察才怪呢。据杉山正树著作《寺山修司·游戏之人》（新潮社）记载，《敲门》在三十三个地方同时上演，时间长达三十个钟头，街上聚集了一千多名观众围观。他们可能事先没跟警察方面打招呼吧。

"大街就是剧场"是寺山的一贯主张。他在《迷途和死海》（白水社）中写道："所谓剧场，并非指设施或建筑物，而是一种形成戏剧性相遇的、观念性的'场'。"

另外，他在《脏器交换序说》（日本 Britannica 出版）中还说："并不是存在剧场就能演戏，而是能演戏才形成剧场。也就是说，剧场并非'存在'，而是'形成'的。"

"并非'存在'，而是'形成'"是寺山的口头禅。在《离家出走之建议》中，就有这么一句："'家'并非'存在'，而是'形成'的。"寺山有很多口头禅。

"大街正迫不及待地想成为剧场。走吧，扔掉剧本，到大街上去！"（《脏器交换序说》）

没错，寺山有本书叫作《扔掉书本上街去》（芳贺书店）。这本书是由横尾忠则负责装帧设计的，非常畅销。四年后出了续篇（装帧设计者是三岛典东）。

有个顾客在我家书店的书架上看见这本书时，开玩笑道："书店里竟然摆着这种书名的书，合适吗？"

我刚开业时，书店里有以下这些寺山的作品：《不爱？不能爱？》《绘本一千零一夜》《名为"不幸"的猫》等等。大多是与插图画家宇野亚喜良合作、由新书馆发行的较薄的不规则开本。新出版时就很畅销，旧书也卖得很好。

有个自称是寺山粉丝的顾客时常来逛书店。其实他并没有收集寺山的著作，而只是寺山戏剧的爱好者。在高圆寺一带住着很多对戏剧、动漫、摇滚感兴趣的年轻人。

他问过我店里有没有寺山的亲笔手稿。他说，前不久听说神田旧书展上有售，跑去一看，发现原来是铅笔手稿，所以就没买。

"铅笔字迹感觉很容易消失呀。那是一张四百字稿纸，落款为'寺山修司'，肯定是真迹。但就是这铅笔嘛……如果不是铅笔写的，无论什么内容我都会欣然买下。"

铅笔手稿好像很不受待见似的。

据寺山夫人回忆，寺山曾说过："我写的书信以后会很值钱的，要好好保存。"既然如此，那他为什么还用铅笔写呢？铅笔手稿的价格确实低很多——不仅寺山，所有作家的手稿都一样。

"不，寺山属于例外。""龙生书林"的老板大场先生笑道，"即便是铅笔手稿，一张也值十万日元。"

"如果是钢笔手稿的话，那岂不是更值钱？"

大场先生所说的价格是现在的行情。寺山去世之后，手稿和书都价格暴涨。一般来说，作家死后人气会迅速减退，但寺山却相反。

"还是早期著作的价格比较高啊。"

据大场先生所说，寺山的第一部作品集《请赐予我五月》（作品社），品相上佳的初版要卖到四十万日元左右。浅绿色的外封很容易在翻阅时弄脏。根据污损程度，售价大约在十八万至二十八万日元之间。《请赐予我五月》出版于昭和三十二年（1957 年）。当时寺山才二十一岁。第二年，他的第一部和歌集《天空之书》由的场书房出版。

"在寺山的早期著作当中，这本《天空之书》是最罕见的。而且，即便偶尔出现，外封也多有污损。"

"是因为常翻阅的缘故？"

"也许吧。总之，品相好的很少见。品相上佳的初版要三十五万日元左右。品相一般但尚能接受的话，则价格减半。"

以下从《天空之书》中摘录几首和歌：

> 每当火车经过时，张贴着契诃夫戏剧节海报的苹果树，轻轻摇曳。

> 冬天的斧子倚靠墙边，烈日斜照，或许我应该继承家业。

> 悬挂着红肉的、冬天的玻璃窗上，映照出送葬队伍中的我的身影。

寺山的代表作也收录于其中：

> 擦亮火柴的瞬间，大海浓雾弥漫，是否有这样一个祖国，值得我为之献身？

我喜欢的几首和歌也收录于其中：

　　玻璃窗上，映照出最后一名马拉松选手，冬天的麦田寂静无声。

　　阳光照耀，一桶水上漂浮着稻壳，不知这是第几个女工，用这水洗头发。

我问大场先生："寺山的第二部和歌集《血与麦》也卖得很贵吗？"

《血与麦》是在昭和三十七年（1962年）白玉书房出版的，是寺山二十六岁时的著作。这本书中同样出现了"冬天的斧子"：

　　想斩断这世俗的血缘，阳光下，冬天的斧子倒立着。

同样有"冬天的麦田"：

　　电线，全都穿过我的胸膛，延伸向冬天的麦田，寻找祈祷之痕迹。

同样有"玻璃窗"：

　　为了购置坟地，我来到冬天的小镇，玻璃窗映照出我的新帽子。

大场先生说："这书有两个不同版本。"

"咦，怎么回事？"

"这书用的是书脊处留出开口的'半包式'函套，函套左下角写着书名《寺山修司歌集　血与麦》，书名有红色和深蓝色两个版本。"

"噢，那初版爱好者不就得集齐两本才行咯？"

这可是旧书店才会留意到的细节哟。

"在某书店的销售目录里，这两版不同颜色的合售要卖到二十五万日元呢。红色版好像比较少见。"

"深蓝色版比较普遍呀。那这个的初版价格是多少呢？"

"六万至七万日元。"

"白玉书房还出版了《死在田园》吧？"

这是寺山的第三部和歌集，被许多人认为是其代表作。我也挺喜欢的。而且，以此为素材而改编的电影（由寺山自编自导）也堪称佳作。

以下从《死在田园》中摘录几首和歌：

木工街寺街米街佛街……燕子哟，告诉我哪一条街，有人愿买走我的老母亲。

用衣带丈量街道，从绸布店地狱嫁到这里。

被遗弃的弟弟，将永远旷课，留下一张空椅子，在学校地狱里。

甚至还有"书店地狱"：

> 夏天的蝴蝶，尸体被偷偷藏在，书店地狱的一本书里。

咦，"斧子"又出现了：

> 母亲去买旧斧子，长子因而苦读法医学。

> 劈开老树的脑瓜，为了藏匿斧子，可抱之入眠。

"作为寺山著作来说，这本《死在田园》算比较便宜的吧。函套和腰封齐全、品相上佳的大概七万日元左右。函套脊背处的白色部分容易被晒得变色，很难保存。即使缺腰封，品相上佳的也值四五万日元。"

《死在田园》里全是恐怖的和歌。而且，当我抑扬顿挫地反复吟诵，并在头脑中想象其情景时，越发觉得毛骨悚然。例如以下几首：

> 剪刀污浊之日，一个酷似我的人，将回到无名的远村。

> 售卖老母亲的计划还未谈完，地下的白薯已经长胖，夜已深。

以下这首描写情欲，也同样难掩犯罪之气息：

　　有人殉情，我听着河滩流水声，剥光毛茸茸的桃子。

　　"寺山还有俳句集，卖得贵吗？"

　　"他的第一部俳句集《花粉航海》（深夜丛书社）出版于昭和五十年（1975年），五六千日元吧。"

　　"还有什么比较重要的书？"

　　"出版《天空之书》的前一年，的场书房还出版过散文诗集《赤脚的情歌》。"

　　"咦？新书馆不是也出版过同名散文诗集吗？"

　　"是出版过，但新书馆的版本不太值钱。的场书房版本嘛，品相上佳的话要二十五万日元。"

　　"的场书房版本是寺山的第二部作品集吧。"

　　"装帧设计者是诗歌杂志《发现》的发行人伊达得夫，他被称为'没写过一行诗的诗人'。"

　　"噢，是'发现书店'的创始人吧。"

　　"没错。装帧设计挺雅致的。另外，寺山还和摄影师森山大道合作出过书。"

　　"寺山和森山呀。"

　　"寺山负责配诗。书名叫《日本剧场照片集》（室町书房出版）。森山也挺有人气的，这书要卖到十六万至十八万日元。另外，昭和四十五年（1970年）思潮社出版了长篇叙事诗《地狱篇》的五百册限量版，有作者签名，还带有附录呢。"

　　"噢？"

　　"附录是粟津洁的版画、纸制的红花，还有蜡烛和火绳，装在塑料袋里。"

"蜡烛？火绳？"

"嗯，如果缺了这些的话，就相当于缺页本哟。"

"这附录给后世的寺山粉添了不少麻烦啊。"

"完整本能卖到八万日元左右吧。另还有一本《我的金枝篇》（汤川书房），昭和四十八年（1973年）出版，同样也有作者签名，是三百册限量版，要七万日元左右。"

"那广受好评的《扔掉书本上街去》呢，现在卖到多少？"

"外封、腰封齐全的话，大约一万至一万五千日元左右吧。"

"正篇和续篇两册收齐，也只能卖个马马虎虎的价格吗？"

"是的。其实，寺山的海报、剧本、唱片、宣传册之类更有人气，收集的人更多。"

"噢？"

"我总觉得，这就是寺山修司这位作家的标志。他创作的俳句、和歌、诗、广播剧、电视剧当然还有戏剧都非常出色。但我觉得，他的专长其实在于写赛马评论、体育评论、专栏、戏仿文、短文等等。"

"他具有出类拔萃的广告文案设计才能。"

"现在这个很时兴。所以，比起他写的书，我更注重收集跟他有关的各种'纸质资料'，以及刊登他文章的报纸杂志。现在不保存起来的话，就会永远消失的。"

"寺山好像还没出版过完整的全集吧。分门别类的戏剧集、剧本集、和歌全集等倒是出版过，但你所说的短

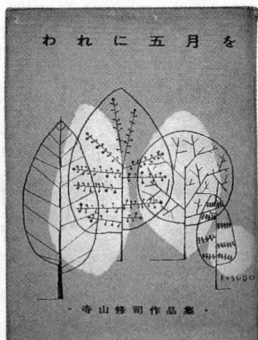

第一部作品集《请赐予我五月》，昭和三十二年（1957年）作品社出版。寺山修司当年二十一岁。

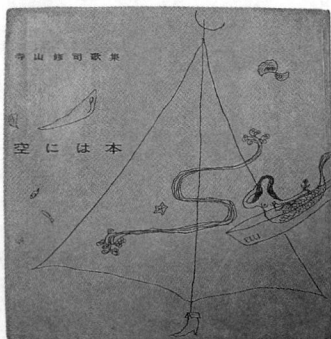

第一部和歌集《天空之书》，昭和三十三年（1958年）的场书房出版。

第二部和歌集《血与麦》，昭和三十七年（1962年）白玉书房出版。书名有红色（左）和深蓝色（右）两个版本。

第三部和歌集《死在田园》，昭和四十年（1965年）白玉书房出版。装帧和插图设计者为粟津洁。

文、书信等断简残编都收录其中的全集还没有。"

"就现状来说，想要阅尽寺山全貌的话，只能一一去收集相关的广告单、电影宣传册，甚至包括他写推荐语的腰封。"

大场先生书店的旧书库存目录《龙生》第五十二期上，登载着许多和寺山修司相关的报纸杂志。这些都是大场先生辛辛苦苦收集所得的成果。（顺便一提的是：这份库存目录上，还有前文所说的山本周五郎的"稀世珍本"——《福尔摩斯侦探小说》。）

以下介绍其中几件：

《五月的留言①》，第一届寺山修司祭纪念，由其组委会发行，昭和五十九年（1984 年），三千一百五十日元。

讲谈社的绘本黄金版《鲁滨逊漂流记》（收录了寺山的《鱼》），昭和三十四年（1959 年），五千二百五十日元。

《惊异的记录》创刊号（收录了寺山的小故事《住宅区生活》），昭和三十七年（1962 年），二千六百二十五日元。

《电视剧》（收录了《作家的日记》），昭和三十九年（1964 年），一千五百七十五日元。

……

另外，还有收录了寺山作品以及两人对谈或三人对谈的各种杂志，例如《短歌》《剧本》《映画评论》《三田文学》《GORO》《F6 Seven》《周刊新潮》等等。

还有电影宣传册。例如：

寺山写剧本、羽仁进导演的《初恋·地狱篇》宣传册，三千一百五十日元。

寺山导演的《再见箱舟》宣传册，附有两种广告单的三千一百五十日元，没附广告单的两千六百二十五日元。

寺山的作品非常多，而且还有各种写他的论著和传记。

其中，寺山初[①]写的《母亲的萤火虫 寺山修司所在的风景》这本书给我留下很深的印象。关于此书，有这样一段往事。

已经去世的中央公论社的×先生，生前是我书店的老主顾。但我俩一直未曾谋面，而是采用这一方式：我寄送旧书目录过去，他打电话下订单。

某日，在神田区举行旧书展。我也参加了。其间，有个同行说外面有人找我，我跑到会场柜台边，只见那位×先生正微笑着站在那儿。他邀请我到附近的咖啡馆，要了咖啡，并问我要不要来块三明治。我虽然刚用过午餐，不过还是欣然吃了一块。在这位初次见面的×先生面前，我感觉甚为紧张。虽然我们谈的全是和书有关的话题，但毕竟对方是行家，是出版界首屈一指的读书人。我若说得平淡无奇，怕对方扫兴；但若说些故作高深的话题，又恐遭对方耻笑。

他劝说："再来一块三明治如何？"虽然我已经饱得快撑破肚皮了，但因为心情紧张，不由顺从地回答说："好的，那就再来一块。"

他问："最近读过什么有趣的书吗？"

---

① 寺山修司的母亲。

我回答说："《母亲的萤火虫》挺有趣的。"

他紧接着问道："你店里有这本书吗？"

"有。"我刚点头，他就说："马上给我寄一本吧。"

我顿时慌了神——书倒是有，我只是担心：我拍着胸脯说这书有趣，但如果他读过之后觉得不好看呢，那可怎么办？这是在考验旧书店经营者的见识呀。我诚惶诚恐地寄了一本过去。次日，他打电话过来表示感谢："书收到了。果然如你所说，内容非常好。"而且，他还说："光是自己看太可惜了，我们出版社正在考虑出文库本。"我顿时觉得脸上有光。

不久，如×先生所愿，《母亲的萤火虫》的中公文库本出版了。他寄来感谢信，同时还赠送了一本给我。我以文库本重温这本书，并再次感觉到：这本书确实是名著。我虽然并非发掘者，却对文库本的出版尽了微薄之力。这也是旧书店经营者的职责之一吧。我为此暗自高兴。

言归正传。看过这本《母亲的萤火虫》，令我吃惊的是：寺山修司的母亲居然还健在。虽然寺山早就在作品中将母亲"置于死地"了。

他作过这样一首和歌：

> 母亲终于变成了泥土，我捡拾树木的果实，不忍离开山冈的坟墓。

在《死在田园》中，还有这样一首佳作：

> 亡母灵牌背面的我的指纹，在夜里静静消散。

然而在现实中，寺山的母亲并没有变成"泥土"，而是白发人送黑发人，然后把对儿子的回忆写成了书。对于寺山来说，母亲也是"剧场"。而《母亲的萤火虫》则是"剧场"谈儿子这个"导演"。这个"剧场"是比儿子更为优秀的"剧场"。本书的可贵之处首先就在于此。

书名也起得好。仅"母亲的萤火虫"一语便囊括了全书内容。其实，这个书名是出自寺山的第一部俳句集《花粉航海》中的一首俳句："我把母亲的萤火虫，拿去扔掉时，脸被萤火照亮。"

寺山修司曾留下遗言："不必为我建造坟墓。我的坟墓，有我的语言就已足够。"

"对了，"大场先生问我，"寺山大学时期创办的那几本同人杂志《风》，卖掉了吗？"

那四本杂志，我拿去参加旧书展了，标价为四册合售两万日元。结果却没卖出去。于是我将其信息录入旧书销售目录中，但还是无人问津。我记得后来把它们放在店里了，但现在却没找到。不知是弄丢了，还是被偷了，或是已经卖掉而我却忘了？

"像风一样消失了呀。"大场先生大笑道，"这结局很有寺山的风格嘛！"

这时，我没来由地想起了寺山的一句："误雇看门人，结果只能真的为他做一扇门。"（《用红线缝合的物语》）

7

宫泽贤治

祈求"无上道"

二十六岁自杀的童谣诗人金子美铃如今可是家喻户晓的名人。然而，不久之前，她还一直被埋没。大学生矢崎节夫在读岩波文库版的《日本童谣集》时，被其中一首《大渔》打动，想看美铃的其他作品，就到处去旧书店搜寻。其间，偶遇美铃的弟弟——"若草剧团"的组织者之一。美铃弟弟一直用心保存着姐姐的作品，从未拿给别人看。这些作品几乎从未发表过，在作者去世五十多年后终于被印成铅字，进入我们的视野。这是二十世纪八十年代的事。

写出《骨之歌》的诗人竹内浩三也一样，被独具慧眼之士发现后才闻名于世。美铃也好，浩三也好，明明有如此天分，为什么会成为"野之遗贤"呢？简直难以置信。说到这一点，就不能不提另外两个人——石川啄木和宫泽贤治。这两位天才在生前只得到一小部分人的认可，对于普通大众来说则完全是默默无闻。他俩的书都卖不出去，被随便扔掉，也没人用心保存。

发掘被埋没的天才——这一任务落在了旧书店身上。这正是旧书店引以为豪的地方。下面就来看看宫泽贤治这个典型的例子。

昭和八年（1933 年），贤治三十七岁去世。接下来的两年间，三卷本的《宫泽贤治全集》陆续由文圃堂出版。编者是高村光太郎、宫泽清六（贤治的弟弟，2001 年九十七岁去世）、草野心平、横光利一。也就是说，他们是认可贤治的才能的，这点难能可贵。作家横光利一也在其中，令人意外。横光的夫人是贤治的忠实读者，她向丈夫提议出版宫泽贤治全集。于是横光利一拜托高村光太郎找出版社。奉光太郎之命推动全集出版项目的是草野心平。草野虽然最终无缘与贤治见面，但他早就与贤治进行过诗歌交流，并断定贤治是个天才，决心令其作品流传于世。经作家武田麟太郎介绍，草野认识了文圃堂书店的老板野野上庆一，并将全集出版之事委托于他。野野上是在昭和六年（1931 年）开旧书店（同时也卖新书）的，三年之后开始从事出版，承担杂志《文学界》的发行业务。

野野上有个远方亲戚在书店里帮忙。某日，这个亲戚急需用钱，就擅自取出《宫泽贤治全集》的纸版，拿到神田神保町的十字屋书店做抵押，借了一笔钱。十字屋书店是一家旧书店，以经营登山方面的书为主。店主名叫酒井嘉七，是老字号旧书店一诚堂的亲属，与同行野野上也很熟。

某日，野野上来访时，酒井告知了纸版抵押一事 —— 那人借的钱还没还。但酒井其实并非想责怪他，而是提出了一个意外的请求：希望野野上能把纸版转让给自己。酒井解释说："借着这次保管纸版的机会，我读了《宫泽贤治全集》。我之前就留意到旧书市场上全集的价格一直上涨，所以早有此意。这次读过之后，很快为其倾倒。一打听，得知贤治还有比这多一倍以上的作品，便想将其印成铅字。本来我的梦想就是做出版业，近来正筹划登山方面的书呢。"

就这样，《宫泽贤治全集》的纸版就转让给了十字屋书店。昭和十四年（1939年）七月至十九年（1944年）二月，第二版《宫泽贤治全集》陆续发行。前三卷用文圃堂的纸版，然后又加了四卷，总共出了七卷。例如，第6卷《杂编》发行于昭和十八年（1943年）十月三十日，采用菊判精装，页数有四百四十八页，制作相当精美，而且用了优质纸张——很难想象是在二战末期出版的。定价为三日元八十九钱（其中三十九钱是"特别行为税"）、印数三千册。第二版的《宫泽贤治全集》展现出作家的全貌，吸引了更多读者，而且也促进了宫泽贤治研究。

野野上先生和酒井先生都是旧书店经营者，而那位拿纸版去抵押的野野上的亲戚，听说也回广岛乡下开了家旧书店，后来在昭和二十年（1945年）八月六日被炸死了。贤治和旧书店有诸多关联。让人高兴的是，仰慕贤治的旧书店店主继承野野上先生的事业，筹划出版了完整版的全集。他们并不是仅仅为了赚钱才出版的，这一点也令人欣慰。

贤治非常热爱读书。看看他三十一岁时的图书订购清单就可见一斑：《世界大思想全集》一百一十八卷、《世界文学全集》五十七卷、《明治大正文学全集》六十卷、《大思想百科全书》二十一卷、《世界美术全集》三十六卷、《世界裸体美术全集》六卷、《东西素描大成》十六卷、《日本风俗画大成》十卷等等。以上数据出自《新修宫泽贤治全集》别卷中的《年谱》（堀尾青史编写），卷数为笔者查阅所得。此外，他还看《爱因斯坦全集》以及其他科学书、理工书、地质学书、天文学书。

当然，贤治还喜欢收集旧书，每次上东京时他都会去逛旧书店。他有收集浮世绘的爱好，曾为搜寻浮世绘而逛过旧书店——从他写给父亲的信中便可得知。信中说："我在仙台市内的旧书店里翻看浮世绘时……"

大正十四年（1925年）九月，贤治曾写信给森佐一（即后来获得直木奖的作家森庄已池，他很早就在报上发表关于宫泽贤治诗歌的评论）。信中有这样几句："今天另函寄去童话三十册、素描集三十册，你可尽快将它们卖掉，以资助你的诗集出版。我到处欠了人家人情，看来今年是没法筹到钱了，只好寄些书去，但愿你能派上用场吧……"

信中提到的"童话三十册、素描集三十册"是指贤治前一年出版的童话集《要求太多的餐馆》和诗集《春天与阿修罗》——这本诗集的副标题是"心象素描"（对于自己所作的诗，贤治从来不称其为"诗"，而是称为"素描"）。各寄去三十册，并让对方"尽快将它们卖掉"，大概是指卖给旧书店吧。森佐一当时住在盛冈市内。

《春天与阿修罗》是自费出版的，印数一千册。实际卖出了多少册呢？贤治曾向许多熟人朋友赠送此书，（还有人回信说："多谢你赠送的《春天与修养》。"）不过倒也并非完全没卖出去——这得归功于诗人中原中也，他读过之后非常感动，于是购买了好几册赠送朋友。

顺便说句题外话，在著名诗人的诗集之中，销量最差记录是大正八年（1919年）一月金子光晴自费出版的首部诗集《赤土之家》（以"金子保和"之名出版）。印了五百册，可是最后竟然连一册也没卖出去。这个记录可真神奇。

童话集《要求太多的餐馆》的销量也很惨淡。为了扩大销路，贤治还亲自设计广告单的文案：

"童话中的童话……这是我们的荣耀。有趣而优美，令人艳羡。这部童话集有一种别人无法模仿的美丽，以及极其吸引读者的内心的诚实和强烈的自信。当然，它绝不会伤害您的自尊。我隆重推荐此书，相信您一定会喜欢它的。"

童话杂志《赤鸟》的主编铃木三重吉好心地为他登了免费广告。三重吉看到校样里有这么一句话："有意购书者请告知，我立刻寄书过去。读后如果觉得好看的话，再汇款给我。"不禁大笑。广告正式刊登时，这句话被删掉了。

《要求太多的餐馆》出版于大正十三年（1924年）十二月一日，发行处写的是盛冈市的杜陵出版部、东京巢鸭的东京光原社。

四六判的方脊精装本，无函套，定价为一日元六十钱。那个时代很少有童话集，所以价格很难比较。大正十三年（1924年）新年号这一期的杂志《少女之友》（附送抽奖游园会彩票）特价五十钱。顺便提一句，《春天与阿修罗》的定价为二日元四十钱。

据说，有人看见《要求太多的餐馆》这书名，还误以为是关于烹调方面的书呢。具有讽刺意义的是，购书的人寥寥无几，和书名截然相反[1]。初版印了一千册，贤治自己领回一百册代替版税，另外还以三百日元购回二百册，赠送给熟人朋友。

在旧书市场上，此书和《春天与阿修罗》一样，可算是"珍本中的珍本"。除了前文提到的原因之外，还因为是儿童读物，很少有品相好的书保存下来。

"这书本来就没有函套和外封，只有方脊封面，所以书脊的上下两端容易出现脱落或破损。""龙生书林"的老板大场启志说，"但即便是品相差的，在市面上也很罕见。《春天与阿修罗》的出现率倒是稍高一些。"

"你经手过吗？"

大场先生微微一笑，那表情似乎是说"问得好"。

我探身问道："莫非又有什么淘书趣闻？"

"从某种意义上来说是的。"

"详细说说看嘛。"

"其实遇见这书倒没什么戏剧性的过程，它是在旧书市场上的展品。"

"这样呀。如果是跟同行竞拍所得的话，那就没什么赚头了。那么，这次的'淘书'，应该不是指价格上的吧。"

"没错。是书本身。"

"书本身很特别？莫非是贤治的签名本？"

"不是。不过，书里有些值得关注的字迹。"

---

[1]　原日语书名为《注文の多い料理店》，"注文"兼有"要求"和"订购"之意。

大场先生这才开始娓娓道来。

平成元年（1989年）某日，旧书市场上展出了一本品相很好的《要求太多的餐馆》。关于当天购得此书的经过，大场先生写了一篇三千字的文章，投稿发表在渡边启助主办的杂志《乌鸦》十一月号（1990年7月31日发行）上。为了正确地传达大场先生所说的"值得关注的字迹"（窃以为这一点对贤治读者研究具有重要意义），以下将适当引用他的这篇文章来介绍此次淘书经历。

在书展上发现这一珍本时，大场先生十分惊喜。

> 我很想得到它。但珍本的竞拍价格并无常例可循，就看当时的氛围和自己的出价策略了。我暗自思忖。为了不让其他同行看透我的心思，我故意离那本书远远的，而故作热情地在其他毫无兴趣的乱书堆前徘徊……（《有字迹的〈餐馆〉》）

在竞拍时，同行之间会互相试探，希望以尽可能低的价格拍到手。这种心理战是很难的，要一边观察对方的表情一边打小算盘。如果流露出志在必得的表情，竞争对手一旦发现，就很可能提高警惕，打出意想不到的高价。所以表面上要佯装对此书不感兴趣，以麻痹对手。

大场先生说，这部童话集他之前遇到过四次。

"第一次是近代文学书籍收藏家T先生的藏书。当然，他那里还有《春天与阿修罗》，还有《岩手县稗贯郡地质及土性调查报告书》。"

——后面这本调查报告书由稗贯郡政府发行于大正

十一年（1922年）一月。贤治在盛冈高等农林学校进修时期，在关丰太郎教授指导下对稗贯郡土性进行了调查，并写成此报告书。

大场先生说："这本报告书可比贤治的那两部作品更珍贵哩。"

"说到贤治的珍本，还有另外一本吧。"

"噢，是的，还有《日译妙法莲华经》。"

关于这本，待后文再叙。现在继续说《要求太多的餐馆》。

大场先生接着说："第二次嘛，是在神田近代文学书专卖店的旧书目录里见过。大概昭和六十一年（1986年）时的事吧。我下了订单，但订购者太多了，只好抽签决定。结果我没抽中，无缘见到实物。第三次和第四次见到的书品相都很差，封面书脊处都掉了，是用复刻本封面改装的。"

"确实，书脊特别容易破损。"

而第五次这本的竞拍结果如下：

"我在出价单上写了个数字——是原定价的一百万倍以上。"大场先生有点难为情似的笑了一下，"终于成功地竞拍到手。我欣喜若狂地抱着它回家了。"

　　……匆匆回到家里，我又把书拿在手里端详。封面、书脊、切口，全都完美无缺。菊池武雄的装帧设计和插图也和书中的童话梦幻色彩颇为相称。这一点大大出乎我的意料。书到手之前，我一直以为装帧设计会很寒碜无趣，但实际上并非如此——深蓝底色

配上白色字，连封面书脊处的猫的图案都很用心，符合贤治的装帧要求……（《有字迹的〈餐馆〉》）

　　贤治对装帧设计者菊池武雄只提出了一个要求："希望装帧能营造出这样的感觉：翻开一张生纸，便感觉到冷风呼地吹来。"菊池并非职业画家，这一点倒是颇合贤治之意。

　　"不过，"大场先生忽然话锋一转，"这么完美的书也有一点瑕疵啊。"

　　"就是那字迹对吧。"

　　"没错。扉页有六行圆珠笔字迹。"

　　"写着什么呢？"

童话集《要求太多的餐馆》，大正十三年（1924 年）出版。初版印数一千册，定价为一日元六十钱。

诗集《春天与阿修罗》，也是大正十三年（1924 年）出版。宫泽贤治自费印刷一千册。

《风之又三郎》，昭和十四年
（1939 年）出版。书中附有坪内
让治的解说。

童话《古斯柯布多力传记》，
昭和十六年（1941 年）出版。

大场先生沉默不语。稍过片刻，他却说起了别的话题。

"你听说过这个传闻吗——直到战争刚结束时，盛冈市卖新书的小书店的书架上还有这本《要求太多的餐馆》。"

"不会吧？"

然而，转念一想，也并非绝无可能。贤治的名声为世人所知，是在昭和十四年（1939 年）至十九年（1944 年）第二版《宫泽贤治全集》出版期间。很多人是通过昭和十五年（1940 年）岛耕二导演的电影《风之又三郎》才认识了贤治。贤治的亲友们写的回忆录也是在昭和十八年左右（1943 年）出版的。所以，那本《要求太多的餐馆》被人遗忘在新书店的书架上也不足为奇。毕竟，初版收藏家只是一小部分人，而且他们虽然常去逛旧书店，却偏偏忽略了新书店。《春天与阿修罗》《要求太多的餐馆》被视为珍本、被神化，其实是在战后多年——近年的事。

"至于那本书里的字迹嘛，是这样的。"大场先生轻轻吟诵出来。

（下文直接引自大场先生那篇文章，分行也依照原文。）

> 昭和十九年六月廿四日盛冈
> 在市内购得六册
> 得以赠送给你和小田切君、长仓君
> 喜不自胜
> 赠○○珪介兄
>
> 　　　　　　　　××清之

"竟然买了六本？"我不禁目瞪口呆。

"没错。"大场先生点点头，"这些字迹岂不是恰好能证明刚才那则传闻吗？昭和十九年（1944 年）六月还是战争期间，市民们的生活正处于水深火热之中。虽说是当地作家的作品，但一下子购买六本——如果店里有十本的话他也一定会全部买下来，然后赠送给朋友……简直不可思议呢。不知道这位 ×× 清之先生是何方神圣？"

"嗯，在盛冈市内购得六册，确实不简单。"

"'得以赠送给你和小田切君、长仓君，喜不自胜'——你觉得这句意味着什么呢？"

"说明这三人都是狂热的贤治粉丝？"

　　大场先生却轻轻摇头，说道："我认为有可能是贤治的学生。没想到吧？"

　　"学生？这样啊。"

　　"我觉得，赠书者和受赠者都不是贤治的朋友，而是他的学生——农学校的学生。贤治在课堂上把自己写的童话读给学生们听。"

　　大正十年（1921 年）末，二十五岁的贤治成了稗贯农学校（两年后改名为"县立花卷农学校"）的教师。当年，他写下了《要求太多的餐馆》《橡子与山猫》《柏树林的夜晚》等童话。然而，因对法华经信仰热情高涨，一月末贤治突然离家，上东京去进行布教活动。一边在街头布教，一边坚持去图书馆学习、创作童话。他预感到死亡将近，所以拼命写作，希望早日写完自己想写的东西。这种创作速度和产量令人难以想象。按粗略计算，一个月写了三千页——也就是说，大概一天写一百页。按这速度，三天就能写完一本书。绝对是惊人的能量。正如大场先生所说，贤治会时常把自己创作的童话读给学生们听。大场先生这样写道：

　　　　这些小孩子受到的影响应该是不可估量的吧。从这短短几行字迹中，就能看出他们对乡村教师宫泽贤治的崇敬和仰慕之情。——也许，这只是我的个人猜想罢了。（《有字迹的〈餐馆〉》）

　　"这观点挺有趣的。"我不由啧啧赞叹，"我觉得你的推测没错。一般来说，他们既然喜欢读书，应该不会随便在贵重的书上写字吧，也不可能随便免费送书。从‘得以赠送给你和小田切君、长仓君，喜不自胜’一句来看，这位××清之一定是老早就跟三个伙伴说好了买到书的话就送给他们。对受赠者来说，这字迹具有纪念意义。然而，对其个人来说如此重要的书却最终流入了市场。旧书的命运实在是令人感慨啊。”

据大场先生所说，在泡沫经济时期，《春天与阿修罗》竟卖到了三百万日元。现在比较合理的价格大概是其三分之一。另外，昭和十四年（1939年）羽田书店出版的《风之又三郎》（菊判开本），品相上佳的值八万至十万日元。即使不是初版，如果函套齐全、品相上佳的话也要一万日元左右。昭和十六年（1941年）同是羽田书店出版的《古斯柯布多力传记》（菊判开本），函套齐全、品相上佳的初版要十五万至十八万日元。同年新潮社出版的《银河铁道之夜》（日本童话名作选集），函套齐全的初版要十万至十五万日元。昭和十七年（1942年）中央公论社出版的《橡子与山猫》（朋友文库，初版为菊判开本，第二版为四六判开本）要两万五千日元。昭和十八年（1943年）八云书店出版的《富兰顿农学校的猪》（四六判，这是篇奇妙的童话，换一种角度来读，也可理解为是在讽刺战争时期的日本）外封齐全、品相上佳的初版要两万日元左右。战后五六年期间出版了许多宫泽贤治的童话，纸张大都十分粗劣。因为是儿童读物，很少有保存状态良好的，所以也要卖到六千至一万日元吧。还有，《春天与阿修罗》在昭和四十七年（1972年）、《要求太多的餐馆》在昭和四十四年（1969年）由近代文学馆再版，由HOLP出版社进行销售，如今在旧书店很容易买到。

昭和六年（1931年）九月，来到东京的贤治发烧而卧病在床。他自知时日无多，就给父母写了一封遗书：

父亲母亲：

　　我这一生得到了其他孩子所不能享受到的深厚恩情，但我却一直固执己见，辜负了你们的期待，最终落得如此下场。你们的恩情，我今生无法报答万分之一，唯盼来生、再来生报答。

　　即使并非出于信仰，也请你们常念"南无妙法莲华经"以唤我出来。我一听到这句经文，就会不停地回应并致歉的。

贤治
九月廿一日

不过，这次的病总算暂时治愈了。贤治去世是在两年后的九月二十一日——竟然和遗书的落款日期是同一天。

贤治临终时犹如高僧一般崇高，这在文学家中显然与众不同。

前一日，贤治接受了急性肺炎的诊断，卧床。晚上，有人上门来请教关于肥料之事。贤治换上衣服接待，在靠门口的木地板房间跪坐着聊了一个钟头。次日清早，贤治开始诵念"南无妙法莲华经"。全家人听到时大吃一惊，上二楼一看，贤治正在吐血。见此情形，父亲知道大限将至，就问他有什么遗言。贤治说希望能印一千册法华经赠送给友人，并口述了赠言。父亲点头答应，并说："你真是个了不起的人。"随即下楼去了。贤治又对身旁的弟弟微笑着说:"我终于得到父亲的赞扬了。"（这位弟弟名叫宫泽清六,他悉心保管着哥哥留下来的所有手稿、笔记本和便笺。我们今天能读到贤治的作品应该归功于他。）说完,贤治用双氧水擦过手、脖子、胸部,又喝了些水,然后就咽气了。当时是下午一点三十分。

第二年六月五日,遗言中提到的《日译妙法莲华经》以贤治弟弟清六的名义出版了。菊判线装,正文为包背装帧,共二百八十二页。封面设计成在橙色底上贴着白色的书名笺。装在紫色的书套里。

在正文结尾一页,上半部分有个方框,框内写着如下文字:

> 合掌。我的毕生事业,就是将此经传于你手中,祈愿你接触其中佛意而成就无上道。昭和八年九月二十一日,临终之日。
>
> 宫泽贤治

下半部分有宫泽清六写的另一段文字:"以上是家兄毕生最大的愿望,同时也是托付给我们的最重要的任务。因此,值此书刊行之际,谨遵家兄遗志,向阁下呈上此书。"

据说,清六用毛笔写上册数编号、日期和收件人姓名,然后就寄送出去了。这本虽然不是贤治的著作,但因为以上缘由,在旧书市场上也很有人气。现在,根据书的品相,大概可以卖到二十万至四十万日元。

8

永井荷风

情色的勋章

在现代的文学家当中，没有谁比永井荷风更让政府当局头疼了。对于那些叫嚷着"反权力"的小说家而言，这可谓是一种勋章。请记住"勋章"这个词，过后你们会发现这个词极具讽刺意味。

当局之所以盯上了荷风，是因为他的小说中有很多情色描写。对于"情色"概念的理解，战前和战后已有天壤之别。而明治、大正时期日本当局指出的"情色描写"，今天看来就更是沦为笑柄了。——当时，连"接吻""抱紧"这样的词也在被批判之列。

荷风翻译过埃米尔·左拉的作品《娜娜》。其中一句译文就受到了当局指责："吹灭烛火后，他在黑暗中紧紧地抱着她的身体。"后来这句话被删掉了。

再举一例。在这个例子中，荷风采取了特别的处理方法，颇为有趣。

大正二年（1913年）十二月，荷风在《三田文学》杂志上发表了短篇小说《恋衣花笠森》。之后，被当局传唤，并被警告说以下部分有伤风败俗之嫌。

私奔的年轻男女匆匆赶夜路。途中歇脚时，男子对女子说："你坐到我大腿上吧，以免坐地上弄脏了衣服。""不怕太重吗？"以下对话被认定为情色文字：

"阿仙，可能因为咱俩已经半年没有这样偎依在一起了，所以我现在感觉心跳加快，忍不住了。""哎呀，痒痒的。""你也来，手这样放。"……

隔了四行后也有删节。男子媚声媚气地问女子："你是不是找过别的男人了？很可疑。"说完故作生气。以下文字被删除了：

"管它什么可不可疑的，你只管快活好了。我的身体早就已经属于你啦。""阿仙。""怎么啦？""这样我看不到你的脸，真可惜。"

在杂志上发表后的第二年，这篇小说被收入短篇小说集《残柳窗的夕照》，由籾山书店出版。在以上两处被删的地方，荷风嵌入了两幅竖长的亲笔插图。一幅题为"此处如此"，画着手铐和毛笔、绳索和书，以及捕快以铁棍打压"恋女"二字。另一幅画着一个男人抡起铁锤欲砸碎砚台，题为"卯年男子"。这是荷风自指——他出生的明治十二年（1879年）为卯年。

读者在小说中忽然看见这两幅插图时，恐怕会大吃一惊吧。理解力强的读者，一定能读懂作者的辛辣讽刺，"呵呵"地发出会心一笑。

荷风作为长子出生于高级官僚之家。其父曾留学于美国普林斯顿大学，也是一位汉诗人。但荷风却对父亲产生抵触，立志当一位落语家或是歌舞伎作者，还曾跟人学敲梆子。二十三岁时，荷风出版了第一本著作《野心》（现在的旧书价格卖到一百万日元左右)。在父亲的建议下，他赴美国留学。后来就职于银行，并赴法国分行工作。对于崇拜左拉的荷风来说，法国自然是心仪之地。

明治四十一年（1908年），荷风回国，出版《美利坚物语》，引起人们关注。第二年三月，又在博文馆出版《法兰西物语》——不，即将出版前，博文馆刚向当局提交样书就被禁止发行。

荷风在《关于〈法兰西物语〉被禁止发行》一文中说道，自己确实努力和政府当局交涉，至于有几成胜算，则是不得不考虑的问题。"向当局争取权利时，需要获得社会大众的普遍同情。"日本不同于法国，自由和艺术的条件还很不成熟。在这样的社会环境中，希望艺术独立，无异于"在沙漠里建造果树园"。"没有艺术和学问也能打胜仗——从这一光荣历史来看，日本还是永远维持原样为好吧。"

《法兰西物语》是在向当局提交样书的阶段被禁止发行的，按说应该一本都没流传出去。

但不可思议的是，现在市面上竟然有这本书。也许是当时提交给内务省后，由内务省流传出去的？若果真如此，应该只有一本。但现在旧书市场竟然确认到有"十二本左右"（数量并不确切），装帧各异。也就是说，是在装订成书之前流传出去的。旧书价格卖到五百万日元左右。

这本《法兰西物语》，是荷风第一次受到当局非难。

半年后，《欢乐》（易风社）被禁止发行。这篇小说最初在杂志上发表时并无非议，但出单行本时却遭禁。原出版社易风社后来把纸版转卖给了籾山书店。书店老板籾山庭后与荷风素有交情，大正二年（1913年）出版了荷风的译诗、西洋翻译批评集《珊瑚集》，并趁此时机用购得的纸版制作了籾山书店版《欢乐》，作为赠品送给顾客。据相矶凌霜（常以荷风弟子自居）记载，这本书在书迷当中是有名的珍本。

下一本遭禁的，是大正四年（1915）一月籾山书店出版的《夏天的身影》。这本书只有七十页，装帧由荷风亲自设计。

根据荷风所述，这本书的内容肯定属于被禁之列。因此，他们选择了星期五提交样书给当局审查，然后在星期六白天拿到书店出售，希望趁星期天将其卖完。他们预料得很准。星期一时，当局果然以伤风败俗为由禁止此书发行。但出版社手中已经卖得一本不剩了。这样的话无法向上头交差，荷风只得频频前往道歉，同时紧急加印了四五十册上交，才算完事。虽然同是禁书，但这本《夏天的身影》毕竟出售了，所以现在的旧书价格不算很高，七八万日元吧。

《夏天的身影》讲的是商人庆三把相好的艺妓赎出来，娶为小妾。这女人名叫千代香，年纪二十四五岁。两人在街上寻找适合用作爱巢的出租屋。走到神乐坂的毘沙门天善国寺附近时，在巷子尽头找到一栋理想的二层住宅，门外防雨板上斜贴着招租告示。

两人在这住宅里甜蜜度日。某日，庆三忽然发现隔壁二楼窗板上有节孔，就凑上去看——只见一幕香艳场景映入眼帘。他连忙小声呼唤千代香，让她过来一同偷窥。

令当局不满的就是以下部分的描写：

> 刚才，隔壁的说话声忽然停下来，像没人一般安静。千代偷窥了一会儿，渐渐呼吸急促，心跳加速。她对庆三说："罪过罪过，别再看了。"轻轻拉起他的手，似乎不忍心这么偷窥下去。但庆三却不肯听，把脸紧紧地贴在孔上，屏住呼吸，纹丝不动。千代没办法，只得再凑到另一个孔上继续看。不知不觉间，两人同时伸出手，在黑暗中互相摸索，随后就疯狂而热烈地拥抱在一起。

引用这么长一段文字，其实我是别有用意——想和据说是出自荷风之手的淫书《四叠半房间拉门之糊纸》进行对比。据推断，《四叠半房间拉门之糊纸》的创作时间和《夏天的身影》的脱稿时间是在同一年。

《夏天的身影》有这么一句："庆三还曾以两日元酒钱（一小时二十五钱）招来千代作陪。"当时的"普通"行情是两日元，可见千代并非"姿色平平"，而是"姿色全无"吧。

淫书《四叠半房间拉门之糊纸》的结尾这么写着：

> 我惦记着家中情况，但仍远赴山手县的烟花柳巷。来到此处，只需付给上等姿色三日元，普通姿色两日元，便能任意挑选陪睡，还能尽情地做各种乐事。后来，我觉得仅一女人陪睡不过瘾，便让二三女人裸身睡于左右，强迫她们做讨厌之事，以此为乐。

连我都觉得自己深陷疯狂之境。①

荷风回国后，就任庆应义塾大学文学系教授。大正五年（1916年），以身体欠佳为由辞职，同时离开了自己创刊并任主编的《三田文学》，另起炉灶创办个人杂志《文明》。曾同甘共苦扶持《三田文学》的籾山庭后承担了《文明》的编辑和发行。

荷风在创刊词中这么写道："文学美术杂志不好卖，但自有其价值。若是为了赚钱，与其出版文学杂志，倒不如去写淫书。"创刊号发行于大正五年（1916年）四月一日。从第五期开始连载小说《掰腕子》。第二年，自费出版了五十册私家版②《掰腕子》。现在旧书价格卖到一百五十万日元左右。顺便提一下，荷风的代表作《濹东绮谭》也出过私家版。荷风收到印刷厂来的五十册样书后，对粗陋的印刷和装订质量十分不满，于是取消了合约，令印刷厂惊惶失措。现在，《濹东绮谭》私家版价格在一百二十万到一百五十万日元左右。

在《文明》第十五期上，荷风以"石南居士"为笔名发表了《情色自问自答》。怎样才算是情色的文学和绘画呢？使人产生淫欲的作品即算。"这'人'指什么样的人呢？指一般社会大众。"没有哪个国家像日本这样，视色情如毒蛇猛兽。绘画展中的裸体画禁止做成明信片，含有

---

① 原文为日语文言。
② 私家版，是一种主要依靠自费而出版书籍的形式，其目的是在不分发 ISBN 码的情况下将书籍分发给书店，发行范围较小。

殉情内容的狂言禁止在剧场公开。"这些禁令，岂不正说明了日本国民是全世界最好色的人吗？自古以来，忠君爱国就是日本人的特征，现在又再多加一条'好色'。特征如此多，令人有不胜其烦之感。"

在第十六期上，登载了《四叠半房间拉门之糊纸（一）》。作者署名"鲤川兼待"——其实就是荷风的别名。

某处有一家酒馆，门上的出售公告张贴已久。这家酒馆本来位处小巷，但因为最近大街一侧扩建，准备开通电车，而这家酒馆距离大街只有十二米左右。根据当时规定，若这家酒馆易主，将不再批准营业。因此，虽然房屋整洁舒适，建筑结构和氛围都无可挑剔，但却一直无人问津。某日，我的朋友乌有先生经过时，信步走进酒馆，一看见那些房屋构造和小院子就非常喜欢，当即买下。随即对各处进行装修，把污损的门窗糊纸更换成新的。从主房沿着走廊过来，有个四叠半的小房间，拉门上贴着许多旧信纸，纸上写满了细密而工整的字迹。乌有先生眼尖，心想：这大概是从什么书上抄下来的吧。便夺过裱糊匠的刷子，把那些旧信纸一张张撕下来，逐一阅读，才发现原来是某人所写的戏谑之作。（需要说明的是：文中有的地方有缺字、破损、涂抹，无法辨认。）

以上是序言，后文就是抄写在"拉门糊纸"上的文章。我之所以引用了这么长一段，是因为除了岩波书店出版的《荷风全集》之外，其他地方看不到这段文字。昭和四十年（1965 年）出版的《荷风全集》第二十六卷里收录了这段文字。在那之前，只能去《文明》杂志里找。当然，《四叠半房间拉门之糊纸》正文部分并没收入全集。时至今日，这篇小说还被认为是色情之作，若印刷销售的话会触犯刑法第一百七十五条。

话说回来，不知各位读者有没有看过这本淫书名作《四叠半房间拉门之糊纸》呢？可能大多数人只听过书名吧。

举最近的例子来看，有个被称为"四叠半审判"的文学案例。昭和四十七年（1972 年），月刊杂志《半开玩笑》七月号刊登了本文，结果总编野坂昭如、编辑佐藤嘉尚被起诉。两人不服上诉，围绕《四叠半房间拉门之糊纸》情色与否——更确切地说，是围绕情色是否罪恶的问题，与法院进行争论，最后一直闹到最高法院。昭和五十一年（1976 年），东京地方法院判处二人缴纳罚款。高等法院、最高法院也支持此判决。

"我的一段回忆就跟这个事件有关。"

"龙生书林"店主大场先生与我对饮时，回想起往事，不由发笑。

"称其为'事件'，是因为杂志《半开玩笑》被禁止发行了。当时我在一家大型新书店上班，还给《半开玩笑》投过稿呢。"

"哇，投稿？"我问道。

"唉，随便写的。"大场先生有些难为情，"那时，杂志总编刚从吉行淳之介换成野坂昭如。"

《半开玩笑》在昭和四十七年（1972 年）一月创刊号

淫书《四叠半房间拉门之糊纸》以各种版本流传于世。
中间右边那本是署名为"金风山人"的"三希洞藏版"。

出版到第 6 期为止，由吉行担任总编，从第七期开始换成了野坂。

"我好像是看到第七期更换总编的预告才投稿的吧。当时，我非常崇拜野坂昭如。我写了一篇关于在旧书店淘到野坂成名作《现代好色者入门》一事的文章，寄给编辑部。那时我还没开旧书店，以为淘到了稀世珍本，便得意扬扬地写下了这篇文章。"

"是借此文向野坂总编致敬吧。"

"投稿之后，我收到佐藤嘉尚先生的回信。他邀请我去做客。"

"哇，不错嘛。"

"他大概是听说我这年轻人在收集野坂著作的初版，所以觉得好奇吧。我就和朋友一起过去了。我记得好像聊了些赞美野坂总编的话题。让我吃惊的是，佐藤先生只有二十五到三十岁的样子，跟我几乎是同龄人。我一直以为他是年长之人，所以见面时非常吃惊。更让我吃惊的是，野坂总编继任后所做的第一期杂志就被禁止发行了。"

"你是在书店上班时听说这事的吧。"

"我记得七月号杂志是在六月五日全国统一发售。不知道禁止发行令是什么时候下来的。我正在书店上班时，佐藤先生打来电话，说明了事情经过。我立刻确认店面存货——进了五十本，大概卖出了四五本吧。于是，我把剩下的杂志全都买下来，带回家去了。其他店员都觉得很诧异，因为他们不知道发生了什么事。"

"当时，回收杂志的正式命令还没下来吧。"

"两年后，我从这家书店辞职，自己开旧书店了。"

"那些杂志后来怎么处理了？"

"当然不能卖。我分送给了前来祝贺我书店开张的好友们，以作答谢。他们收到都很高兴。"

禁售令一下来时，《半开玩笑》七月号被大家竞相抢购，市面上甚至还出现了复印本。

"现在回想起来，我当时可真是痴情啊——为了维护自己崇拜的作家野坂先生，竟然把店里的库存全部买下来。"

"真是美好的回忆啊。"我喝了一大口酒，感觉这酒别有风味。

"从那时起，我一见到《四叠半房间拉门之糊纸》的私印本，就会在怀旧之情的驱使下把它买下来。这书还是挺常见的，而且有各种各样的版本。可谓是隐藏在地下的畅销书。不过，最近确实没怎么见到新出现的本子了。"

"年轻人可能看不懂吧。[①]看得懂才会觉得色情，看古文的话很难产生欲念。"

《四叠半房间拉门之糊纸》最早问世是在战后时期。根据夏川文章先生所写的《秘稿四叠半房间拉门之糊纸》（此文收在杂志《国文学解释与鉴赏》昭和三十九年十月临时增刊《隐秘的文学》中），最初印刷成书并流传是在昭和二十二年（1947 年）八月，有两个版本：署名为"金步山人"的"莲叶书屋"版，以及署名为"金风山人"的"三希洞文库"版。两个版本都是线装书。第二年，以"三希洞文库"版为原本印制的 LOGOS 社版被警视厅查获。

①　此书原文以日语文言写成。

被视为该书作者的荷风被传唤去做证人。

当年，荷风六十九岁，中央公论社出版的《荷风全集》全套二十四卷开始发行，他已经是举世公认的大作家。

在警视厅进行盘问时，荷风是这样回答的：

> 我确实写过一篇这个题目的小说，大正六年（1917年）发表在《文明》第十六期上。但那本淫书并非出自我手，而是其他人改写的伪作。不知道是谁改写的，文笔甚佳。其实不光是这本书，我的其他文章和画作都有很多假冒的，使我深受困扰。而且这些仿作全都写得非常好，令人称奇。（摘自前文提到的夏川先生所写的文章。顺便提一下，要研究《四叠半房间拉门之糊纸》的话，这篇文章是最有用的材料。）

据说，夏川先生这篇文章发表之前，市面上已经出现了多种版本的同名小说，光是被警视厅查获的就有二十多种。全都是前文提到那两种版本的仿作。"但这类地下出版物有个通病：印刷错误太多了，几乎找不到可信的本子。"就连《半开玩笑》上登载的那篇也有错字。例如，开头这句"今年晒书时，偶然从废篓中……"其中的"废篓"印成了"发篓"。废篓，大概是废纸篓的意思吧。

淫书《四叠半房间拉门之糊纸》（后文简称《四叠半》）的开头如下，引自《半开玩笑》版本。

> 某处有一家酒馆，门上斜贴着出售公告已久。这家酒馆本来地处小巷，但后来大街一侧扩建。根据当

时相关规定，临街酒馆若易主，将不再批准营业。因此，房屋虽无可挑剔，但却一直无人问津。某日，有个叫金阜山人的傻财主经过此处，无意中一看，就喜欢上了房屋构造和小院子，当即买下。随即对各处进行装修。从主房沿着走廊过来，有个四叠半的小房间，拉门上贴着许多旧信纸，纸上写满了细密的字迹。金阜山人眼尖，心想：这大概是从什么书上抄下来的吧。便夺过裱糊匠的刷子，把那些旧信纸一张张撕下来，逐一阅读，才发现原来是某人所写的戏谑之作。开头部分已经缺损了。

与前文引用的《文明》版本稍做对比，感觉如何？能把冗长的文字修改得如此简洁，可见作者并非泛泛之辈。正如荷风所说，是由"文笔甚佳"之人所写，这点毫无疑问。然而，能令荷风汗颜的高人，真的存在吗？能模仿荷风文笔的人，除了他自己之外，似乎别无他人。不过，倒是有人能模仿荷风的笔迹，而且竟然是与荷风来往甚密之人。此人以荷风笔迹抄写下荷风珍藏的淫书《四叠半》原稿，然后谎称是荷风真迹，卖给收藏家或旧书店。而且据说还抄写、卖出了好多份。

据说，战后没过多久，有人以此为原稿出版了此书。

难道正如荷风供词所说，淫书《四叠半》真的是其他人的伪作吗？发表在杂志《文明》上的《四叠半》有好几处删节，而在淫书《四叠半》中则还原了这些文字。

例如，小说开头：

　　　　无论岁数多大，与生俱来的花心始终不减。十八岁那年春天，耽读春水①之作，偶然走入妓院门口的灯影下。从那时起的数十年间，遍尝露水之情。女人常换常新……而此主却始终没变……虽然年纪已有五十一二……

省略号之处的文字被删了。而淫书版《四叠半》则是这样的：

　　　　无论岁数多大，与生俱来的好色之心始终不减。十八岁那年春天，耽读《千种花》②，偶然走入妓院门口的灯影下。从那时起的数十年间，遍尝露水之情。女人常换常新，有少妇，有半老徐娘，有小姑娘。而此主的好色之心却始终没变，不知厌倦，虽然年纪已有五十一二……

再看一处：

　　　　过了二十五岁、将近三十岁时，愈发自作多情，还给女人区分角色：有的可成相好，有的可满足色欲，有的可做情妇……变得越来越心浮气躁了。（引自《文明》版本）

---

①　为永春水（1790—1843），日本江户时期的小说家。其作品曾因"伤风败俗"之罪名遭禁。

②　《千种花》，日本江户时期的淫书。

省略号处被删掉了。在淫书版里，此处有这样一句：
"每每见过一两次面，就想占为己有。"

从今天来看，以上三处毫无问题。但在大正时期，却
被认为是情色文字。不，应该这么说，假如是伪作者写于
战后的话，恐怕不至于像被删文字这么平淡，而会加大尺
度吧。既然如此，那么淫书《四叠半》无疑是荷风本人写
于战前的作品了。

再稍为介绍一下这本淫书《四叠半》的文字吧。以下
节选其中一段，并非最精彩之处，而是比较平实的地方，
但这段描写却很有荷风之风格。

　　　本来，女人欲念强也是人之常情。一旦被勾起情
　　欲，无论对方人品好坏，无论自己是否喜欢，都会来
　　者不拒，忘记了羞耻心，紧紧抱住不放，鼻息如火，
　　呻吟道："快了快了，别停！"任由男人脱去自己的贴
　　身衬衣和衬裙，随着身体摇晃而心花怒放，不顾发髻
　　凌乱，尽情欢乐，直到全身瘫软方肯罢休。其热情可
　　谓惊人。据说，反而是有些腰力弱的客人感觉不妙，
　　后悔不该自投虎口，正喷薄欲出之时，却被那女的嘴
　　巴贴上来，咬住了舌头。

淫书《四叠半》的结尾是，酒馆女佣将老板娘的夜间
狂态告知相识的艺妓。而荷风作品《夏天的身影》的结尾
也颇为类似：酒馆女佣窥见即将成为老板娘的千代香与客
人"尽鱼水之欢"，遂将其告知相识的艺妓。

昭和二十七年（1952年），荷风获得文化勋章。把勋

章颁给他的，正是一直以来视其为眼中钉的国家政府当局。不得不说，无论对于颁奖者还是获奖者而言，这都是一种讽刺。

9

———

江户川乱步

少年侦探团的夏天

毫无疑问，江户川乱步是日本推理小说的先驱者、集大成者，而且还曾发现并指导了许多后辈，可谓是一位伟大的作家。在承认这一点的前提下，我要说：对于我而言，乱步仅仅是《少年侦探团》的作者而已。创作《少年侦探团》的乱步，和写下《顶阁里的散步者》《心理测验》《帕诺拉马岛奇谈》《妖虫》《幻影城》的乱步截然不同。

换言之，在我心目中，有两个江户川乱步——一个是写小说、评论等"成人读物"的乱步；一个是写《少年侦探团》的乱步。写"成人读物"的乱步是相距久远的作家；而写"少年读物"的乱步则是和我同时代的人。

我这样区分也是有原因的。

战后的《少年侦探团》系列，每次出版发行，我都会立刻追着看。和我年纪相仿的人，应该都对乱步有着相同的印象吧。我们长大后，再次在书报上看见相关报道时，大概都会觉得十分诧异：咦，那个写少年读物的乱步，原来竟然是成人读物侦探小说界的泰斗？

《少年侦探团》系列的第一部作品是发表于昭和十一年（1936年）的《怪人二十面相》，连载于月刊杂志《少年俱乐部》当年第一期至第十二期，受到当时的少年们的热烈追捧。第二年，这份杂志上刊登了《少年侦探团》。

连载完后，翌年又先后连载刊登了《妖怪博士》和《大金块》。《少年侦探团》系列登载了这四部作品之后就中断了。——虽然广受读者好评，但当时的时代背景却不允许他继续执笔。除了美化战争的文章之外，其他一律禁止刊登。事实上，相当于乱步的所有作品都被禁止发行了。

战争结束后，乱步首先重新开始创作少年读物。昭和二十四年（1949年），《少年》杂志全年连载了《青铜魔人》。这是他战后创作的《少年侦探团》系列的第一部作品。从这时起，直到昭和三十五年（1960年）的《带电人M》为止，乱步连续十二年都在杂志《少年》上大放异彩。另外，同一系列作品还在《少年俱乐部》《少女俱乐部》《小学四年级学生》等杂志上连载。

我开始接触乱步的作品，是在读小学三年级的时候。当时，在东京工作的二姐每个月都给我寄《少年》杂志。到我读六年级时，乱步还同时给《少年俱乐部》供稿。于是，我只得央求二姐帮我订这两份杂志。（后来，改成了订阅《趣味丛书》和《冒险王》。因为有朋友开始每月购买《少年》和《少年俱乐部》。我们可以互相交换着看，所以尽量不订重复的杂志。我为什么停止订先前那两份杂志了呢？问题出在杂志附带的手工制作附录上——我费尽心思制作了留声机和幻灯机，可是当时家里却还没通电，所以根本就用不上。我一气之下，就改成了订阅只有附刊的杂志。）

《少年侦探团》系列还出了单行本，陆续发行。出版社就是发行《少年》杂志的光文社。我没有买（当时因为家里穷，想买也买不起），不过朋友的哥哥有一整套，所以我可以借来看。我这一代人应该都非常渴望有这套光文社出版的《少年侦探团》吧。

前不久，我又重读了一遍久违的《少年侦探团》系列。我是从第三卷《妖怪博士》开始看的。

之所以先从这本看起，是因为这部小说的最后场景是发生在钟乳洞里。而我特别喜欢地底探险和洞中冒险，自己写小说时也会设置类似的场景。这个当然有一定的来由——和《少年侦探团》有关。请容我慢慢道来。

我重读的版本是白杨社出版的《少年侦探　江户川乱步全集》。《妖怪博士》是全集中的第二卷。我收藏的版本发行于昭和四十三年（1968年）五月五日。我本来想看光文社版的，但一直没找到。白杨社版的读者应该是我之后的一代人吧。《少年侦探团》系列的读者可以分为这么几代：第一代是战前四部作品；第二代是战后昭和二十二年（1947年）到昭和三十五年（1960年）间发行的光文社版全套二十三卷的读者，我即属于这一代；第三代是昭和三十九年（1964年）七月至十月四个月间发行的白杨社版十五卷的读者；昭和四十五年（1970年）六月开始，白杨社继续发行第十六卷及之后的部分，直到昭和四十七年（1972年）十二月出完最后的第四十五卷——这期间的读者算是第四代吧。昭和五十年（1975年）十月至翌年三月播放了二十六集电视剧《少年侦探团》。热衷于电视剧的小孩子们大概又追着去看原作小说了吧。这些小孩子都属于第四代读者。

为什么要这么分呢？因为我认为，各代读者对于《少年侦探团》的读法是不一样的。

举个浅显的例子：环境描写。在我们第二代读者的那个时代，《少年侦探团》里那些熟悉的环境在生活中随处可见：广阔的空地；暴露在空地角落的粗大排水管；爬满常春藤的西式公寓；貌似无人居住的宅院……平时也偶然能见到形迹可疑的人，而且印象最深的是黑夜——夜晚一定是一片漆黑的。可以说，每个人都体会过可怕的感觉。

而第四代读者恐怕没有这样的实际体验，只是当作虚构世界来读而已。我们视如现实环境并乐在其中的《少年侦探团》舞台，如今已经时过境迁。我重读一遍时，之所以感到怀旧，正是因为小说故事里那些曾经熟悉的环境和习俗如今已经消失了。而我的少年时代，只留在那些故事里。

然而，当我重读小说时，却感觉有些格格不入。什么地方不对劲呢？一开始我并不理解。后来终于发现了：原来是这个问题！（颇有少年侦探团破案之气概）

名侦探明智小五郎和少年助手小林芳雄（即少年侦探团的团长）上门调查"妖怪博士"蛭田（其实就是怪人二十面相）。他住在世田谷区池尻町的一栋西式公寓里。两人走进公寓中央的大厅时，不知从哪里传来蛭田的声音，但却不见人影。

大厅一角摆放着西洋铠甲，声音就是从这里传出来的。明智抱着铠甲，从上方拔起来，同时对小林说："你看，声音的主人就在这里！"

"把铠甲拔起来后，里面是什么东西呢？——里面捆着一台小型录音机，磁带正滴溜溜地转动。"

　　我之所以觉得格格不入，正是因为这台"录音机"。

　　我读小学时看的《妖怪博士》里并没有出现这台机器。录音机是从昭和二十五年（1950年）才在日本开始销售的。东京通信工业（即今天的索尼）率先生产和销售录音机。进口录音机也是从这一年开始销售的。

　　而我所读的光文社版《妖怪博士》发行于昭和二十三年（1948年）四月。所以没出现录音机也是理所当然的吧。那么铠甲里面藏着的是什么东西呢？

　　如前文所述，我手头没有光文社版的《少年侦探团》，所以无法确认。

　　于是我查了一下昭和五十三年（1978年）出版的讲谈社版《江户川乱步全集》（全套二十五卷）。第二十三卷收录了《少年侦探团》系列的前三篇作品。我翻开《妖怪博士》，找到刚才那个场景。上面是这样写的："里面捆着一台小型留声机，上面有一张唱片正滴溜溜地转动。"

　　也许，光文社版也是"留声机"而并非"录音机"吧。大概是作者与时俱进地改成了"录音机"。

　　除此之外，还有些别的改写部分。例如：关于国宝级的雪舟山水画的价格，战前版为二十五万日元，白杨社版改成了两千万日元；"驹泽练兵场"改成"原驹泽练兵场"；《爱国进行曲》改成《少年进行曲》；"全东京市"改成"全东京都"……我想，光文社版当然也会相应地修改为战后的物价和名称，而不会沿用战前的名称。我们这些战后的孩子看小说时，感觉就像是自己身边的事，完全没有过时之感。这应该归功于新版本对于细节的修订。当然，内容方面并没改动。

"龙生书林"店主大场先生打来电话：

"果然没有找到呢。"

——我问他能不能帮忙弄到一本光文社版的《妖怪博士》。

我早就知道不太可能找到，因为我要得很突然，而且只给他三四天时间。是我的错。

"觉得很怀旧吧，那个光文社版的《少年侦探团》系列。"大场先生也同属"第二代"读者，"这个系列如果收齐全套，外封齐全、品相上佳的话，即便不是初版，也要十二万到十五万日元呢。"

"噢，这书要这么贵呀。"

"偶尔也见过残本，要四五千日元。"

"不知道乡下朋友家里还有没有保留着的。"

"我也这么想过呀。不过，没有找到。"

"是呀。"

我珍藏着的那些少年杂志，竟然被老妈一本不剩地全扔掉了。为了防尘，我还给每一本都加了个书套，连同各期附刊（是薄薄的小册子）一起装进袋子，以防丢失。然后再收进一个写有"宝箱"字样的茶叶箱。然而，老妈却嫌它们碍事，全都扔掉了。明明知道儿子是开旧书店的……如果有幸保存下来，那一箱书得值好几百万日元呢。当母亲的，对自己孩子的宝物总是漠不关心，没发现它们的价值。

"在父母眼中，乱步的侦探小说是'坏书'嘛。漫画也是。"大场先生笑道。

"确实如此。"

孩子们沉迷于乱步的世界，热衷于少年侦探团，以此代替打打杀杀的游戏。

当时，杂志《少年》还附送少年侦探团的七件道具。我至今仍记得，有"放大镜""指南针""徽章""钢笔式的手电筒""钢笔式的望远镜""哨子""笔记本"。

除了指南针和笔记本之外，其他几件都是用厚纸板制作的"假道具"。以"钢笔式的手电筒"为例：取下纸制的钢笔帽，里面的笔杆上贴着红色玻璃纸——当我知道这就是"钢笔式的手电筒"时，不由苦笑。不过，自从我拥有这七件道具之后，小伙伴们都对我肃然起敬。而且，只有我一个人的衣领上别着真正的"BD 徽章"——少年侦探团成员的标志，B 是少年（boy）的首字母，D 是侦探（detective）的首字母。这是我投稿发表而获得的奖品。

我得意扬扬，以少年侦探小林自居。

我召集来附近的小伙伴们，组成了"少年侦探团"。其实也没什么特别任务，只是率领大家在村里巡逻。时而探查空房子，时而监视堆放木炭的小屋。村里随处可见老井，大都是旧房屋的遗迹，位于田间和空地角落。我们会围着老井，默默地注视一个钟头。对我来说，这段时间是非常紧张刺激的，因为在我脑海中上演着各种神秘故事。但那些小屁孩一定会觉得无聊透顶吧。

那时，小 A 从东京转学来到我们班上。每次上课被老师提问时，他明明知道答案，却故意说错，而且还回答得很可笑，以此博得同学们的笑声，并沾沾自喜。这种小孩应该挺常见的吧，人聪明，却不爱学习。小 A 就是这种人。他瞧不起我衣领上的 BD 徽章，嘲笑说："你不应该向我炫耀那徽章——哪有侦探告诉坏人说自己是侦探的?"

午休时,我比划着各种手势,向同学们讲述怪人二十面相的易容术。这时,小 A 却夸张地哈哈大笑起来,然后故作老成地说:"化装成女人来欺骗自己恋人? 如果是初次见面的话那倒另说。有这么愚蠢的恋人吗? 既然是恋人,肯定会比普通朋友更仔细地观察对方哟。"听着他那口铿锵流利的东京腔,我不由感到心虚。同学们也都纷纷点头:"小 A 说得有道理。"我显然落了下风,虽然不是我的错。

后来,我的少年侦探团也被小 A 篡夺去了。他俨然成了新一任的小林团长。

放暑假前,小 A 悄悄对我说:"我发现了一处秘密场所,我俩一起去探险吧?"

小 A 带我来到学校后面。我们学校位于山上,背面是陡峭的山崖车。冬天积雪的时候,可以把装苹果的木箱当作雪橇车,一口气滑到山脚下去,十分好玩。

夏天的时候,杂草丛生,人迹罕至。小 A 站在黏土裸露的山崖前,对我说道:"你用力戳一下看看。"我点点头,一拳打在崖壁上。没想到胳膊却深深地陷了进去。确切地说,是打穿了崖壁。我吓了一跳,收回胳膊,只见崖壁上有一个黑洞。这是什么洞呢? 我正觉得奇怪,小 A 得意扬扬地说:"这是防空洞。"

"你怎么发现的?"

我这个本地人竟然没发现,反而是一个转校生发现了。

"我是少年侦探团的团长嘛,这有何难?"

　　小 A 还是告诉了我：他寄宿的地方也有防空洞——现在被用来堆放肥料。他见我对防空洞很感兴趣，就跟我聊了很多。他说："小学里也有为学生避难而挖的防空洞，但还没挖完战争就结束了。于是用门板和草席封住洞口，并涂上黏土，不让别人发现。当然，是为了防止发生意外事故。"

　　他还提议说："咱俩探测一下，看这地洞一直通到哪里去。要不，我们把这里当作少年侦探团的秘密基地吧？"

　　——秘密基地，这个词充满了吸引力。我二话不说就同意了。就这样，一放暑假，我和小 A 就钻进防空洞里。

　　我们把蜡烛绑在竹竿顶端，点上火，然后像手握长矛一般地指向前方，在洞中前进。除了有烛火，我们还有氧气探测仪——这是小 A 的主意。没过多久，就走到尽头了。

　　这让我们非常失望。这时，小 A 低声说道：

　　"我们继续往前挖吧。一直挖到教室下面。以后上课时，我们可以突然消失，钻到地下，沿着地道跑到后山去。大家肯定会大吃一惊的。"

　　"就像怪人二十面相一样神出鬼没！"

　　在《少年侦探团》系列中，就有这样一条秘密隧道。二十面相及其部下自由自在地来往于秘密基地和住宅之间。

　　"我俩一起挖吧！"

　　我们无比兴奋。面对如此宏伟的计划，怎么可能不激动呢？

　　我和小 A 从家里拿来铁铲和耙子，一大早就钻进防空洞里，以防别人发现。小A弄来了一根打通了节孔的、跟晾衣竿差不多长的粗壮毛竹，把它放在地下，一端靠近洞口，一端伸向洞里。我们觉得气息憋闷时，就把嘴巴凑到竹子端上呼吸一会儿——其实就类似于通气管。这也是小A想出来的主意。

我们每挖一点儿，就把泥土装进橘子箱里运出去。我终于知道，挖地道时，运土比挖土要多耗费好几倍的力气。

某天晚上，下了一场很大的雷雨。第二天一早，雨过天晴。午餐时，我和小A在附近田边偷摘了些番茄和黄瓜来吃，然后钻进防空洞里，像平时一样开始挖洞。和平时不一样的是，泥土的气味特别刺鼻。中途休息时，我随意把铁铲插在洞顶上。这时，洞口处的顶棚忽然塌下来，发出轰然巨响。洞里变得一片漆黑。我们不知发生了什么情况。小A哭了起来。洞里忽然弥漫着一股恐怖的气氛。我们被困在洞里了。

《妖怪博士》的最后一幕是这样的：少年侦探团的同伴们去奥多摩的N钟乳洞（大概是日原钟乳洞吧）游玩时，中了怪人二十面相的圈套，误入洞内迷宫。

洞里回荡着怪人二十面相的嘲笑声：

　　"你们一辈子都要待在这山洞里，出不去咯。我终于报仇啦。（中略）这迷宫错综复杂，无论再过十天，还是再过二十天，你们都只能在里面团团乱转。手电筒很快就会没电的。不，更惨的是要饿肚子咯。到时候，又饿又渴，大喊大叫，慢慢就没力气了。最后，你们这十一个人就只能惨死在这黑暗的山洞里

啦。"（白杨社版）

当然，名侦探明智小五郎后来及时赶到，救了这些少年，而且把怪人二十面相及其部下全抓了起来。故事在欢呼声中迎来大团圆结局。

"那你的救星又是谁呢？"大场先生问道。

"是毛竹——小A设置的那根竹子。既可以吸入氧气，还可以充当传声筒。"

"传声筒？"

"我俩轮流着把嘴巴凑到竹子顶端，大声喊救命。因为是在山上，所以声音传得远。值班老师最先听到的。"

"幸好啊。"

我和大场先生又聊起乱步的作品。

前文提到了光文社版《少年侦探团 江户川乱步全集》的旧书价格。由此可见，乱步的人气一直居高不下，价格也昂贵。

"《少年侦探团》系列的第一本《怪人二十面相》（昭和十一年即1936年讲谈社出版），如果是外封齐全的初版，要卖到六十万日元。十四年间竟然再版了十四次，可谓长销书。不过，即便是再版，现在也见不到外封齐全的了。只能偶尔见到一些缺外封的污损本。昭和十三年（1938年）同为讲谈社出版的《少年侦探团》要五十万日元。翌年出版的《妖怪博士》也要五十万日元。如果外封齐全、品相上佳的话，即便不是初版，也卖到三十万至四十万日元。"

"因为读者是小孩，所以很少有品相好的。那些面向

《阴兽》，昭和三年（1928年）博文馆出版。

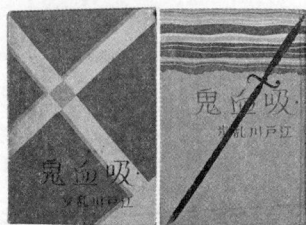

《吸血鬼》，昭和六年（1931年）博文馆出版。

《黑蜥蜴·妖虫》，昭和九年（1934年）新潮社出版。

成人的小说呢，也一样吗？"

"是的。在二十多年前，战前大众文学作品的初版和再版书的价格差距不是特别大，这一点和纯文学作品不一样。比起版本，收藏家更重视书的品相。也就是说，大众小说很少有品相好的。这正说明了它们受到人们的喜爱，被反复阅读。"

"乱步的第一部作品集——大正十四年（1925年）七月出版的《心理测验》，现在价格贵吗？"

"这是春阳堂出版的创作侦探小说集的第一册。第二册是翌年出版的《顶阁里的散步者》；第四册是《湖畔亭事件》；第七册是《一寸法师》。这四册书的装帧设计都一样。一册要二十万到二十五万日元左右。这些初期作品，如果函套齐全、品相上佳的话，即便不是初版，也要十万日元左右。"

"其他呢？"

"昭和三年（1928年）出版的《阴兽》。这本的初版很少见，卖到五十万日元。即便不是初版，品相上佳的话也要八万到十五万日元左右。昭和六年（1931年）出版的《吸血鬼》是乱步作品中最少见的，要五十万到六十万日元。品相上佳的再版书也要三十五万。《猎奇的后果》三十万左右。《黑蜥蜴·妖虫》八十万。《人间豹》三十五万。《绿衣鬼》四十万。《幽灵塔》三十万。《白日梦》这本，虽然是没征得作者同意而擅自出版的，但也要四十五万。"

"乱步的作品中，哪本价格最贵呢？"

"应该是乱步与横沟正史、甲贺三郎、大下宇陀儿、梦野久作、森下雨村等人合写的侦探小说《江川兰子》吧。昭和六年（1931年）博文馆出版，市面上没有见过品相好的。函套齐全的话要一百五十万日元，没有函套的也得二十万到三十万左右。其次就是乱步与土师清二、长谷川伸、国枝史郎、小酒井不木等人合写的《空中绅士》（昭和四年即1929年博文馆出版）。这本书据说初版和第二版都已经没有了。迄今为止，我没听说过谁手里有这本的初版。不过，平成十五年（2003年）一月乱步展图录的解说上写着：'初版为昭和四年二月二十日'。我书店里也只有第三版，要三十五万至四十万日元。"

"噢，这么神秘，果然很'乱步'嘛。"

对于"第二代"读者来说，乱步就像邻家大叔一样亲近。关于他的话题，说也说不完。

10

———

樋口一叶

钱是毒药

阿峰是泥瓦匠的独生女，小时候父母去世了。开蔬果店的舅父收养了她。她今年十八岁，在一个大财主家中当女佣。这大财主家中据说有一百间出租屋。

今年秋天，阿峰听说舅父卧病在床，就请了一天假，前往探病。舅父的蔬果店已经关门，舅母做点儿零工，八岁的儿子三之助到处沿街卖蛤蜊，一家人就靠着这微薄的收入勉强过活。

舅父请阿峰帮忙借高利贷，借了十日元——但扣这扣那的，实际拿到手的只有八日元五十钱。约定三个月后还清。这时是九月末。

舅父对阿峰说："到十二月末时必须把钱凑齐还款。但看这样子实在是无能为力。想哀求对方延期吧，又要再加一日元五十钱费用。过年时我想给三之助做顿煮年糕吃。这样吧，你做女佣也有一年了，能不能在大年夜之前向东家借两元钱呢？"

阿峰考虑之后答应了。"我问一下东家，就当作是预付工钱好了。钱又不算多，应该可以借到。但除夕那天我可能很忙，走不开，就让三之助过去取钱吧。除夕中午之前我一定会准备好钱的。"她拍着胸口说道。

阿峰的东家有个浪荡儿子叫石之助，除夕这天，一大早就喝得醉醺醺的，满口胡话，仿佛比别人先过上了新年。其实，他这么吃喝玩乐也是故意为了让父母难堪——现在的母亲是他的后母。

这位后母，不光是对石之助，对家里的用人也很苛刻。她之前明明答应过借钱，但到除夕这天却一口咬定说没有这回事，故意刁难阿峰。这时，三之助上门来取钱了。阿峰不知如何是好。

恍惚之中，阿峰冲进老板娘的房间里。——老板娘外出不在。没人看到。石之助歪倒在暖炉旁边，看似睡得正香，大概是梦见自己正仰天畅饮吧。

　　"求神仙佛祖开恩。我要做贼了。我也不想这样的，但是没有办法。如果要惩罚的话就罚我一个人吧。舅父和舅母并不知情，请原谅他们。对不起，请准许我偷钱吧。"阿峰之前见过砚台盒里有一叠钞票。她从中抽出两张。拿到之后，恍恍惚惚地递给三之助，打发他走了。她以为没人看到，未免太傻了。

　　阿峰以为没人看到。她未免太天真了。

　　这是樋口一叶的代表作之一《大年夜》的前半部分。大年夜就是除夕的意思。

　　这篇小说写于明治二十七年（1894年）年末，发表于十二月三十日发行的杂志《文学界》第二十四期。

　　当年，一叶二十三岁。写完《大年夜》之后，接着开始动笔写《青梅竹马》。《青梅竹马》完成于翌年一月二十一日或二十二日，其中第一至三章部分发表于《文学界》第二十五期。

当时，一叶正处于最穷困潦倒的时期。因为需要钱，不得不冒名向古怪的占卜师借钱（后文详述），还向当红作家村上浪六借过钱。一个二十三岁的姑娘，为了借钱而仓皇奔走，丝毫不顾体面。

《大年夜》正是来源于现实感受的小说吧。"求神仙佛祖开恩。我要做贼了。我也不想这样的，但是没有办法。"——阿峰的心理矛盾，大概也正是作者本人的心声吧。一叶非常需要生活费。

《大年夜》的后半部分是这样发展的：

东家财主两夫妇回家后，石之助向父母要钱。他说：自己向人借了钱，今晚之前必须还。如果不还的话，可能有损父母名声——因为这是跟流氓地痞赌钱欠下的赌债，不是闹着玩的。

正因为受到恐吓，所以石之助才反常地一大早就待在家里。父亲从保险柜里取出一叠五十日元钞票递给他，一边骂道："你这混蛋会遭报应的。快滚吧！"

阿峰哪有心情管他们呢。她正坐立不安，担心自己偷钱一事随时败露。

　　"如果抵赖的话，罪就更重了；认罪吧，又怕连累舅父。我自己犯了错，理应受罚。但如果忠厚老实的舅父被冤枉的话，那就太悲哀了。别人一定会说闲话：人穷志短就会干这种事啊……我该怎么办呢？"

忽然，老板娘吩咐阿峰："你把房间里那个砚台盒拿过来。里面有些钱，是屋瓦匠给我们的还款。"

除夕是一年的总结算。他们会对手头所有的钱进行清点、核对账簿。

阿峰颤抖着把砚台盒递给老板娘。老板娘打开盖子。里面空空如也。本来应该有一叠钞票的，但现在却全都不见了。老板娘非常震惊，阿峰也吓了一跳——她今天只是从中偷走了两张而已呀。

里面留有一张纸条："盒里的钱也借来一用。石之助。"

接下来的几行字，我觉得有些画蛇添足。——我竟然对大文豪吹毛求疵，简直是不知天高地厚。

　　大家面面相觑："原来又是这败家子干的。"没人怀疑阿峰。也许是神灵为其孝心而感动，遂将她的罪过转嫁给了石之助——不，也许是石之助知情而故意成为替罪之人？这么说来，石之助倒成了阿峰的守护神了。以后的事，我倒很想知道。

难道会有哪位读者不希望阿峰和石之助过得幸福吗？

话说回来，阿峰偷了的两日元，到底值多少钱呢？

一叶写《大年夜》的前一年，一家人（母亲和妹妹邦子）搬到吉原附近的下谷区龙泉寺町三百六十八号，然后开了一间杂货店，卖些草纸、火柴和小点心。房租是一日元五十钱。每个月的房租加上生活费大概五日元左右。

杂货店每天的营业额，多则六十钱，少时也不低于四十钱。——这是按一天一百位顾客，每位购买五厘、六厘之物计算得出的数额。店里的活儿应该挺忙的，但营业额却很少，收入微不足道。

当时，酱油1.8升十钱；面包一斤（三四百克）六钱；荞麦面（包括小笼屉荞麦面、清汤荞麦面）一钱二厘；木匠的工钱一天五十钱；小学老师和警察刚入职时的月薪是八日元。

一叶的杂货店最终也只坚持了八个月。因为斜对面新开了一家点心铺，把顾客都抢走了。无奈之下，一叶只得关了店，搬到新开辟的本乡区丸山福山町四号。"房租每月三日元，虽然很贵，但还是在这里定居下来。"（引自《尘中日记》）

这里成了她最后的栖身之处。

因为《大年夜》的主题是金钱，所以频繁出现和钱相关的内容。正因如此，这篇小说很有现实感。

例如，里面不仅提到舅父借高利贷的金额，还提到三之助卖蛤蜊能挣十钱，比专门卖鱼的挣得还多；舅父一家关掉店面，搬到位于后巷的六叠大的小屋，房租五十钱；舅父身体尚好的时候，曾让三之助去上过"五厘学堂"（当时的私立小学学费为每月三十钱，同时还有些为穷人孩子开设的更便宜的小学，学费只需每月十五钱，即每日五厘）等等，多处提到了当时的物价。

不光是具体金额，描写也如精打细算一般细致。

例如：阿峰的任务之一，是要往澡盆里倒水。"用两个水桶装满水，来回提十三趟"。应该是要二十六桶水才够用吧。

阿峰去探望舅父的那天，本来是要陪东家两位女儿去看歌舞伎表演的。但阿峰担心舅父身体，根本无心看戏。所以她虽然明知不能得罪老板娘，但还是请假没去。这位老板娘呢，"过了一天，第二天才固执地吩咐说：'快去快回！'"老板娘的隐忍性格跃然纸上。

每次阿峰出什么差错时，老板娘不会立刻动怒，而是默默地盯她一整天，"过了一天之后才开始翻脸，逮着一些小事就数落个没完。"

一叶似乎通过《大年夜》掌握了小说技法。其后创作的《青梅竹马》被公认为明治时期屈指可数的名作。在那部小说里，虽然不像《大年夜》一样随处罗列具体金额，但那些出场人物背后仍然与生活费息息相关，所以还是很写实的，每个人物都栩栩如生。

一叶在穷困潦倒的现实生活中领会到了创作的真谛，说起来颇为讽刺。她的创作并没能使全家摆脱困境，反而每况愈下。

《大年夜》里有这么一句话："钱是毒药。"明知有毒，还是要拿来喝——也许不独一叶如此，而是人之常情吧。

一叶原名"奈津"，又称"なつ""なつ子""夏""夏子"[①]。"一叶"这个笔名是在十九岁时取的。那一年，她去上野的东京图书馆学写小说，写过几篇习作。翌年，她在老师半井桃水主编的同人杂志《武藏野》上发表了《暗樱》——这是她首次用"一叶"这个笔名。目录页上赫然署名"一叶女士"。

---

① 在日语中，"奈津"和"夏"发音相同，"なつ"是"夏"的意思。

顺便提一下，我曾经见到过杂志《武藏野》的复刻本。第一期出版于明治二十五年（1892年）三月二十三日，第二期出版于同年四月十七日，第三期出版于同年七月二十三日，第四期就没有了——也就是说总共只出了三期。

这三册齐全的很少见。据复刻本的解说者红野敏郎先生说，到2004年9月为止，只确认到现存两套——一套是藏于近代文学馆的盐田良平旧藏书，另一套藏于台东区立一叶纪念馆。（不齐全的残本倒是在别处存有。）

一叶在这三册杂志上发表了短篇小说。现在，我们可以在一叶全集中看到这些作品，但却无缘见到它们最初刊登在杂志上的原貌，无法知道一叶曾经拿在手上端详的这份杂志是什么样的、有多少页、登了些什么广告。

例如，第一册的卷末附有八页图书广告，这些广告页用了红色纸。

广告里介绍了香梦楼主人编著的《通俗男女造化机论》。广告词是这么说的："有多少男女，随着渐渐长大成人，血气方刚，遂忘记世间大道，只知荒淫作乐，扰乱风纪，自己贻误一生。"而此书正是阐述荒淫之害，劝诫少男少女们应遵循正道的。"造化"是当时的流行语，表示"生殖"之意。当时出版的许多通俗性医学书，书名里都有"造化"一词。

一叶可能也看到这个广告了吧。想写小说的女人，一定有着强烈的好奇心。《青梅竹马》里有这样的文字：女主人公美登利的姐姐是妓院"大黑屋"的花魁，常客有银行的川先生，兜町那边的米先生，议员"短小先生"。此处的"短小先生"固然是戏称，但当时才二十三岁的一叶必定是从杂志广告上学来的吧。《青梅竹马》经过修改之后，全文刊登在杂志《文艺俱乐部》（这是一叶爱读的杂志）上。在这一期杂志上，除了图书广告之外，还登有成人商品广告，例如"保证受孕成功的药""炭烤蝾螈""大补丸"等等。在其他几期上，则登有《交合秘技男女快乐手册》《艳云娇雨闺房余戏》《滋肾回春神秘录》等性书的广告，其中赫然有"阴茎萎缩短小"之类的字样。当时的杂志广告还真是无所顾忌。

《武藏野》第一期的广告里还有这样一本书：《俳谐一叶集》。一叶看见时，心里肯定会咯噔一下。

没错，这里要提一下"一叶"这个笔名的由来。一叶《蓬生日记》明治二十六年（1893年）四月十九日如此记录：在报纸上看见友人讣告，欲前往吊唁，但却苦于无钱出奠仪。家贫如洗，甚至无钱买米下锅。妹妹邦子说：把衣服拿去当铺，或可换钱出奠仪。但一叶却犹豫不决。她作了一首狂歌 ① 以自嘲："我似达摩大法师，欲往吊唁，苦于无足。"

达摩法师没有双足。东京人把钱俗称为"御足" ②。一叶此歌意为：自己是没有脚（钱）的达摩法师。相传达摩乘一叶芦苇渡江布教，"芦苇"和"足"也有双关之意 ③。"一叶"的笔名即由此而来。就像刚才那首狂歌一样，嘲

① 狂歌，日本江户时期流行的鄙俗滑稽的和歌。
② 因为钱可通行世上，仿佛有脚一样，故有此谓。
③ 在日语中，"芦苇"和"足"发音相同。

明治二十九年（1896 年）博文馆出版的
《通俗书简文》。这是一叶生前出版的唯
一著作。

大正七年（1918 年）博文馆出版的《青
梅竹马》的封面和函套。

笑自己没钱。

作家永井龙男作过这样一首俳句："一叶苍凉意，十三夜月明。"

生活穷困潦倒，而且也无处可再借钱了。一叶的母亲催促女儿："快点儿把小说卖掉吧。"母亲埋怨道："谁都不可能一开始就写出名作名篇来嘛，就算你自己不太满意，也得厚着脸皮卖掉它们呀。"母亲反复劝说道："就算你十年之后能成为著名作家，也得吃饱穿暖才能熬到那时候吧。"一叶在心里嘀咕道："就算我尽力去写，奈何世间没有买主呀。"

某日，一叶前往拜访创设了"天启显真术会"的占卜师久佐贺义孝。一叶谎称自己名为"秋月"，自述身世之后，她向对方借钱，说想用来投资炒股。其实两人素不相识，一叶可谓是不速之客。但占卜师久佐贺为一叶之美貌倾倒，后来写信给她，问她是否愿意当小妾。一叶拒绝了。除了久佐贺之外，一叶还登门拜访过二十二宫人丸这位修行者，大概也是为了借钱吧。久佐贺邀请一叶共赏梅花的信件留存至今。信中说："我为小姐之不凡气质打动，愿与小姐亲密交往。"并附上一首和歌。当时人们常以和歌表白爱意。然而，这个男人的和歌、字迹却都十分糟糕——一叶在日记中如此评价。

这位奇葩占卜师写的情书，一叶应该不希望别人知道才对，那为什么又保存着呢？而且，除此之外，一叶连借钱遭拒的回信也保存了起来——她曾向小说家村上浪六借过钱，但对方却说手头无钱可借。对于一叶来说，这些书信无异于耻辱。

其中大概有这么一个原因吧：博文馆出版社的社长大桥乙羽曾向一叶约稿，说自己正在编《日用百科全书》系列，其中一册是关于书信写法的，想请一叶来写。也许正因如此，一叶才会把收到的信件保留起来，打算作为参考例文吧。博文馆是杂志《文艺俱乐部》的发行处。

一叶从明治二十九年（1896年）一月着手写这本书。为了钱，她带病写作。五月二十五日，这本名为《通俗书简文》的书出版了。这是一叶生前出版的唯一著作。

我打电话问"龙生书林"的店主大场先生：

"一叶二十四岁去世那年出版的那本书，现在价格应该很昂贵吧？"

"倒也不太贵。"大场先生说。

"咦，这书很常见吗？真没想到。"

"外封齐全的初版很少见。外封齐全、品相一般的话，嗯……大概十万到十二万日元吧。"

"没想到这么便宜啊。"

"再版就很常见了。几千日元能买到，不过大多没有外封。再版也很少看见有品相好的。"

如前所述，《通俗书简文》一书里收集了许多书信例文，分为新年、春、夏、秋、冬、杂类（这部分页数最多）等几章。最后，还以"稍做补充"为题，讲述了书信写法（收信人姓名、尊称、附言等等）。

书信例文同时列出了寄信和回信。例如，有一封信是关于"收养小猫"的。原文为候文①。改成现代文的话，大致如下：

今天在学校里听说，你养的那只花猫生了很多小猫，其中有一只很漂亮的红猫，不过这只不是我想要的。我想要的是那只浑身白色、脑袋和尾巴杂有些许黑毛的小公猫。因为我以前也养过一只白色的小猫咪，很可爱，但后来被邻居家的狗咬死了。从那以后，我就很想再养一只一样的小白猫。你就把它送给我吧。我一定会好好待它的，晚上给它盖被子，给它好吃的，把它的毛打理得油光发亮。邻居家现在不养狗了，请放心。我为猫妈妈准备了一袋鲣鱼干，当作聘礼。

回信如下：

来信收到。其实，刚才大街那家米店也派人过来，说想领只猫回去养。我说：你喜欢哪只就带走吧。他说先回去问一下店主的女儿，然后再过来。这不，人刚刚才走呢。我们都说：如果迟一点儿收到你的信，可能就要对你说抱歉了。你特意准备的礼物，猫妈妈很爱吃呢。小白猫这两天刚学会磨爪子，在壁龛柱子和房门上面到处乱抓。你得提防着点儿，而且还要好好教育它。因为喜事来得突然，我这边什么准备都没

---

① 候文，日语古文中书信和公文所特有的文体。

有，项圈也没给它戴，还请多多包涵，不要因为主人的过失而看不起它。随信附送上一袋木天蓼粉——还没有三合糠那么多哩。以后请多多关照。谨上。

结尾是句俏皮话，化用了一句谚语："家有三合糠，不当入赘男。"（因为上门女婿很受气。）

换言之，一叶相当于在写"小说"了。

除了猫之外，也有关于狗的书信例文——写信告诉朋友爱犬失踪之事。

　　我正在遛狗时，忽然从大宅院里冲出一只黑狗，向我那只小红狗吠叫。小红狗虽然小，但性格却很好强。它向黑狗扑了过去。两只狗你追我赶，一下就消失了。后来一直没回来。我很担心，还在报上登了寻狗启事，但现在还没找到。以前每次给你寄信，我总是用一小块布把信包好，然后挂在小红狗脖子上，让它送信。但今天却要拜托邮差送去了，感觉颇为凄惨。……

回信如下：

　　想必你一定非常担心吧。我正看信的时候，听见屋后有狗叫，其中有个很细弱的声音，就急忙跑过去看。我原以为是小红狗，其实听错了，是邻居家那只令人讨厌的花狗。也难怪你会整夜不睡，打开窗，仔细听外面的动静呢。说不定有人看小红狗可爱，把它带回去养了。但即便如此，吃的、住的可能都不太习惯吧。再等等看，应该不久就知道下落的。我也跟经常来往的人力车夫说："如果见到小红狗就带回来，自有重赏。"谨上。

除此之外，还有各种内容的书信例文，比如借书、安慰考试落第者、安慰痛失爱子之人等等。但不可思议的是，其中竟然没有关于借钱的。按说，一叶曾多次写信借钱，应该很熟练才对。

例如，一叶在给占卜师久佐贺的信中如此写道：

　　若先生昨日所言不虚，虽然相识不久，我还是想冒昧地请求先生资助一段时期，直到我有所成就为止。此前我也认识许多绅士，但每当我开口求助时，却无人搭理。如若能得到您的帮助，我该是多么幸运啊。我虽是一弱女子，但这是生死攸关的请求，我也是不得已而为之，恳请务必相助。

态度相当强硬。

大场先生笑道：

"一叶的著作虽然便宜，但书信却很昂贵，一封信值好几百万、几千万日元呢。不过很难找到现存的真迹吧。向人借钱的书信尤为罕见，应该要好几千万的。"

"这可真是讽刺啊。"

顺便说一句，一叶曾经爱慕的半井桃水，他写的明信片现在卖到一张两万日元左右。

11
──

夏目漱石

鸡蛋和白薯

2006年正值夏目漱石发表《少爷》一百周年纪念，前一年是《我是猫》，2007年是《疾风》《虞美人草》，2008年是《三四郎》《矿工》……连续几年都是漱石作品发表一百周年纪念。

到2016年，将是《明暗》执笔一百周年，也是漱石去世一百周年。2017年，则是漱石诞辰一百五十周年。本世纪前半段的"漱石纪念年"大概就这么多了。

趁着2006年这个"《少爷》纪念周年"之际，我重读了一遍久违的《少爷》。

有很多读者是从这篇小说开始迷上漱石的吧。而且，出乎意料的是，还有不少人只读过《少爷》，而对漱石的其他作品一无所知。也许是因为这篇小说简单易读吧。

我是在小学四年级时从漱石全集上读到这篇小说的。以前出版的全集，每个汉字都有注音，所以小学生也能读。小说情节也单纯明快，简单易懂。所以跟其他漱石作品比起来，这部小说重读的次数最少。

这次，我仔细重读了一遍《少爷》，留意到好几处以前忽略的细节，有一些新发现。这些公认的名作，每次重读，都有新的收获。

最让我惊讶的是"少爷"的年龄。这个土生土长的江户少爷到爱媛县松山中学当数学老师时，简历上写着年龄是二十三岁四个月。

我小学那会儿读这小说时，印象中觉得"少爷"大概是十七八岁大哥的样子。在小学生眼里，老师看上去会显得比实际年龄大很多。我以为刚从物理学校毕业就当老师的少爷大概只有十七八岁。当然，这也跟少爷本身的言行举止幼稚有关。

这种印象一直保留至今。所以，当我这次发现是二十三岁时，不由感到惊讶。同时，也为自己一直没注意到他的年龄而觉得诧异。以前，应该是对这一信息视如不见吧。

少爷和"豪猪"两人合力，惩罚了趋炎附势的副校长"红衬衫"及其跟班"马屁精"。他从袖兜里取出生鸡蛋，砸在"马屁精"的脸上。——读到此处，尤为痛快。

其实，少爷买这八个鸡蛋原本并不是为了砸人，而是买来自己吃的。

少爷所住旅馆的伙食甚差。他一说喜欢吃白薯，老板娘就每天都让他吃白薯。他只得往书桌抽屉里放些鸡蛋，偷偷补充营养——一次连吃两个。可见，他买这八个鸡蛋是准备留着吃的，所以才会在收拾红衬衫和马屁精时发现袖兜里装着鸡蛋。不过，我相信：小说作者漱石先生一定是在写到旅馆伙食（煮白薯）时就已想好要在故事高潮处用上鸡蛋吧。

也就是说，这里有这么个构思：江户少爷（幕府）打败萨摩、长州两藩[①]。鸡蛋代表江户少爷，一言不合就动手

---

① 德川幕府末期，萨摩、长州两藩结盟，发起倒幕运动。

（容易破碎）；而白薯则代表萨摩和长州 ①。

当漱石决定少爷以鸡蛋为武器的瞬间，笔下必是忽然变得行云流水，行文通畅明快。实际上，这篇小说只用了不到十天就写完了。

少爷泡完温泉后，在小镇中散步。然后渐渐远离小镇，向河堤方向走去。这时，他发现前面有人影走动。"借着月光一看，前面有两个人影，可能是来小镇泡温泉然后又回村里去的年轻人。但却格外安静，也不唱歌。"

少爷快步追上前去。其中一个好像是女的。"大概距离十多米二十米远时，那个男的听到我的脚步声，猛然回过头。月光从我背后照下来，我看清了他的脸，觉得十分惊讶。他俩又继续往前走。"

也就是说，少爷背着月光，脸上很暗，所以前面那对男女回头时看不清他。相反，他却认出了对方是谁。于是，他全速追上前去，从两人身边经过。"刚走出两步远时，我忽然转过身，盯着那男人的脸。月光迎面照来，把我的寸头到下巴部分映照得一清二楚。"

那男人认出少爷时，轻轻地"啊"了一声，急忙转身，拉着那女人往回走。

这时，作者才说出那男人的名字——红衬衫。至于那女人，虽然没说是谁，但读者应该马上就反应过来：是远山家的女儿"玛利亚"。

河堤上的这一场景，我认为写得非常精彩。我也是读到这里才知道少爷留着个寸头。

---

① 在日语中，白薯叫作"萨摩芋"。

当那男人回过头时，少爷认出他是红衬衫，十分惊讶。然而，对方却没有认出少爷，因为背光，看不清脸。但少爷一时没明白怎么回事，只是"觉得十分惊讶"，所以才忽然冒出一个想法：好嘞，让你好好看看我的脸。刚追上去，就转过身，"盯着那男人的脸"。对于少爷的这一举动，红衬衫当然忍无可忍，可以说从此怀恨在心。虽然没有立刻开除他，但也是迟早的事吧。对某个人产生憎恨、意欲报复，起因往往只是私生活中的琐碎小事，尤其是因为男女关系遭到嘲讽。而当着女人的面出洋相时，则憎恶之情更甚。

重读《少爷》时，我还发现：小说里细心地记录了各种东西的价格——应该是创作这篇小说时的物价吧。

少爷这个新任教师的月薪是四十日元。明治三十九年（1906 年），银行职员刚入职时的月薪是三十五日元。

《少爷》是根据漱石本人的真实经历而写的。明治二十八年（1895 年），漱石来到松山赴任，成为爱媛县普通中学的教师。他刚入职时的月薪是八十日元，比校长还要高。

少爷从东京出发时，身上带了三十日元，刨去火车票、船票和各种杂费，抵达松山时还剩下十四日元。

山城屋旅馆的人见少爷衣着寒碜，就安排他住最差的房间。少爷愤然给了五日元小费——他不想被人小看，所以才慷慨了一把。这是江户人特有的倔强性格。据说当时木匠一天的工钱才一日元，所以五日元已经不能算是"小费"了。放在今天，大概相当于五万日元吧。也难怪旅馆老板娘一见少爷回来就连忙磕头迎接呢。而没给小费之前则受到怠慢——漱石先生写了这么一句：少爷吃过早餐，正要出门去学校时，发现"旅馆竟然没给我擦皮鞋"。

少爷吃了两碟米粉团子，花了七钱——也就是一碟三钱五厘。当时，包子一个一钱，豆沙年糕一个五厘，荞麦面一碗二钱五厘，所以他吃的米粉团子算相当贵的了。当然，即使在今天，有名的米粉团子也并不便宜。少爷的同事数学老师"豪猪"请他吃了一碗刨冰，花了一钱五厘。

除此之外，小说中还提到各种价格，例如：豪猪介绍给少爷的旅馆的住宿费、旅馆房东"冒牌银"推销的古董的价格、坐火车去温泉小镇的路费、红衬衫的住宿费、豪猪为了监视红衬衫行动而住在旅馆"枡屋"时的费用（八天花了五日元六十钱，即一天七十钱）等等，不胜枚举。

小说中屡屡出现这些基于现实生活的金额，由此变得更加真实。

执着于金钱，是漱石的特点。这大概跟他的成长经历有关。他出生在位于今东京新宿区喜久井町的一个小吏之家。出生后即被送到别人家中寄养，不久被领回家，然后在一岁时又被过继为盐原家的养子。九岁时回到家中，但户籍仍保留在盐原家。二十一岁时恢复夏目家原籍。

这段养子时期的经历，被漱石用在了长篇小说《道草》的主人公身上。应该基本都是他本人的真实经历吧。

漱石小时候，想要什么东西，盐原都会买给他。盐原很有远见，他知道漱石是个聪明的孩子，将来必成大器，希望这个养子到时好好报答自己。盐原夫妇把漱石当成未来的摇钱树进行养育。漱石幼小的心灵敏锐地察觉了养父母的小算盘。

也许正是出于这个原因，后来，在金钱方面，漱石变得比常人更加敏感、更具有洁癖。后来，盐原向漱石开口要钱，还威胁说不给的话就要告他。漱石为此而伤透了脑筋。除了盐原之外，漱石的哥哥、岳父都纷纷来借钱。因为钱，漱石可吃了不少苦头。

于是，自然而然地，漱石在金钱方面变得很讲原则。明治四十年（1907年），东京朝日新闻社向漱石抛来橄榄枝。早就想辞去教职、以写作为生的漱石动心了。他在详细询问过工资标准、有无奖金及其数额多少之后答应了。后来，当初次发奖金不符合约定数额时，他立刻写信表示抗议。

再举另一个例子。有一次，漱石受人之托，同意担任杉浦重刚六十岁诞辰庆祝会的发起人。（杉浦重刚是杂志《日本人》的创刊者，还是创办日本中学的教育家、思想家。）漱石收到寄来的邀请函时，发现上面写着"文学博士夏目金之助[①]"，于是提出，自己既然已经拒绝接受政府授予的博士称号，邀请函上如再用此头衔，恐怕会使人误认为是其他同名者，请再重做一份邀请函，删掉此头衔。

一个月后，漱石向祝贺会主办方寄去五日元。其中，一日元是规定的贺金，另外四日元是补偿给主办方的——主办方向已发出错误邀请函的二百人重新发通知进行订

---

① "夏目金之助"是夏目漱石的原名。

正，多支出了明信片费用及印刷费。当时的明信片价格是一张一钱五厘，二百张即三日元，再加上印刷费一日元，合计四日元。漱石一丝不苟地进行"赔偿"。此事还被登上了报纸，报道标题为《主办委员颇惶恐，漱石先生撤请帖》。

虽然在金钱方面讲原则，但漱石还是很通情达理的。每次门下弟子向他借钱，他都慷慨解囊，不会拒绝。（漱石亲笔记下的贷款记录保留了下来。）当然，对于不合理的请求，漱石就会断然拒绝。

《少爷》中有这样一段情节：少爷刚来学校赴任时，豪猪曾请他吃刨冰。后来出于误会，少爷打算跟豪猪绝交，但想起对方曾请自己吃刨冰，又觉得欠了人情。于是想把吃刨冰的一钱五厘还给豪猪。豪猪却拒绝道："不明不白的钱，我不能收。"而少爷也不肯把钱拿回去。于是那一钱五厘就一直搁在豪猪的桌上，沾满灰尘。这两个固执的人，大概是漱石本人的化身吧。

《少爷》由春阳堂出版于明治四十年（1907年）一月一日。不过，当时书名并非《少爷》，而是用了《鹑笼》。书中还收入了《二百一十日》和《草枕》。

此书为菊判开本、方脊装帧，外封和装帧的设计者是桥口五叶。初版印数三千册，后来因为畅销而再版。到大正二年（1913年）为止，出版了一万两千一百七十一册（根据松冈让《漱石的版税记录本》）。

此书定价为一日元三十钱。当年三省堂出版的辞典《辞林》定价为两日元。前文介绍过，木匠一天的工钱为一日元。相比之下，《鹑笼》的定价是相当高的。

　　那么，现在的旧书价格大概是多少呢？

　　我照例向"龙生书林"店主大场启志先生询问。

　　大场先生说："漱石毕竟是最受欢迎的作家，粉丝众多，而且漱石作品的装帧全都很漂亮，价格自然不菲。"

　　"漱石本人好像对书的装帧特别感兴趣吧，而且还亲自参与装帧设计。"

　　"《心》的装帧就是他自己设计的。至于《鹑笼》的旧书价格嘛，品相较好的话大概要二十五万至三十万日元吧。如果品相特别好的话，价格也会高很多。"

　　大场先生抿嘴一笑，继续说道：

　　"而且，如果这本书名不是《鹑笼》而是《少爷》的话，价格还要翻倍呢。"

　　"这样啊。"

　　"这本书给我留下了特别的记忆。那是昭和四十七年（1972年）的事。"

　　"噢，有意思，说来听听。"

　　"那是关于旧书店的回忆。当时我上班地点附近有个五坪①左右的旧书店。"

　　大场先生走进店里一看，发现书架最上层密密麻麻地摆着许多古色古香的书。书架很高，手够不着。他环视店内，看见有个梯凳，心想：既然摆在通道上，应该是给顾客随便用的吧。于是就站到梯凳上，看那些古色古香的书脊文字。

　　其中竟然有《鹑笼》这本书。一看版权页——初版。

――――――――――

①　源于日本传统计量系统尺贯法的面积单位，1坪约为3.31平方米。

虽然没有外封，品相也不算很好，但这毕竟是《鹑笼》初版，瘦死的骆驼比马大呀。他想买下来，但却没看到价格标示。

于是，大场先生就问那个坐在账房里的年约五十多岁的店主。但店主只是朝这边看了一眼，并没有回答。大场先生以为他没听见，又问了一次。但他还是一声不吭地看着这边。

"他什么也没有回答。"

"咦，这么奇怪。"

"这时，老板娘从房里走出来，突然和店主争吵起来。感觉像是之前争吵过的话题，现在又继续开始吵。"

"争吵什么呢？"

"我也不知道。反正两个人吵得很凶。我实在待不下去了，只得把书放回书架，仓皇离去。"

"那店主没搭理你，可能是因为和妻子吵架正在气头上吧？"

"好像又不是。我大概每隔三天就会去逛一下那家书店——不光是逛，还经常会买一两本。但不知为什么，书架最上层那些书，无论我问哪一本的价格，店主都装聋作哑，不肯告诉我。"

"店里的书能让人随便动吗？店主不反对吗？"

"可以随便拿在手上看的。但一问价格，他就是不搭理我。"

"真奇怪。"

"而且，每次去都碰到店主夫妻俩吵架。"

"咦，原来经常吵架？"

"嗯，每次去都是，吵得很凶。不管店里有没有顾客。"

"这就更奇怪了。"

"几年后，我自己开了旧书店。跟其他同行一提起那家书店，原来大家都知道。据说，他们大多也是看中了书架最上层的那些书，但却没有一个人能买成。其他顾客好像也没有谁购买成功的。"

"装聋作哑加夫妻吵架嘛。"

"不过，"大场先生得意扬扬地笑道，"也有例外。"

"啊?"

"我就是那个唯一的例外。而且，就是刚才提到的那本《鹑笼》。"

"他肯卖给你啦? 怎么回事?"

"那次过了几天后，我又去书店里，从书架上抽出那本《鹑笼》来看。最后，我向账房里的店主随口问了一句:'这本书卖多少钱?'他回答说:'三千日元。'"

"老板娘呢?"

"那天没见她走出来，可能是不在。于是我赶紧付了款，逃离现场。一走出书店，我就一溜烟跑回去了，跟做贼似的。"

"可以理解。才三千日元嘛。"

"这是我第一次淘到漱石作品的初版书，可高兴坏了。有朋友来玩时，我就拿出来向他们炫耀。"

"后来还常去那家书店吗?"

"买了这本漱石的《鹑笼》之后就没再去了。——我不敢再去，怕店主把书要回去。"

"有可能哟。"

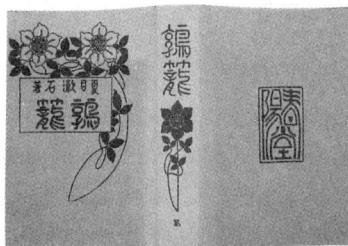

明治四十年（1907年）一月春阳堂
出版的《鹑笼》的外封面。

《鹑笼》中收入了名作《少
爷》。这是《少爷》正文
前的扉页。

漱石本人负责装帧设计的作品《心》。

漱石的第一部著作《我是猫》上册、中册、下册的封面（左起）。

"在旧书爱好者当中，那家书店好像还是挺出名的。后来书店不在了，但关于它的往事还时有耳闻。虽然我已经忘记它叫什么书店了。"

"那店主夫妻俩到底为什么吵架呢？"

"我不太清楚。我猜可能是为了书架最上层的那些书。这夫妻俩也真奇怪，一直吵个不停。为什么这夫妻俩会开旧书店，也是个谜。"

"对了，那本三千日元买到的《鹑笼》，后来呢？"

"我自己开旧书店时把它卖掉了。虽然是充满回忆的东西，但当时我急用钱，没办法，就卖掉了。"

我们回到了关于漱石作品的话题。当然，照例是谈论最近的行情。

"漱石的第一部著作是《我是猫》。上册出版于明治三十八年（1905年），然后中册在第二年、下册在第三年陆续出版。这全套三册，外封齐全的话要二百五十万日元吧。在泡沫经济时期，甚至卖到三百五十万日元呢。即便不是初版，外封齐全的全套三册也很罕见呀。"

"漱石曾在书信中写道：'《我是猫》发售二十日即卖完，现在第二版正在印刷中。'虽然不知道初版印数是多少册。"

"既然二十日卖完，可见初版印数比较少吧。《我是猫》上册出版时，漱石还没什么名气。两年后出版的《鹑笼》（《少爷》收录其中）印数为三千册，由此推测，《我是猫》上册大概只印了一千五百册，最多也不过两千册吧。"大场先生说。

"明治四十一年（1908年）一月一日出版的《虞美人

草》，现在价格多少呢?"

"书套齐全的话二十五万日元。不过很多书套都有破损。本来这本书的书套就容易破损。经常见到有破损的书套加了衬里进行修补的。"

"下一本出版的是《草合》吧。书中收入了《矿工》和《疾风》。装帧设计为涂漆风格，非常精美。"

"这本的书套也很容易破损。价格大概三十五万日元吧。"

"下一本是《文学评论》。"

"这本原来带有外封，但现在极少见到外封齐全的。如果外封齐全、品相上佳的话，价格一定很吓人。缺外封的倒比较常见，大概七八万日元吧。"

"外封齐全、品相上佳的话，莫非要卖到几百万日元?"

"我觉得要。总之，漱石的书要看品相，品相好坏不同，价格有云泥之别。可能是因为市面上多为破损本、污损本，所以保存状态良好的书很抢手，价格自然也就高得惊人了。"

"下一本是《三四郎》。初版印数为两千册。"

"这本大概四十五万日元吧。最近的旧书拍卖会上，见到过展出的品相极佳的本子。当然，最后的成交价格比普通行情要高得多。毕竟品相摆在那儿嘛。"

"此后，是《从此以后》。"

"这话挺风趣的嘛。这本带函套三十五万日元。"

"下一本是《四篇》。"

"这本带函套二十万日元。"

"接着出版了《门》。初版印数为两千册。"

"这本大概三十万日元吧。"

"下一本是《春分之后》。"

"这本带函套四十万日元。"

"下一本是《行人》。说实话，我很喜欢这部小说。如果要选三部最喜欢的漱石作品，我会选《少爷》《心》和《行人》。"

"这本三十五万日元。下一本是《心》，在漱石的初版书当中算比较少见的，要五十万日元。曾经有段时期卖到八十万日元。现在平均下来基本稳定在五十万日元。"

"最后还有《道草》和《明暗》。"

"这两本都在三十万日元左右吧。《明暗》的函套和封面大多有磨损。品相上佳的话能卖到四五十万日元。我店里就曾卖过这样一本《明暗》——书上虽然有个小小的收藏者印，但书和函套都接近佳品。出售价为四十五万日元，刚放出来就卖掉了。"

"战后不久，住在镰仓的作家们拿出各自的藏书凑在一起，开了一家租书铺。最初是川端康成、高见顺等为生活所迫而发起的，名曰'镰仓文库'。听说夏目家也拿出了漱石作品的初版书，而且全都品相极佳。"

"竟然没被偷走?"

没过多久，租书铺就关门了。不知道那些漱石初版书是否安然无恙地回到夏目家了。

12

直木三十五

"直木奖"的主人

第一百三十四届（2005年下半年）芥川奖、直木奖的获奖者已经揭晓。芥川奖姑且不提，"直木奖"到底是为了纪念哪位作家而设立的呢？经常有人谈论这个话题。

因为有的报纸报道该奖项时总是不写全名。而就算写了全名"直木三十五奖"，也有很多人不知道应该怎么读。也有人以为直木三十五不是作家，而是出版社的创办者。我周围就有这样的人。

这也难怪，因为直木的作品不容易找到。并不是没有读者，而是值得读的书很难找到。有朝一日，芥川的作品也会落得同样的下场吧。知道直木这位作家的人越来越少，而以其冠名的文学奖不仅依然健在，而且越来越隆重。这真是不可思议啊。该奖创设至今已经有七十一年了。①

曾经有许多文学奖是以作家冠名的。例如：夏目漱石、樋口一叶、石川啄木、北村透谷、水上泷太郎、横光利一、北川千代、千叶龟雄……稍想一下就能列举出这么多。以上这些文学奖，现在除了"啄木奖"之外，其余的

---

① 直木奖创设于1935年。此外说"至今已经有七十一年"是按撰写此文的时间算。

全都废止了。

　　"夏目漱石奖"创设于昭和二十一年（1946年）。当时，一家名为"樱菊书院"的出版社发行了漱石全集，同时设立该奖作为纪念。奖金两万日元。第一届的获奖者评选出来后，还出版了获奖作品集。遗憾的是，获奖者和获奖作品现在早已被人遗忘。而且，只评选了一届之后就废止了。以大文豪夏目漱石冠名的文学奖在现代应该行得通，可惜后来就没再重新设立了。"樋口一叶奖"也只评了一届，可能因为当时刚好碰上战争时期吧。而芥川奖和直木奖却能延续至今，近乎奇迹。

　　前文说过，现在很少人知道直木三十五这名字。不过，这只是就一般人而言。其实也有狂热的粉丝。直木的出生地大阪最近建成了纪念馆。另外，每逢他的忌日——二月二十四日前后，其墓地所在的横滨市金泽区富冈东的长昌寺里会举行"南国忌"，粉丝们聚集于此，做法事和演讲。"南国忌"之名是取自直木的代表作《南国太平记》。

　　2001年举行第十九届南国忌时，我应邀做了个关于直木三十五的演讲。时长约一个半钟头。当天下着冷雨。但让我吃惊的是，作为会场的寺院正殿里挤满了人。据说，他们每年来扫墓时都会顺便参加。宫城谷昌光、中村彰彦等获得直木奖的作家也曾在南国忌上做过演讲。

　　我和直木三十五本人并没有任何关系，这自不必说。早在我出生十年前，他就已经去世了。唯一的关系是，我曾获得冠以他名字的直木奖。

　　不过，我从年轻时就开始买卖直木本人以及获得直木奖的作家的书，并以此为生计。我还以"直木奖作家"的头衔写小说。可以说，拜直木三十五所赐，我才能混口饭吃。我和他有着间接的关系。

我打算在南国忌上讲讲关于直木三十五和旧书的事。例如：直木作品的旧书价格是多少，旧书店对其评价如何。这些话题，我这个开旧书店的还比较熟悉。就讲这个吧。

我立刻开始看直木的作品。同时，调查相关旧书价格。我向"龙生书林"店主大场先生求助。毕竟，大场先生的专长就是近代文学书籍，特别在大众小说领域——其中又对直木奖尤为熟悉，在直木奖获奖作品以及相关书籍的交易方面，应该是全日本数第一的行家。（确切地说，也是芥川奖方面的行家。）

所以，对直木奖冠名人——直木三十五的旧书的价格，大场先生当然了如指掌。

"咦？直木三十五？为什么突然想了解这位作家呢？"大场先生颇为惊讶。

他的反应有些奇怪。我向他说明了来龙去脉，说打算以此作为"南国忌"的演讲题目。

"嗯……"大场先生在电话那头沉思了片刻，"近来我没怎么经手直木的书。因为卖不出去。从昭和六十年（1985年）到平成二年（1990年）期间应该是历史小说热潮的顶峰吧，非常受欢迎。现在可就无人问津了。直木作品也一样。不过，即便在历史小说鼎盛时期，直木作品也很少有人买。"

"这样啊。那直木的旧书价格就没什么好讲的咯？"

我的设想落空了。旧书价格不高的话，说起来没劲，听众也会兴味索然吧。他们如果听到自己曾经爱读的小说卖出高价，惊奇之余，就会饶有兴致地听我演讲。相反，如果我说直木旧书价格低，他们一定会觉得受到侮辱，无异于被人当面贬低自己喜爱的作家。我不能当着众多直木粉丝的面说这话。

来参加南国忌的人，必定都是狂热的直木崇拜者吧。

当天来到会场的人远比我预想的多，令我大吃一惊。

我的演讲内容大致如下：我是开旧书店的，而直木三十五生于旧货商人之家——我抓住卖旧货这个唯一的共同点，牵强地联系起来，进行对比，最后在结尾处强调：自古以来，大众小说就是旧书店的糊口之根本，而直木文学作为大众文学的起源，有必要获得重新评价。

这次演讲，我就用这些意思含糊、内容空洞的杂谈蒙混过去了。事后总觉得很不是滋味，心里留下了一个疙瘩。

——如何对直木文学进行重新评价呢？我并没有具体阐述。若要举出直木的魅力，需要先读过他的全部作品才行。这需要时间。以后有机会的话再说。——这其实是懒人的口头禅。不可能有那么凑巧的机会等着你。机会向来都是自己下定决心、自己创造的。

事实上，我果然就忘记了。后来，植村鞆音的著作《直木三十五传》由文艺春秋社出版了。直木的评传很少见。据说此书作者是直木三十五的侄子。我立刻找书来看，而且很快就看完了。这么有趣的作家评传，我还是头一次见。总之，很好读。因为作者并不是空谈文学，而是将笔墨用于描写人物，是一部由许多逸闻趣事构成的评传。

直木曾说："艺术短而贫困长。"他的生活确实是贫困潦倒。

直木毕业于早稻田大学——其实是中途退学，但他心生一计，参加了毕业合照，伪装毕业的假象。之后，已有妻室的他连续三四天只能吃用酱油烧的米饭。不过，能吃上饭就不错了。

《直木三十五传》里介绍了青野季吉写的一篇文章《直木的早稻田时代》。青野季吉原为直木的大学同学，后来成为著名的文艺评论家。文章写了直木贫困生活中的小事，笔调轻描淡写，却反而更有悲戚之感。

某日，青野上门拜访直木时，看见夫妻俩正隔着长方形火盆对坐无言。妻子大腿上蹲坐着一只几天前溜进家里来的流浪猫。过了一会儿，小猫摇摇晃晃地下来，沿着走廊向院子爬去。可是才走出两三步，就忽然向前摔倒，后脚伸得长长的——就这样死掉了。妻子跑过去抱起小猫尸体，大声哭道："早知会这样死掉，又何必跑到我们家里来呢？"直木十指交叉，默默地看着妻子。他眼睛渐渐湿润了，一行眼泪流了下来。"他并没擦掉眼泪。稍过片刻，他转头望向我，露出凄然一笑。"

直木夫妻俩没有食物可以给流浪猫吃。他同学笔下描绘的年轻直木的这一小插曲给人留下了深刻的印象。后来，直木成为当红作家后被认为傲慢无礼，但其实这小插曲才反映出他的真实面目。青野意外地瞥见了好友的本质。

读完《直木三十五传》后，我感动不已，当即给大场先生打电话。每次我一读到什么好书，就忍不住想告诉别人，一起分享我的感动。兴奋之余，我脱口而出地做了如下预言：

"直木三十五一定会获得重新评价，会掀起一个小高潮。龙生老板，赶紧趁现在囤积一些直木的书吧。"

"未必。"大场先生却十分冷静，"如今，引领潮流还得靠电视剧和电影，书就很难咯。"

"直木的作品很适合改编成电视剧或电影的。首先，他的文字很有画面感。"

以《南国太平记》为例。

这部长篇小说描写了萨摩藩岛津家的内讧事件。开篇场景是这样的：精通兵法和巫术的岛津家师徒俩在山林中采药，突然遇见一个抱着无头猎犬的猎人。猎人说：爱犬发现可疑者，一路追去，结果却遭此毒手。于是师徒俩开始追查那个神秘人物。

接下来，场景忽然转到岛津府中一室。藩主齐彬的嗣子（年仅四岁）躺在病床上。齐彬夫人的侍女七濑坐在枕边看护。幼子已经入睡。算上今晚，七濑已经连续三天昼夜不眠地看护了。齐彬的几个儿子因患上原因不明的怪病而接连死去（史实如此），所以必须保护好重要的嗣子。

但今晚却感觉有些不对劲。七濑心里忐忑不安。"七濑见烛火微暗，想剪烛芯。她目不转睛地盯着烛火，正要伸手时，房内忽然一下变暗，天花板、墙壁、铺席、拉门仿佛从四面八方裹挟而来。"

这文字具有独特的节奏感，值得细细品味。《南国太平记》从昭和五年（1930年）六月开始在《东京日日新闻》和《大阪每日新闻》上连载。当时原文用的是旧体字。我这里使用的文本是昭和四十四年（1969年）河出书房新社出版的《彩色版国民文学·第三卷　直木三十五》。
战后出版的直木作品大都改成了现代假名。

再引用几段。

> 七濑想喊人，但又担心是自己的幻觉，未免有些
> 难为情。她又拿起剪刀，看看烛台，觉得似乎比刚才
> 更暗了。烛火昏黄，房里似乎弥漫着乳白色的雾气。

> 那团雾气似的东西飘向屏风后面。

> 七濑脸色苍白，屏住呼吸，双手抓着膝盖，眼睛
> 死死盯着雾气，内心拼命和恐惧感做斗争。那团雾气
> 又从屏风后面回旋着绕出来。屏风隐隐约约的看不清
> 楚，但又似乎能透过屏风看见后面的东西。

> 七濑心想：我是在做梦吗？——不是。这一瞬
> 间，忽然感觉房间从四面八方压迫而来，铺席的四个
> 角渐渐收紧。……

如何？感觉很像电影中的场景吧？

难怪直木后来还从事电影制作。他和牧野省三合伙成
立了"联合映画艺术家协会"，发现并培养了导演伊藤大
辅、演员月形龙之介，还把没有名气的片冈千惠藏捧成了
明星。大正十四年（1925年），制作了由新国剧[①]团长泽

---

① 1917年以开创歌舞伎和话剧之间的新国民戏剧为目的而成立的
剧团。

田正二郎主演的《月形半平太》（导演为衣笠贞之助），大
获成功。直木本人也改编了江户川乱步的《一寸法师》，
并担任后半部的导演。他导演的电影还有《疑问的黑框》。

　　直木的文字很有画面感，这也许是理所当然的吧。短
句和逗号的频繁使用，不由让人联想到电影镜头。

　　描写打斗场面的时候尤其明显，像是眼花缭乱的镜头
转换。举个例子。前文提到的侍女七濑有个女儿，这女儿
的恋人名叫百城，是兵法家玄白斋的继任者牧仲太郎的儿
子。但因为意外的缘故，百城误杀了七濑的女儿。七濑要
为女儿报仇，举刀向百城砍去。这个场面是这样描写的：

> 　　七濑又举刀砍去。百城挡开。只听"喱唥"一声
> 响，刀柄脱离了七濑的左手。七濑脸色苍白，眼中发
> 出歇斯底里的目光。
>
> 　　"你小子……竟然把我女儿……"
>
> 　　七濑连砍两刀都落空了，开始慌了神。她知道
> 自己不是对手，心想：难道我不砍他一刀就这样自杀
> 吗？想到这里懊恼之极，嘴唇、身体、拳头、双脚都
> 开始发抖。这时，走廊传来声响，有人正奔跑而来。
> 七濑双手用力举刀砍去。百城闪开。七濑又接连砍
> 去。百城闪开。

　　菊池宽评价道："直木是对打斗场面进行文学性描写的
第一人。"

　　直木说过："写通俗小说，文笔必须好，而且必须有自
己的独特表现手法。"

他还说："知识性也很重要。例如能否使用不同的方言，是否熟悉刀剑，是否了解风俗，是否掌握忍术用语……总之，应该把满足读者好奇心的知识——展现出来。这也是通俗小说的任务。"

然后，直木还补充了这么一句多余的话："而文坛小说①嘛，无论文笔多差都能写。"直木一向口无遮拦，经常披露文坛上的八卦新闻，惹得不少作家大皱眉头。

"直木作品的旧书价格，大概五千到八千日元吧。"大场先生告诉我。

"那代表作《南国太平记》呢？"

"虽然出版了前、中、后三册，但后册是另由不同出版社出版的。前两册是诚文堂，后册是番町书房。可能因为这个缘故，前两册很常见，后册比较少见。最近很少见到全套的了。全套三册，带函套的话，大概两万到三万日元吧。"

"直木作品里头，这是最贵的吗？"

"不是。最贵的应该是大正十三年（1924年）春阳堂出版的《殉情云母版》。带函套三万五千日元。"

"其他书呢？"

"价格比较高的有以下这些。大正十三年（1924年）柏拉图社出版的《复仇十种》，两万五千日元。昭和六年（1931年）中央公论社出版的《青春行状记》，带函套一万五千日元。直木去世后中央公论社出版的《直木

---

① 文坛小说，以私小说为主流的纯文学。

三十五随笔集》，带函套的话也是一万五千日元。对了，中央公论社还出版过一本《日本的战栗》。"

"噢，这本属于现代小说。直木称之为'社会小说'。前不久我刚读过。"

序言是这样写的：

> 民众们尚不知道战败之痛苦，尚未经历过摸黑起床、抱着个筐箩去排队领救济粮……战争何时到来？来了又怎么办？——一想到这些，我就会浑身战栗。这是日本的战栗，同时，也是我的战栗。

"反战小说？"大场先生问道。

"这部小说挺奇特的，从某个角度来看，也可以理解为反战小说。在小说中，左翼分子出征上海事变[①]前线，报社记者在战场上奔走，左翼人士的妹妹给人当女佣。其中有这样的文字。"

> 此次日本军队如何战斗？日本人总是无条件地相信日本军队……这太危险了，一旦兵败，这种自信被推翻，便会坠入悲惨的深渊。自从三十七八年战役[②]之后，左倾思想和个人主义思想流传甚广，日本军队还能像从前一样不顾一切地奋勇前进吗？

---

① 上海事变，即发生于1932年的"一·二八事变"。
② 三十七八年战役，即发生于明治三十七年至三十八年（1904—1905年）的日俄战争。

在当今世界上，不左倾的人，就只有政治家和资本家了吧。

为什么日本人这么喜欢战争呢？

你如果这么拘泥于字句的话，就去外务省吧。

对于同胞杀死的敌人，我憎恨不起来。其实，所谓战争，只不过是把阻挡住自己前进道路的家伙杀掉而已。不这么想的话，就无法做到同仇敌忾……

"果然是反战小说呀。"大场先生说道。

"不过，小说里又这么写道：'战场上的士兵高呼万岁而死，这是士兵的宗教仪式，是一种解脱。'而且，直木还让小说中的报社记者说出这样的话：'若能在战争中高呼万岁而死，我死亦无憾。'"

上海事变结束后，几个出场人物相约在东京再会。记者说道：

"日俄战争时，日本上升到了顶峰，然后实质上开始走下坡路。明治维新时制定的国策，已经用五十年完成了。现在失去了新目标。因为政治家失去了目标，所以军人正在制定目标。"

"直木审度时世的目光还是相当清醒的啊。"大场先生说道。

"随后，直木写了《满蒙的战栗》，并发表了一年后便失效的《法西斯宣言》。但不知道他在多大程度上是认真的。为了验证这一点，也有必要重读他的作品吧。"

昭和七年（1932年）
中央公论社出版单行
本《日本的战栗》的
函套。

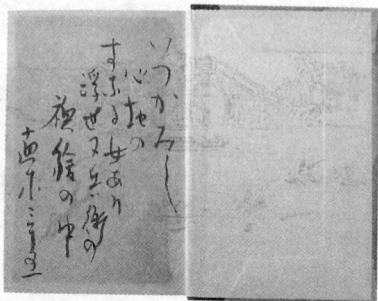

直木三十五在《日本的战栗》衬页上的
亲笔签名。

大正八年（1919年）冬夏社
出版的《陀思妥耶夫斯基全
集》。

大正十年（1921年）人间社
出版的《亲鸾文集》。

"总之，关于直木三十五还有很多谜团，至今仍然没弄清楚。"

大场先生说，直木当作家之前的活动情况不详。主要指他经营出版社的时期。

大正七年（1918年），二十七岁的直木成立了"春秋社"和"冬夏社"两家出版社，并以"托翁全集刊行会"之名出版了《托尔斯泰全集》十卷，获得成功。这是日本出版的首部《托尔斯泰全集》。根据《直木三十五传》所记，他还出版过《雨果全集》。

大正八年（1919年），直木离开春秋社，在冬夏社出版了《陀思妥耶夫斯基全集》《屠格涅夫全集》《邓南遮全集》。当时，这些全集还是相当罕见的，可见直木很有眼光。据说，直木在学生时代曾热衷于俄国文学，埋头阅读陀思妥耶夫斯基的作品。

"对了，这部《陀思妥耶夫斯基全集》第十一卷收录的《未成年》译者为'植村宗一'——就是直木的本名。"这是他从同行"秋津书店"店主那里听说的，"直木翻译的这一卷，带函套五六千日元吧。"大场先生说道。

他接着说道："对了，秋津书店店主手上有一本罕见的直木著作。"

秋津书店是专门经营近代文学作品的旧书店，但却非常特别——那些只有研究者才会看的作家作品，他家都有。明治四十年（1907年），一本叫《烦闷记》的书刚出版就被禁止发行。作者署名为"藤村操"（第一高等学校的学生，在日光华严瀑布投水自杀），但其实是冒名的伪作。这书极其罕见，一直以来，人们认为世上仅存两本。

秋津书店淘到了第三本，并以一百四十七万日元卖了出去。当时，报纸上还做了报道，所以应该有挺多人知道的吧。

秋津书店店主手上那本"罕见的直木著作"，是指大正十年（1921年）十二月直木以本名编辑出版的《亲鸾文集》。直木写了序文。此书由人间社出版——直木离开春秋社和冬夏社之后就开始接手经营人间社。

就在这一年，他把笔名定为"直木三十一"。

"当年，人间社还出版了《罗曼·罗兰全集》全套七卷。"大场先生说道，"其中一部分是由直木翻译的。"

据说，《亲鸾文集》的旧书价格为六万五千日元。

大正十二年（1923年），三十二岁的直木把笔名改为"直木三十二"。也就是说，用年龄作笔名。翌年，改为"三十三"。而后并没改"三十四"。到三十五岁时才改为"三十五"。但这么每年改来改去很麻烦，所以最后就确定为"直木三十五"，不再改动了。

据《直木三十五传》记载，直木还用过以下这些笔名：闲养轩、竹林贤七、北川长三、忙中闲、春秋庵戏吟、夏冬庵、水鸡庵、村田春树。

大正十二年（1923年）菊池宽创办杂志《文艺春秋》之后，直木每期都发奋写稿。他是个惊人的写作狂，一天能写一百二十页，并史无前例地出版了最新作品全集十二卷。就《文艺春秋》的撰稿次数而论，如果"东王"是芥川龙之介的话，那么"西王"就是直木了。直木四十三岁去世。翌年（昭和十年即1935年），菊池宽设立了芥川奖和直木奖。这大概是为了感谢他俩对《文艺春秋》杂志作出的贡献吧。

　　昭和九年（1934年）四月那期《文艺春秋》是直木的追悼特刊，比其他期定价高十钱。菊池宽写道："读者多给这十钱时，请当作是献给直木的奠仪吧。"追悼特刊的《文艺春秋》专栏上这么写着："直木的趣味，就是人的趣味。直木的伟大之处，就是人的伟大之处。"

　　读过植村鞆音的《直木三十五传》之后，我心想：这两句话说得太对了。直木三十五的生活方式，也许比他的小说更有趣。总之，希望大家去读一下这本传记。

13

——

野村胡堂

无钱平次

"大哥，想要钱吗？"

绰号"冒失鬼"的八五郎叫嚷着跑进来。他长着长下巴、小眼睛、塌鼻子、大耳朵。

对方听了，回道："你这么说，我可要生气咯。我生气可不是因为穷人多心。"这位就是大名鼎鼎的"江户第一平民侦探——贫穷、固执、廉洁得近乎神经质的钱形平次"。

他住在"神田神社下的简陋大杂院里。屋后有公用水井，水沟盖板开始腐朽，巷子里躺着白狗"。

"房屋很狭窄，只有两间六叠大的房间，二叠的入口，还有个厨房。"

这就是平次和爱妻阿静两人的家。阿静原来在两国桥附近的茶店干活，比平次小八岁，后来去笹野新三郎①府中学习礼法，再后来就嫁给了出身侦探之家的平次。阿静虽然还带有少女般的腼腆和羞涩，但每到关键时刻，却是丈夫的得力助手，还担任危险的侦察任务。这对俊男靓女真是一对和睦夫妻。

平次不太喝酒，但却特别爱抽烟。"他躺在床上，把

---

① 笹野新三郎，八丁堀区的捕吏，对平次十分照顾。

烟具盘拉到手边，不顾贫穷之身，抽上一袋奢侈的水府烟，看着紫色轻烟袅袅而去。"平次抽烟抽到屁股生烟的程度，可见他的烟瘾是天下第一的。

以上就是野村胡堂的代表作《钱形平次捕物控》①的主要人物。每篇故事的叙述模式，都是先由"冒失鬼"八五郎引出案件，然后平次出手，圆满地解决问题。

对了，对八五郎的身世稍做说明。他是向柳原町有名的指物师②的独子。父母双亡，在伯母照料下长大。但八五郎不像父亲那样手巧，而且态度冷淡，也做不了商人。既然没有父母看管，他就随心所欲地赌钱玩乐。自从某一事件之后，他对平次无比仰慕，拜为大哥，自己作为小弟追随。平次也喜欢八五郎的性格，而且，"他端详着这个小弟的面相，由衷地感到欢喜。"至于八五郎的面相，前文有介绍过。大耳朵，即所谓"顺风耳"，比别人容易打听到江户城中的秘密。

"大哥。"

"小八。又有什么重大消息吗？"

"最近闲来无事，一天泡三次澡堂，泡得我身体都发涨了。"

"好家伙！你不会整天揣着捕棍，到处去骗两个泡澡钱吧？"

"哪里。我还不至于这么缺钱吧！"

---

① 捕物控，江户时期的推理小说。捕物，即搜捕犯人。控，记录。
② 指物师，用木板制作柜子、箱子等工艺品的木匠。

每次见面，两人都会扯几句闲话，互相打趣。

每篇开头的这段闲话，正是《钱形平次捕物控》的魅力之一。这有点儿像落语的开场白。

"大哥，说到缺钱，最近有人议论说钱形大哥不掷钱币了。大哥手头真的这么紧？"

"你可别小看我。小金币嘛，我手上多的是，只不过没遇上强敌，不需要我出手罢了。"

"嘿嘿，嘿嘿。"

"你怎么皮笑肉不笑的。"

"大哥，如果这次出现强敌了呢？你会怎么办？"

"原来你又在设套引我上钩呀。说来听听，这次是什么强敌？如有必要，我也未必不肯出马。"

从这里才开始进入"正题"。事件的导入颇为巧妙。不知不觉地，读者就被引入其中。

对了，忘记介绍钱形平次这名字的来由了。平次的身份是"冈引"，类似于协警，并非武士，所以没有姓。"钱形"是大家对他的昵称。

一旦有犹豫不决之事时，他就会从袖兜里取出钱币，扔到空中，然后接在手里，看看是正面还是反面，也就是用钱币算卦。这就是绰号"钱形"的来由。

另外，平次还有一手绝技——追捕犯人时会用钱币掷到对方脸上，百发百中。趁对方受惊吓时一举拿下。换言之，就是一位飞镖高手。他这手绝技在江户城中无人不知。所以大家把他称为"钱形平次"。

平次投掷的是什么钱币呢？正如他自己所说，总不可能用小金币吧。出于职业关系，他办案时可能见过装金币的宝箱，但自己大概一辈子都不可能拥有。因为他和阿静小两口"一年到头过着拮据的日子，欠下了几个月房租。幸亏房东心善，也没怎么抱怨"（胡堂《平次身世谈》）。可想而知，平次唯一的奢侈，就是吧嗒吧嗒地抽"水府烟"了。

一个贫困的"冈引"，手上拿着的是什么钱币呢？我们不妨到原作中找找看。

《钱形平次捕物控》系列第一篇《金色的处女》中这样写道：

> 碰上对方拒捕时，平次便往后跃出丈余，从围腰中取出锅钱，突然向坏人脸上掷去。锅钱又薄又小，而且有些分量，冷不防来这么一下，定能击中小偷或歹徒的脸部。

"锅钱"听起来有点儿陌生，其实就是以铁锅所用的那种含很多杂质的生铁铸造的钱币，又叫"铁钱"。劣质铁钱用作兵器时，还是颇有威力的。

在小说中，平次生活的年代被设定为三代将军德川家光时代。在家光统治的太平盛世下，各地铸造宽永通宝，作为天下通用的钱币大量使用，一直持续用到明治初期，可谓长寿。我小时候，大多数人家里还有这种钱币，小孩子们把它系在玩具刀的带子上作为装饰。今天，在货币商店应该还能买到，一枚几百日元。钱币中间有个四方孔，穿到绳子上，就成了古色古香的垂饰。铁制的，很有分量。

宽永通宝起初铸造于水户。这种钱币被称为"二水永宽永"，因为正面刻着的"宽永通宝"的"永"字看起来很像"二水"。"二水永宽永"在货币商店也卖得很贵。在宽永钱币之中，背面有波浪纹样的币值为四文钱，没有的则算一文钱。古人使用同样的钱币还得仔细分辨花纹，相当麻烦。

不过，那是后来的事了。平次所处的时期，通用的都是四文的钱币。胡堂在系列小说中也写的是四文钱。

前文引用的对话中，平次揶揄八五郎"到处去骗两个泡澡钱"。当时的泡澡钱是八文钱，即两枚锅钱。所以，也难怪平次会随便拿来当暗器使。钱币扔出去之后不一定能捡回来，反正金额很小，找不回来也不心疼。

接下来说一下"钱形"这个昵称。"钱"好懂，但"形"又是怎么来的呢？"钱形"是什么意思？作者胡堂给主人公取这个绰号，是从哪里获得的灵感呢？

昭和六年（1931年）春，文艺春秋社创办月刊杂志《ALL读物》时，向胡堂约稿，请他写篇类似《半七捕物帐》的小说——《半七捕物帐》是冈本绮堂的代表作。胡堂答应了。他心想：我虽然写不出绮堂先生那样的作品，但可以写有自己特色的捕物帐呀。

胡堂想赋予主人公一项绝招，但到底用什么绝招呢，却一直没想出来。

当时，胡堂在有乐町的报知新闻社上班。某日，他去丸之内办事。经过一个建筑工地时，看见上面悬挂着"钱高组"①字样和酷似宽永钱币的标志。

---

① 钱高组，日本大型建筑公司。

据说，胡堂一看见这情景，就立刻想出了给小说主人公安排什么绝招。

其次是主人公的名字。"平次"早就想好了。"平次"前还想加个昵称代替姓氏。"钱高平次"感觉不太稳重，用"钱安平次"也有些别扭①。那用"钱"什么为好呢？沉吟之中，他忽然冒出一个有趣的想法：把"钱高"的"高"的读音"たか"（taka）调换一下如何？

那么，"かた"（kata）这个读音用哪个汉字呢？

以下分析是我的推测，并非胡堂本人所说。"かた"有好几个相应的汉字：

首先可写成"方"，表示方法、手段之意。可以如实表达出"用钱币作为飞镖"的绝招。

还可写成"肩"。"肩"字不错，可表示用力投掷。日语中还有几个带"肩"字的惯用语，表示祖护、援助、支持之意。可以暗指平次的职业。

还可写成"型"，表示规定动作、范本。这跟平次的钱镖颇为相符。

另外，用"片"字如何？有稀少、零星之意，可表示用来投掷的钱币不值钱，也颇有趣。

然而，"钱方平次""钱肩平次""钱型平次""钱片平次"……这些名字试写一下，又觉得十分别扭。

对了，还可以写成另外一个汉字——"形"，表示花纹图案之意。胡堂想到这时，脑里一定会立刻浮现出宽永通宝的波浪形花纹。

---

① 在日语中，"高"有昂贵之意，"安"有便宜之意。

　　胡堂有收集各种东西的癖好，比如书籍、武鉴①、浮世绘、古典唱片、川柳相关物品等等，而且瘾头非同一般。如果想要什么东西，他会花费全部收入来购买。我猜想，他大概也有收集古钱币吧。

　　当他写下"钱形平次"时，心里一定立刻打定了主意。

　　接下来再介绍一下"钱高组"。1887年，修建寺庙、神社的木匠成立了"钱高组"。昭和六年（1931年），成为株式会社——说来也巧，也就在这一年，胡堂的钱形平次系列作品首次问世。钱高组承包过以下建筑项目：岩手县紫波町"野村胡堂·荒夷纪念馆"②的设计施工；东大阪市"司马辽太郎纪念馆"的施工（设计者为安藤忠雄）；隅田川上的"吾妻桥""胜閧桥""佃大桥"。

　　《钱形平次捕物控》深受读者欢迎。胡堂直到昭和三十二年（1957年）因眼疾恶化而被迫搁笔为止，连续写了二十七年。含长篇在内，总共写了三百八十三篇。如此庞大的系列，即使在国外也属史无前例。

　　在写作过程中，胡堂会注意以下几点：案件不能太过血腥；虽有坏人出场，但结局要令人欣慰；尽可能不写罪犯；不偏袒武士；展现江户文化，文笔明快诙谐；要表现"对所爱的女人一心一意"的心理。

　　这些原则跟胡堂的为人和生平经历有关。不喜欢武士，是因为他出身于平民之家；尽可能不写罪犯，大概是因为他还对往事耿耿于怀——曾任村长的父亲在建小学

---

① 武鉴，江户时期出版的记录武士官位、俸禄、家徽等信息的名册。

② 野村胡堂写音乐评论时以"あらえびす"（荒夷）作为笔名。

校舍时误伐公共山林，野村家不得不赔偿，·而且导致村里兴办的产业破产。父亲死后，胡堂也被迫从东京帝国大学退学。

胡堂进入报知新闻社，当了三十年记者。他感喟道："从前的官员，害怕贪污事发被社会唾弃，所以全都自杀了。这就是我长期当记者的一点感想。"

胡堂当记者时还曾采访过夏目漱石和津田梅子。

对了，胡堂有一部著作是当时的人物评论合集。从大正三年（1914 年）三月末起，《报知新闻》上开始连载文章《逍遥人物评》。撰稿人野村长一①首次使用"胡堂"这个笔名。这个笔名是同事帮他想出来的。因为他的出生地岩手县位于东北，所以取了"胡马北风"的"胡"字（北方之国），后面加个"堂"字（名人起雅号时常用，例如"尾崎咢堂"），即组成"胡堂"。顺便提一下，胡堂还以"荒夷"为笔名写过古典音乐和唱片评论，为西洋音乐在日本普及推广立下了汗马功劳。"荒夷"是京都人对东国人的称呼，意为粗野的乡巴佬。和"胡堂"一样，带有自嘲意味。

大正三年（1914 年），《逍遥人物评》由春阳堂出版，书名定为《高人？怪人？人类馆》。这是胡堂的第一部著作。不知书中是怎么写的呢？我想找来看看，就照例拜托"龙生书林"的店主大场启志先生。他可是专营近代文学书籍的。

"这本胡堂著作挺罕见的哟。我大概知道哪里有，你

---

① 野村长一，野村胡堂的原名。

《钱形平次捕物百话》全套九卷，昭和十三年（1938）中央公论社出版。

《捕物奇谈钱形平次》，作为月刊杂志《新少年》昭和十三年（1938年）十一月的附刊出版。

《恶魔的王城》，昭和十七年（1942年）长隆舍书店出版。

《高人？怪人？人类馆》，
大正三年（1914年）春
阳堂出版。

能等我两三天吗？"

"不急。"

我又顺便向他请教胡堂著作的旧书价格。

"一提起胡堂，首先会想到《钱形平次捕物控》。这本
是什么行情呢？"

"最早由春阳堂出版于昭和七年（1932年）三月十日。
书中配有小村雪岱、木村庄八、小田富弥的插图。"

"哇，这么豪华的阵容。"

"初版的话，八千日元左右。"

"咦，这么便宜？"

"毕竟只是'日本小说文库'丛书中的一册嘛。"

"'日本小说文库'，就是'春阳堂文库'吧。"

"没错。第二十八卷是平次的那一卷。后来又出了两
三卷。另外，昭和十年（1935年），千代田书院出版了
《新篇钱形平次捕物控》。这是精装本，带函套，外观很豪
华。装帧和插图设计者是神保朋世。这本六万日元左右。"

"昭和十三年（1938）中央公论社出版了全套九卷
《钱形平次捕物百话》是吧？"

"嗯，毛边书装帧。有腰封的全套书很少见，大概两万五千日元。缺腰封的话，一万五千日元。"

"是吗。原来平次系列不是出单行本，而是以全集形式出版的呀。"

"战后出了多种版本。其中，最大规模的要数昭和二十八年（1953年）至三十年（1955年）同光社矶部书房出版的《钱形平次捕物全集》全套五十卷，加上别卷《随笔钱形平次》，一共五十一册。全套的话要四五万日元。这个同光社版的出完之后，又发表了三十九篇新小说，河出书房从昭和三十一年（1956年）开始出版的《钱形平次捕物全集》收入了这些新小说。全套二十六卷，卷数虽少，却可以说是"平次捕物控"的完整版。连他最后一篇作品都收入在内。河出书房版全集大概要两万五千到三万日元。对了，有一本很少见——昭和十三年（1938年）博文馆出版了月刊杂志《新少年》。这份杂志本身就很少见。杂志附刊有《捕物奇谈钱形平次》，封面和插图设计者为玉井德太郎。我只找到第一二卷，一册大概一万五千日元。"

"除了钱形平次系列之外的其他野村著作呢？"

"大正十一年（1922年）出版《二万年前》，署原名。四五万日元。《奇谈俱乐部》故事离奇，读者众多，带函套的话十五万日元左右。这本书在平次系列诞生的同一年昭和六年（1931年）由四条书房出版。相比于胡堂写的历史小说，他的侦探小说更有人气。昭和十七年（1942年），长隆舍书店出版了《恶魔的王城》和《金银岛》，外封齐全的话，都是八万日元。还有一本《地底之都》要十二万日元。这三本都是同一年出版的。关于《地底之都》，我还有过心酸的回忆。"

大场先生苦笑着说。

"我刚开旧书店的时候，曾经把这本书放到旧书目录上出售。品相很好，才放五千日元。结果有很多人抢着订购，令我大吃一惊。——我看那书品相好，还以为是后来再版的。战争时期出版的书通常都很破旧，一不留神就会被书的外观欺骗了。"

"嗯，我也记得。"

几天后，大场先生寄了本《人类馆》给我。卷首插图是平福百穗画的，画着胡堂年轻时的侧面肖像，题为"讽刺的大叔"。

正文部分总共收入了六十四篇人物评论：后藤新平、原敬、高桥是清等政治家；寺崎广业、中村不折等画家；艺妓邦太①；落语家小桑②（第四代）；歌舞伎演员羽左卫门（第十五代）、菊五郎（第六代）；相扑手太刀山、朝潮（第一代）；女演员松井须磨子、森律子；和歌诗人与谢野晶子；还有许多号称是高人、怪人、奇人的各种人物。

关于作家的评论，有森鸥外、德富芦花、夏目漱石这三位。

这本书没有再版，一般不容易找到。难得这次有机会，可以看看其文风如何。稍为介绍一下关于夏目漱石的这一章。这是胡堂年轻时所写的。

---

① 邦太（ぼん太，1880—1925），明治时期著名的新桥艺妓。
② 小桑，即柳家小桑（柳家小さん）。

　　《我是猫》的漱石，通常给人造成一种虚假的印象——漱石性情乖僻，爱挖苦人。漱石本人也许并不在乎，但若贻误后世，则问题重大。我想不加修饰地如实介绍漱石的日常生活，以此阐明漱石与"蚊士诸君"人格不同之处。

　　"蚊士诸君"是个诙谐的比喻——用嗡嗡叫的蚊子比喻那些多嘴多舌、令人讨厌的作家。其实，这并非胡堂独创之词，而是当时流行的讽刺语。

　　这篇评论里列举了许多漱石的逸闻，不过大都是众所周知的。新鲜的也有，例如：

　　　　漱石从学生时代开始就爱好写俳句，和正冈子规等人来往甚密，互相赠答。据说子规曾说过："漱石太有学问了，不适合写俳句。"漱石所作俳句数量很少，但我记得其中有些还是很有趣味的。

　　　　漱石拒绝接受政府授予的博士称号时，大冢、上田两位博士尽力奔走，苦苦相劝，但漱石还是坚决不同意，他说："学问不应该被博士这种贵族阶级所垄断。"漱石的恩师——隐居鹿儿岛的默多克先生听说了此事之后，写信给漱石，高度赞赏道："原来日本也有卡莱尔[1]。"

---

[1]　卡莱尔，指托马斯·卡莱尔（Thomas Carlyle，1795—1881），苏格兰哲学家、评论家、讽刺作家、历史学家。

这篇评论最后提到漱石的夫人，而且还加入了胡堂本人的感想。

> 漱石的夫人温顺贤惠，漱石门下弟子常常对此赞不绝口。但据说她从前是个桀骜不驯之人，后来在漱石的教导下渐渐养成今日的优雅性情。若果真如此，那绝对可以传为美谈。世间常谓漱石是个新潮人士，恐怕这是因为他那无所在乎的气度给人造成的错觉吧。我想，事实恰恰相反。如果要指出漱石的唯一缺点，那就是——他的日常思想和行为太过矫情。即使作为善意的解释，也不难看出他的言行里有着某种刻意的痕迹，令人不解……哎呀，我本不该这么说的。对漱石这样的绅士指手画脚，实在是太过分了。

然而，胡堂在战后出版的散文集《谢绝会面》中却回顾说：漱石是个爽快而健谈的人，胡堂自己曾问过漱石一些私人问题，并为此感到荣幸。——和《人类馆》里的评论截然不同。《人类馆》文笔尖酸刻薄，不太像胡堂的一贯作风。出版后，他本人似乎也对自己的评论感到不满意，还请求出版社将此书作绝版处理。

差点儿忘说了，《人类馆》的旧书价格。听说大概在十二万至十五万日元。我赶紧把书还给了大场先生。

最后说几件关于胡堂的逸事吧。胡堂上大学时因为交不起学费而被迫中途退学。所以到晚年时，他设立了"野村学艺财团"资助贫困学生，不让他们重演自己的悲剧。胡堂当报社记者时，因为爱好收集各种东西（如前文所述），所费甚多，所以在生活上需要由日本女子大学毕业的妻子花夫人当教师填补家计。胡堂和花夫人是青梅竹马的两口子。可以说，"钱形平次"系列里的阿静就是以花夫人为原型的。

花夫人有个关系很好的女同事名叫"井深"，其儿子名为"井深大"，聪明而可爱。这小孩有个奇怪的癖好——什么东西都喜欢拿来拆。他经常来野村胡堂家里玩。长大以后，井深大成立了东京通信工业会社，因为缺乏周转资金，还曾向胡堂求助。胡堂慷慨地倾囊相助。当时，钱形平次系列已经成为畅销书了。不久，井深大把东京通信工业会社改名为"索尼"。前文提到的"野村学艺财团"的基金，就是胡堂捐献出索尼股份而设立的。

美智子皇后在《历程》（海龙社出版）中写道：读初中时，班上流行传阅少女小说。当时，她特别爱看的书是松田琼子的《七朵花蕾》。——松田琼子是胡堂的女儿，年纪轻轻就去世了，还留下了《紫苑之园》《香澄》等其他作品。美智子皇后想重温初中时光，还向花夫人借来《七朵花蕾》重读，并赠送玫瑰花——有名的品种"美智子妃玫瑰"作为答谢。胡堂深受感动，细心栽培。

有一本书叫作《野村胡堂·荒夷所收书简集》（由该纪念馆发行，定价五千日元）。书中收入了各种人寄给胡堂的书信，包括当时就读于盛冈中学、比胡堂低一年级的石川啄木。由此可见胡堂交游甚广，人缘很好。胡堂去世于昭和三十八年（1963年）。

其校友语言学家金田一京助致悼词："胡堂先生，你从来不会对人发怒。（中略）你品格高尚，丝毫没有沾染所谓文士的恶习，不愧为一代之俊杰，一世之高人。"

"清廉"的钱形平次，其实正是胡堂本人的写照。

14

———

泉镜花

盆栽的松树

我读了镜花的《银诗笺》。

明治三十八年（1905 年）四月二日，夏目漱石在写给年轻的门生——野村传四的信中这么写道。

《银诗笺》刊登于前一天出版的《文艺俱乐部》。漱石立刻读了，并在给野村的信中阐述了自己的感想。

此文极不自然，极其古怪，充分发挥了作者天才般的偏执。镜花若能开悟，当能成为日本第一等文学家。实在可惜。文中警句颇多，但同时又过于雕琢，多处追求新潮的奇异文风。通篇可谓美玉与瑕疵并存。对于我这看法，他们定会当作外行之见，不以为然吧。但我看见他们的才华误入歧途，深感遗憾，所以私下与你说起……

次月，漱石应《新潮》杂志的记者之邀，写了《近作短评》，对近期的小说进行评论。其中也提到了《银诗笺》。

　　《银诗笺》似乎是拼凑了草双纸时期[①]和明治时期的思想。确实颇有梦幻色彩，而且因为呼吸着明治时期的气息，并将其气息描摹下来，十分有趣。然而，拼凑而成的东西毕竟没有形成浑然之趣。但他确是天才无疑，一字一句皆有妙不可言之处。（中略）此人若能开悟，或可成天下第一。

　　公开评论和私下评论自然会有些差异，但在承认镜花是"天才"这一点上却并无二致。漱石非常善于发掘新人，但冠以"天才"之最高称谓的，却只有镜花一人。甚至连芥川龙之介也没获得如此赞誉。（顺便提一下，芥川从小就很崇拜镜花，临自杀前似乎还在看《镜花全集》——书打开着放在桌上。在芥川的葬礼上，镜花还作为前辈作家的代表致悼词。）

　　漱石所谓"过于雕琢"，指的是类似这样的文字：

　　　　珠斑花鲈、花斑雅罗鱼、雅罗鱼三月鱼鳍正红，鳞片泛紫。楚蟹之姿颇具风情，壳碎现花红，肉削落似雪，脚如珊瑚折枝……

　　这到底是在描绘什么东西呢？——楚蟹，即"盲珠雪怪蟹"。又称松叶蟹、越前蟹。

　　前文引用漱石《近作短评》时，我省略了一句——

---

① 草双纸，日本江户时期的通俗绘图小说，盛行于江户时代中期到后期。

在"中略"处，漱石是这样说的："古沼之中，犹如铁锈遍洒，原来竟是鲇鱼群在蠕动——这样的比喻，可谓奇思妙想。"

在小说中，大太郎来到清静的温泉疗养时，认识了一个带着五岁男孩在此地疗养的有夫之妇。三人去旅馆附近的沼池游玩。三人乘坐小船，大太郎划船。来到沼池中间时，小男孩盯着水里说："鱼，鱼!"

以下引用镜花原文。这个场面是茅舍的老翁向游客所说的话。也就是说，大太郎的异样体验并非亲口叙述，而是通过第三者口述。

　　　大太郎先生，您发现了吧。这水很浅，船桨一插下去，就会扑哧一声陷入泥中。在几十里地之下有长约五六尺的黑乎乎的东西，不知是泥土还是什么。

　　　船桨插下去时，只见有黏糊糊的黑色物体流动，不知是泥土还是水草。仔细一看，你猜怎么着——嘿嘿，全是鳗鲶啊! 全都慢吞吞地叠在一起，多得不得了。这些鲇鱼跟鲣鱼一般大，约五六尺长，跟人的胳膊一样粗，滑溜溜的。其中有的还弯曲成弓形。

　　　水底一片全都是吧。你把船桨插下去，水一动，就会哗啦哗啦地浮起来。还有，风吹过来时，静静地待在水底的一两百尾鲇鱼就会鱼鳃齐动。

　　　刚才小少爷说有鱼，就是看见了水底的鲇鱼吧。

这就是令漱石深感佩服的"奇思妙想"。然而，《银诗笺》确实如漱石指出的那样，"拼凑而成的东西毕竟没有形成浑然之趣"。漱石不无惋惜地说：此人若能"开悟"，或可成天下第一，可成日本第一等的文学家。但这样的写作风格，不正是镜花文学的特色所在吗？《银诗笺》虽然并非代表作，但也通篇洋溢着镜花的特色。

奇幻，恐怖，恶心——这正是镜花所擅长的。这方面的佳作当首推《高野圣僧》。

一僧人去往信州途中，翻越飞驒山时，在即使白天也一片幽暗的森林里遇见了以下的事。

只听斗笠发出吧嗒一声响。他不经意地伸手去抓。一看，却不是树木果实，而是状如海参的浑圆肥厚的水蛭。水蛭紧紧吸附在皮肤上，不肯松开。他觉得毛骨悚然，把水蛭揪下来，摔在地上。这时，他觉得领口以及胸前发痒，便全身抖动，飞快地从大树枝下跑开。

> 我心想：莫非这大树枝上长着水蛭？太可怕了。回头一看，只见那不知是什么树的树枝上，果然有无数的水蛭皮。
> 我大吃一惊，这才发现前后左右的树枝上都长满了水蛭。
> 我不由发出恐怖的尖叫。这时我才看清楚了——头上吧嗒吧嗒地下着雨，那雨里夹杂着许多黑瘦的物体，落在我身上。

呜呜……光是抄写这么一段，就令我后背发冷，毛骨悚然。如此气势，如此笔力。

镜花的词汇之丰富，令我感到惊讶。从《银诗笺》

《高野圣僧》短短的摘引文字中也可见一斑。明治以降的文学家，能尽情使用丰富的日语词汇进行创作的，当数镜花和诗人北原白秋。此二者堪称双璧。

镜花会运用独特的书写方式和注音假名。昭和十七年（1942年）岩波书店出版的《镜花全集》第二十八卷中，有一份三十二页的附录，叫作《镜花词汇一斑·〈镜花全集〉作品人名索引》。试举其中几例：

呆然惘然（あけらかん）、反对（ありゃこりゃ）、露骨（あけすけ）、二時頃（おやつ）、二人（さしむかひ）、嬌気々々（じゃけじゃけ）する、転倒（でんぐりかへ）る、常套手段（おきまり）。[①]

还有这样的注音假名：

空腹（きたやま）[②]（从北山而来，感到饥饿。）

般若湯召（きこしめ）す[③]（意为饮酒。在僧侣中，"般若汤"是酒的隐语。）

酒（ひだり）の方（はう）[④]（用左手拿酒杯，即左撇子。）

如亀（にょつき）[⑤]（敢把"如亀"读作"にょつき"，镜花先生确实非同一般。果然是迎娶艺妓为妻之人。此点后叙。）

---

① 本段依次读为：akerakan、aryakorya、akesuke、oyatsu、sashimukahi、jyakejyakesuru、dengurikaheru、okimari。

② kitayama。

③ kikoshimesu。

④ hidarinohau。

⑤ nyotsuki。

撵立（もった）てる、弱々（なよなよ）、弱小（やにこ）い、萎々（へなへな）、耐力（たわい）なし[①]……

好了，就此打住吧。

镜花生于金泽，父亲是镂金匠，母亲则出身江户下谷的鼓师之家。九岁时，母亲去世。十六岁时，镜花被尾崎红叶的小说感动，翌年上东京欲拜其为师。到东京后，却为东京之大而震撼，没有勇气去拜访尾崎红叶，暂居汤岛的旅馆。

某天晚上，附近发生火灾。有个在旅馆中寄宿的十六岁少女问了镜花一句："请问，是哪里起火了呢？"镜花听到这声带有东京口音的"请问"，因想念起亡母而深受感动。可见他是个对语言十分敏感的少年。对于他来说，东京话就代表着母亲。据说，镜花的母亲长得非常标致。

镜花作品大致可分为两类：一类是《高野圣僧》《草迷宫》《春昼》《春昼之后》之类的奇幻小说；另一类是《妇系图》《白鹭》《日本桥》《汤岛之行》之类取材自花街柳巷的小说。后一类作品大都隐含着对亡母的思慕之情。这些作品以东京为舞台，而且执着于使用东京口音（江户话），不由让人作此联想。

镜花文学中的江户少爷气质和江户话（东京口音），一定是从他老师尾崎红叶那里学来的。

镜花认识一个与红叶有来往的医学专业学生。通过这层关系，他初次登门拜访红叶，并成为其门生。翌日开始，镜花住进尾崎家中，负责看门。当时，红叶才二十四

---

① mottateru、nayonayo、yanikoi、henahena、tawainashi。

岁，但已经跻身公认的文坛大家之列。门下还有田山花袋等众多弟子。镜花当年十八岁。

红叶认可镜花的才华，这是毫无疑问的。另外，他俩的父亲都是雕刻师，这一点也增加了亲近感吧。红叶的父亲是技术高超的坠子雕刻师，也是有名的男艺者[①]。出生于江户芝区的红叶大概继承了父亲的才能，擅长应酬，知道如何讨人喜欢，写小说时贯彻读者至上主义。红叶风靡一世的佳作《金色夜叉》，讲一个年轻人被恋人甩了之后，成为高利贷者，向对方报复。小说中宣扬的"金钱万能"思想，和今天那些扬言"有钱什么都能买到"的 IT 新贵是相通的。可谓旧瓶装新酒。

镜花成为尾崎家的门生之后，不仅学习小说写法，还学到了待人处世、社会常识、用语措辞、玩乐之法。红叶虽然嘴上啰唆，其实很有大哥风范，懂得照顾人。镜花初到东京时很不习惯，例如误把腌鲹鱼干[②]当作腐烂的鱼干扔掉；甚至连樱叶饼也以为发霉而扔出窗外。扔掉腌鲹鱼干可以理解，但扔掉樱叶饼则颇为可笑。大概是因为看见盐腌的红色樱花叶而产生了误解吧。镜花这么写道："其实，先生训斥我时并不刻薄，而会运用比喻、警句、讽刺，而且张口就来。有时训得我都乐了。先生的训话如此有趣，以至于我甚至想故意惹他生气，好被他骂一顿呢。"（《红叶先生的看门人》，镜花全集第二十八卷）

镜花还回忆说："先生什么都教给我。"

---

① 男艺者，在宴会上以陪酒谈笑助兴的男人。
② 腌鲹鱼干，伊豆诸岛特产，有一股独特的臭味。

　　两年后，镜花初次在京都的报纸上写连载小说（临时代替岩谷小波）。当然，是老师帮忙介绍的。在报纸上连载时他取了个很酷的笔名叫"畠芋之助"，后来出单行本时则改用"泉镜花"。"镜花"这笔名是老师根据其原名"镜太郎"而取的。然而，小说的评价却很差。报纸销量下降。报社方面多次向红叶提出要停止连载。但红叶却置之不理，也并未告知镜花，让其一直写完，以免挫伤了年轻人的热情。可见红叶之体贴。

　　关于师生二人，最有名的是镜花和神乐坂艺妓分手之事。佐伯孝夫作词的《妇系图之歌》（又名《汤岛的白梅》）即歌咏此事，开头一句是："途经汤岛时，想起阿茑和主税的情意……"[①] 镜花瞒着红叶，和艺妓相爱、同居。红叶得知后，勃然大怒，逼其做出选择："要么离开我，要么离开她！"红叶希望镜花正式结婚。在老师的要求下，镜花暂时和艺妓分开了。但红叶去世后，镜花便立即与这位艺妓成婚。镜花把这段经历写进了《妇系图》里。小说人物"酒井先生"就是以红叶为原型的。

　　镜花的晚年作品《薄红梅》（创作于昭和十二年即1937 年）中，红叶又以"上杉映山"之名出场。这篇报纸连载小说取材自镜花年轻时当红叶门生时的事。他本人以"辻町糸七"之名出场。樋口一叶则以原名出场。一叶为博文馆撰写《通俗书简文》时，镜花正好担任这本书的编辑。当然，两人也曾见过面。在《薄红梅》中，一叶被描绘成以茶杯喝酒的大姐形象，而且还说出这般

---

① 早濑主税、艺妓阿茑，泉镜花小说《妇系图》的主人公。

潇洒的话:"我心里不痛快,所以才用茶杯喝酒……你可别说出去。"

下雪的清晨,在上野池端的小豆汤店铺里,两个少女看见两个男人。其中一个少女是映山门下的月村一雪(京子)。那两个男人是糸七和矢野弦光——两人刚从吉原妓馆区回来。缘分真是不可思议。对一雪一见倾心的,不是糸七,而是弦光。他请求糸七居中做媒:"你和她既是同门,请向你老师映山先生说一声。"糸七因为批评一雪的文章而挨了老师责骂。但他想成全友人,还是跟老师说了。

某日,糸七家中,一雪忽然来访。她说:"我是来道别的。""你和弦光的婚事谈成了吗?""我拒绝了他。我要嫁给别人。""别人?"一雪回答:"是野土青麟。"糸七愕然。野土青麟是个画家,也是糸七最讨厌的人——"是世上最讨厌的家伙。""是无与伦比的讨厌鬼。"

"当我听说是你做媒说合我跟矢野弦光时,我真的很窝火……作为一个女人,我不知道应该怎么办……所以我才和你最讨厌的青麟订婚了。""……""辻町先生,我很清楚,我知道,你非常讨厌、憎恨这个人。可是,当一个女人听到自己爱慕的男人竟然做媒要把自己嫁给别人时,她的内心一定会疯掉的。"……

这几个人的纠葛似乎确有其事。月村一雪的原型是女作家北田薄冰。薄冰和镜花互相爱慕,但镜花却一直没有表白,反而把薄冰介绍给友人。薄冰对此深怀怨恨。

薄冰是律师的女儿,比镜花晚三年师从红叶。在小说中,糸七批评了一雪写的文章——这篇文章是一雪参观妓馆区之后写的随笔。随笔中的慈善家似的口吻令糸七感到厌烦。

薄冰写过一篇题为《秋之空》的小说，发表在《文艺俱乐部》明治二十九年（1896 年）七月临时增刊上。小说梗概如下：有个男人，因为生活穷困潦倒，向妻子说明原委后将其卖到吉原的妓院去。他对妻子说：自己去国外打工挣钱，三年后一定来赎她回去。妻子为了给丈夫准备盘缠，无奈地投身苦海。"虽说是为了丈夫，但越看越觉得自己凄惨——涂脂抹粉，穿着耀眼的美丽衣裳，像木偶一样并排而坐，真是既羞愧又窝囊。（中略）世上还有比这更悲哀的吗？"

这时，她不经意地向门外望去，感到无比惊诧，疑在梦中——那个和年轻姑娘手挽手欣然走过的男人，正是自己的丈夫。

薄冰的这篇小说，恐怕会令镜花感到厌恶吧。薄冰和镜花讨厌的某插图画家结了婚，四年后，二十四岁病逝。留有《薄冰遗稿》。

我第一次读镜花的小说是在十五六岁时，但完全看不下去。因为文章太难了，看不懂。

后来到二十一二岁时，我才再次拿起来读。

当时书店里有位名叫蒲生的顾客。他每月会光顾几次书店，一批一批地买旧书。有一次买得太多了，拿不动，于是我就骑自行车送到他家里去。他家住在晴海的住宅区。他夫人频频给我沏可可茶。屋里全是书。蒲生先生带我参观书库。书库里只收藏镜花的作品和相关研究著作。书

泉镜花代表作《高野圣僧》的外封（左）和封面。装帧设计者为镝木清方。明治四十一年（1908年）左久良书房出版。

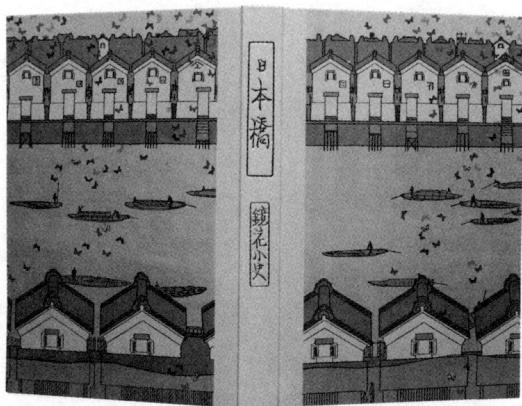

《日本桥》的封面。装帧设计者为小村雪岱。大正三年（1914年）千章馆出版。

架上摆着很多套镜花的全集。研究著作当中有多本相同的书。一看作者姓名，赫然写着"蒲生欣一郎"。

蒲生先生腼腆地笑笑，从书架上抽出一本来，说："送一本给你。"这本书叫作《不一样的泉镜花》。蒲生先生是民间的镜花研究者。

后来，我每次上门，他都给我讲泉镜花。我问他："要接触镜花文学的话，应该最先读哪篇作品呢？"他立刻回答："《高野圣僧》。"他也是从这篇小说开始的。无论在什么方面，能遇到一位好前辈都是非常幸运的。多亏了他，我才没有因为成见而错过镜花文学。

从蒲生先生那里，我受教颇多。但现在多半都忘了。只记得他曾讲过镜花和威廉·艾里什[①]的相似点。

另外，他还说过镜花是起名的高手。确实，镜花起过很多奇异而美丽的篇名。

例如：《翻越立山》《趁暗》《月下园》《后朝川》《不在之人》《三份盒饭》《草迷宫》《出租屋一览》《国贞之画》《火焰舞》《雨怪》《甲乙》《战国茶泡饭》……甚至还有一篇叫作《手枪的使用方法》。

还有无题的小说。在全集中，为了方便，用《一之卷》《二之卷》《三之卷》作为标题。单行本则以最后一篇《誓》取名《誓之卷》。

蒲生先生收齐了所有镜花作品的初版和再版版本。他虽然只是轻描淡写地说："我可真堕落啊。"但买这些书一

---

① 威廉·艾里什（William Irish，1903—1968），即康奈尔·伍尔里奇，美国推理小说作家。

定破费甚多，这点毫无疑问。无论以前还是现在，镜花的书都价格不菲。

"装帧确实很漂亮。""龙生书林"的店主大场先生说道，"如今的旧书市场上，明治文学这块比较低迷。不过也有例外——漱石和镜花。这两人的价格一直居高不下。"

"说到镜花著作的装帧，最有名的是小村雪岱、镝木清方吧。"我问道。

"是的。不同的保存状态，价格也会差很远。镜花的初期著作，外封齐全的话市面上很少见，可谓珍品，价格贵得离谱。但如果缺外封的话，价格就跌到只有原来的十分之一。"

大场先生把最近的镜花著作旧书价格告诉我：

镜花的第一部著作《活人偶》（明治二十六年即1893年春阳堂出版），这本书作为"侦探小说系列"的第十一集（全套二十六册）发行。如丛书名所示，这也是镜花所写的唯一一本侦探小说。这本卖到八十万至九十万日元。明治四十三年（1910年）九月，仍由春阳堂作为"侦探文库第七篇"再版。这个版本则要五十万日元。

明治二十七年（1894年）博文馆出版的《海战的余波》，五十万至六十万日元。

两年后田中宋荣堂出版的《冠弥左卫门》在镜花作品中最罕见，五十万日元。明治三十年（1897年）的《七本樱》（东华堂《新著月刊第九卷》）函套齐全的话要四十万至五十万日元。明治三十九年（1906年），此书由"日高有伦堂"再版时，用了石蜡纸外封。这外封极其罕见，现存稀少。无外封的话大概二十万日元左右。

　　以下介绍一些有代表性的单行本。

　　《汤岛之行》（明治三十二年即1899年春阳堂出版）带函套三十万至四十万日元。《黑百合》（明治三十五年即1902年春阳堂出版）带函套八十万至九十万日元。《高野圣僧》（明治四十一年即1908年左久良书房出版）带外封八十万至一百万日元。《妇系图》（明治四十一年即1908年春阳堂出版）分为前后篇两册，带外封八十万至一百万日元。带外封的全套两册很少见。如果品相好的话，即使缺外封也要十五万至二十万日元。

　　"镜花作品中，最有人气的还要数《日本桥》吧?"我问。

　　"是呀。封面和衬页都是雪岱的木版画，像美术品一样漂亮。有一段时期卖到七八十万日元，现在稳定在五六十万日元。"

　　《日本桥》由千章馆出版于大正三年（1914年）。据说是一位崇拜镜花的律师作为业余爱好而出版的。

　　"镜花作品价格很高啊，无论哪本都是。"

　　"要收集的话可不简单。"

　　蒲生先生说他把炒股赚到的钱全花在这上面了。后来，我一直没有机会问他的职业是什么。不过他说过有一段时期曾为评论家大宅壮一整理资料——读经济类书，并且做笔记。

　　我在高圆寺开旧书店时，蒲生先生特意赶来庆贺。后来还偶然来逛过几次。再后来就渐渐失去了联系。不知道那些镜花著作是否仍安然躺在这位爱书之人的书库里。

　　"别担心。那些书价格昂贵，应该不会扔掉的。"大场先生笑道。

最后补充两三件逸闻。

明治四十二年（1909 年）八月，镜花月底需要钱，就突然上门拜访漱石。之前两人还未曾谋面。镜花写了篇小说，想请漱石帮忙推荐，卖给朝日新闻社。

漱石立刻写了封介绍信给朝日新闻社的负责人。镜花拿着介绍信前往会面。对方同意刊登他的小说。大概是一手交钱，一手交稿吧。这篇小说题为《白鹭》，从十月十五日开始在《朝日新闻》报纸上连载。镜花拜访漱石时，漱石正为准备出行而忙得不可开交——五天后他就要踏上"满洲"韩国之旅。

镜花和漱石是初次见面，但之前似乎互通过书信。明治三十九年（1906 年）十二月二日，镜花写信给弟弟时提道："我专程去拜访'猫夏目'，但他不在家。我就在门口恳请他夫人转告。后来终于等到他的回复，就是现在另附的这封信……"信的末尾还补充了一句："猫之住址为本乡驹达千駄木町五十七号。"当时，漱石刚发表了《我是猫》，一时名声大震。不知道镜花为何事而拜托漱石，大概是关于稿件的事情吧。因为八天后他在给弟弟的信里说："夏目的回信附在信中，你看了吧？既是如此，我也不好强求。"镜花的弟弟也是小说家，雅号为"斜汀"。

就在同一年，漱石在给门生的信中提到关于镜花作品的读后感：文字有些矫揉造作，我不喜欢。文中颇多警句，却不知为何不能成为浑然一体。不过，漱石还是满怀善意地看待镜花作品的。他的批评，也许只是因为"品味不同"吧。

镜花的老师——尾崎红叶则这样评价他："镜花的文章就像盆栽松树一样。非要把弯曲的松枝拗直的话，它会枯萎的。"果然一针见血。

15

横沟正史

"诅咒之塔"的秘密

有一本找了很久的书，终于找到了。

这本书并不是什么罕见或昂贵的书。可以说，正因如此才找了这么久。如果是珍本或高价书，应该会放在固定的地方。而这本书，其实是我在自己家里找而已。

我自己看完的书，一般会卖掉，不会留在手里。我既是小说家，又开旧书店，所以把自己的藏书都放到自己店里卖。这样，书不至于越积越多、无处可放。但因为那些书不是面向大众的大路货，所以很难卖出去。至于珍本和高价书（不知道是否名副其实，也许只是我的一厢情愿而已），就更是无人问津了。与其说把它们放在固定的地方，不如说它们总是滞留在那里。

我找的这本书是横沟正史的《诅咒之塔》。这本书并非战前初版，而是昭和三十六年（1961年）东方社再版的，只是本不值一提的旧书。十多年前，我从旧书店里以三百日元购得此书。读过后，却没有放到自己店里转卖，而是留在了手边。

对于保留此书的原因，我接下来会说明。但手头没有实物的话，很难说清楚。故事情节我已经全忘了。不，大致梗概还记得。但要把一本侦探小说讲清楚，难就难在关键的诡计和犯人的动机如果不弄明白，讲解就会变得毫无意义。按照侦探小说迷的规矩，不可以透露凶手是谁、用了什么诡计。但如果避谈诡计，又无法说明小说趣味之所在，听者也会觉得没意思。

所以，我才一直想找回原书来看。那这本《诅咒之塔》到底有什么来头呢？

先从怎么买到的这本书说起吧。

那次，我去三重县松阪市拜访某个人。我们约好在牛肉餐馆碰头。赴约途中，我看见一间小小的旧书店。离约定时间还早。于是，我去到餐馆确认之后，又折回头，到那旧书店里逛了一番。本来是想着打发时间，但很快被吸引住了，一走进去就很难再出来。慢慢浏览一圈之后尤其如此。我心想：不买一本的话实在过意不去。于是找了找有没有哪本"非买不可"的书。

最后，我买的就是《诅咒之塔》。看这书名，感觉似乎以前读过，但也无所谓。横沟正史是我喜欢的作家，多读几次也无妨，应该可以作为旅途中的消遣吧，而且价钱又不贵。

在归途的车中，我就立刻拿起来看。这才发现，这本横沟作品，自己还是第一次看呢。很好看。我一下子被横沟独特的世界吸引进去了。

故事开头是这样的：由比耕作是杂志记者，同时也写侦探小说。他前往拜访住在轻井泽别墅的当红侦探小说家——大江黑潮。途中，他在车上遇见一个同往轻井泽的神秘男人……这个开头很有横沟的风格，着力营造出一种山雨欲来的恐怖氛围。

大江的朋友们陆续来到别墅。他们都是些很难对付的厉害角色。

　　这时，传来消息说大江的好友白井三郎即将来访。白井是个不爱交际的侦探小说迷。于是，大家开始为白井策划一个特别的欢迎仪式——"虚拟侦探剧"。

　　——大家即兴上演一出侦探剧，让即将来访的白井找出真正的"凶手"。大家决定表演得逼真一些，以便吓一吓白井。各人分别扮演不同角色。

　　"被杀者"是大江黑潮。按剧情设定，大江的妻子和所有朋友都有作案理由。然后各自作自圆其说的辩解。白井听完各人的辩解之后，需指出凶手是谁。按照剧情，由比被设定为"凶手"。大江的朋友有大学男生、有夫之妇、电影导演和一男一女两个演员。

　　导演和演员是来别墅附近拍电影的。别墅所在的山坡上有一座巨塔，塔中有滑梯、旋转木马、摩天轮等设施，但因为经营不善，现在已经沦落为废墟。塔呈圆柱形，有七个出入口，每个出入口都连接有通往塔顶的螺旋状楼梯。楼梯本身是作为游乐设施，所以有的地方紧靠在一起，有的地方变成三条分岔，还有的地方是死路。也就是说，楼梯设计成了迷宫。从不同的入口进去，有的几分钟就能到达塔顶，有的则要花很长时间。

　　大江等人一致决定：既然要演戏，不如就以这座塔为舞台背景——把大江"遇害"的地点设置为塔顶的瞭望台。"嫌疑人"有七个人，刚好和出入口数量一致。既然如此，可以这样：各人分别从不同的入口进去，在虚拟犯罪的实施过程中，各自隐藏在楼梯某处，互相看不见。

　　白井来了。他的长相和性格都酷似大江。"虚拟侦探剧"按计划开始上演。

然后，正如侦探小说的常规动作一样，大江黑潮真的被杀死了。当然，凶手并非由比——不，确切地说，是包括由比在内的七个人当中的某一人。

这时，有个四根手指的神秘男人出场了。是由比在塔内看见的陌生人。接下来，故事朝意外的方向发展——七个嫌疑人陆续被杀死。为什么呢？

为什么能设计出如此精密复杂的诡计呢？如果你是推理小说迷的话，大概会怀疑最先提议"虚构侦探剧"的人吧。毕竟，杀人是通过演戏而实施的。

这小说分为两部分：第一部分是《雾之高原》；第二部分是《魔之都》。舞台从轻井泽转移到东京。第一部分以惨案发生现场——巨塔被拆除而结束。

第二部分从"墙壁图书馆"开始。"墙壁图书馆"是个什么东西？喜欢看书的人一定会对这书名感兴趣吧。

主人公变成了白井三郎。白井住在东京浅草，离繁华街六区很近，在二楼，只有四叠半，能照到夕阳。墙壁和天花板都贴着旧报纸。这是一间用报纸做成的贫穷简陋的房屋。不是他自己做的，他只是租住在这里。他无所事事，只是整天躺在床上想事情。不想事情时，就茫然地看着墙上的旧报纸。

> 上面缩印着日本——不，全世界过去十年各个方面的历史。有时无比繁荣，有时极尽萧条：内阁大臣遇刺；女演员私奔；市会议员贪污……

咦？市会议员？我又重看了一遍。莫非是"区会议员"的印刷错误？

……军人横行霸道……

军人？我赶紧接着往下看。

……时而左翼得势，时而右翼恐怖活动猖獗；新桥名妓从良……

咦？这好像是战前的报纸嘛。但书上又写着"过去十年"。应该是"过去二十年"或"过去三十年"才对。可能是漏印了"二"或"三"字吧。

……品川区的娼妓自愿停业；股票暴涨；裁军会议中止；被称为"说教强盗"的怪盗大肆作案……

看到这里，我才确信自己的猜测是正确的。"说教强盗"出没于大正末年至昭和四年（1929 年）。强盗溜进别人家里，胁迫对方交出钱财后，一直待到天亮。其间，还对屋主进行谆谆"说教"，劝其养狗以防盗贼，或向其说明应如何锁门。这就是"说教强盗"的特征。等到路上开始有行人走动时，他才不慌不忙地离去。这样可以不致引起别人怀疑。这个名叫妻木松吉的抢劫犯终于在昭和四年（1929 年）二月二十三日被捕。算上抢劫和盗窃，作案次数据说多达九十四次。被假释之后，他到处去做关于防盗的演讲，还写了自传，成为当时的"名人"。

　　却说这天傍晚，白井三郎睡醒，目不转睛地盯着贴在墙上的报纸，心想："今天看哪篇新闻报道呢？"这墙壁图书馆的新闻，也不知道已经反复看过多少次了。所以，哪个位置贴着什么事件，哪个位置贴着"抢米暴动"的报道，他都记得一清二楚。

　　明治时期以来，发生过好多次抢米暴动。这里提到的，根据"说教强盗"的年代来看，大概是指发生在大正七年（1918 年）史上最大规模的那次吧。因为米价暴涨，富山县鱼津町的妇女们愤怒地起来造反，随后，京都、名古屋、东京等地也发生了袭击米店事件，暴动几乎扩大到全国范围。据说有几十万人被捕。

　　白井今天打算看一则悬而未决的犯罪案件，于是开始看贴在墙壁下方的十年前的报纸。

　　——莫非又有漏字？不是，白井开始看的这篇报道的案件，"刚好发生在那场大地震前一周——大正十二年（1923 年）八月二十六日晚"。

　　我一阵茫然。这书既没印错，也没漏字。其实，这个故事的时代背景就设定在昭和七年、八年（1932、1933 年），而非此书出版的昭和三十六年（1961 年）。我被错觉误导了。

　　这真是颇为奇妙。小说里出场的电影导演和演员所属公司名为"日东电影"，而"诅咒之塔"里的旋转木马、摩天轮等游乐设施也颇为古旧。

　　不过，出场人物"大江黑潮"之名显然是模仿了江户川乱步《阴兽》里的"大江春泥"。而且，横沟还特意给黑潮加了一段摆摊卖中式荞麦面的经历。其实，乱步有段时期就曾以此为生，在大冬天里吹着喇叭到处沿街叫卖。

　　横沟正史和乱步很熟，出于玩心，故意让他作为小说人物出场。道具设置的陈旧感，也是横沟喜欢的路数。他战后所写的《本阵杀人事件》《八墓村》《轱辘井为何而鸣》《犬神家族》等小说，读着读着就会觉得不像现代的故事。小说里出现复员军人，显然是发生在战后的故事，但却通篇洋溢着战前的氛围。横沟的小说都是如此，所以让我产生了错觉。

　　《诅咒之塔》如果仔细读的话，也能看出时代背景是战前。

　　直到快读完时，我才恍然大悟：噢，原来这部小说是写昭和初期的事。

　　日东电影制片厂位于"府下砧村"。砧村是现在东京都世田谷区砧，离小田急线的"成城学园前站"很近。小说中写道，乘坐"省线"（即后来的国铁、现在的JR）到新宿站，换乘小田急线，从东京市中心乘车约一个半钟头就来到日东制片厂。

　　《诅咒之塔》的结尾按下不表。这是介绍侦探小说时的规矩。我只能偷偷告诉你："墙壁图书馆"的报道和电影胶片是解开谜底的关键。这部长篇小说设计精妙，很有横沟正史的风格。

　　书中有一句话，我认为正是作者的写作动机。我想把这句话抄录下来，所以才到处翻找那本购于松阪市的《诅

昭和七年（1932年）新潮社出版的《诅咒之塔》初版。

昭和十年（1935年）春秋社出版的《鬼火》的函套。在横沟作品当中，这本是最有人气的。

大正十五年（1926年）聚英阁出版的《广告人偶》。这本是横沟第一部作品集《侦探名作丛书》的其中一册。

咒之塔》。

这句话是这样的："报纸这种东西，新发行的时候平庸无聊；但当它成为旧报纸时，却变得如此有趣。"

我从松阪回来后才查明：《诅咒之塔》并非写于战后。

这是昭和七年（1932年）横沟三十岁时的作品。作为新创作的长篇小说，由新潮社出版。东方社的版本其实是再版。也难怪故事的时代背景会设定在昭和七年（1932年）前后了。

乱步那篇以大江春泥为主人公的《阴兽》写于昭和三年（1928年）。横沟大概是在其感发之下写出了《诅咒之塔》。

《阴兽》发表在杂志《新青年》上，当时该杂志的总编就是横沟。看完乱步这部用一年半写成的力作，横沟深有感触。

　　……我想：凭这一篇小说，侦探小说界即将步入第二阶段的活动期。可见这篇小说影响力之大。从某个角度来看，也可以认为这是乱步先生对以前所有创作活动的总结。而且，可以毫不夸张地说，这篇小说里隐藏着的秘密大概算是侦探小说有史以来最精彩的诡计吧。（《新青年》昭和三年即1928年8月增刊号的编辑后记。引文摘自乱步著作《侦探小说四十年》中的《〈阴兽〉创作谈》。）

横沟想沿用《阴兽》的手法来写故事。他在乱步设计出来的诡计上又加了一层转折。之所以把出场人物设定为使人联想到"大江春泥"的"大江黑潮"，是因为横沟有意向读者暗示：《诅咒之塔》参考了《阴兽》，是《阴兽》派生出来的变奏曲。只有让读者明白这一点，《诅咒之塔》的故事才算成功，才算完结。《阴兽》里的大江春泥这位小说家酷似作者乱步，所以读者会渐渐地形成一种错觉：春泥就是乱步。《阴兽》的成功，要归功于这种营造出来的错觉。可以说，横沟学习了乱步的这一手法。

然而，对于"墙壁图书馆"的处理方法，我还是觉得有些遗憾。我想，如果把看墙壁图书馆的白井三郎的空想力作为故事的根基，那会更加精彩。报纸是传达事实的媒介，但"旧报纸"往往能勾起人们的空想吧。具体的诡计不能在这里透露，真是有如骨鲠在喉。既然这个神秘故事不是根据自身经历写出的，而是来自报纸新闻引发的空想——假设是我在空想的话，那么第三者有可能盗用我的空想写成小说。也就是说，应该更充分地利用"墙壁图书馆"的无形的效果。

这样的话，大概能超越《阴兽》，设计出复杂精妙得不可言状的诡计。

这个话题就此打住吧。前文提到，我发现自己还是第一次读《诅咒之塔》，我知道为什么以前没读过了——无论是春阳堂书店的春阳文库《横沟正史长篇全集》全套二十卷，还是讲谈社出版的《新版横沟正史全集》全套十八卷，都没有收入这部小说。原因不详。按说，这篇小说也不算失败之作呀。

这本三百日元购得的《诅咒之塔》，我一直好好保存着。为什么呢？这里还有一段渊源。

　　我书店有个顾客 E 先生，他是个侦探小说迷，尤其喜欢横沟正史。只要有横沟的书，他全都买去。而且还喜欢重复买，同一本书买过几十册。旧书店遇上这样的顾客真该谢天谢地。

　　我后来才知道为什么 E 先生要买相同的书。——他来向我询问，说想开个旧书店，应该从何做起？

　　E 先生三十多岁，是个工薪族。他说想开个专卖侦探小说的旧书店。我坦率地说："我并不看好，因为进货难。"

　　E 先生腼腆地笑着说道："不，我不是打算专职做。我很向往旧书店，从小就梦想着开一家旧书店。我想实现这个梦想，哪怕做不长久也行。商品就是自己的藏书。藏书卖完就收手。店面也不必另找，就在自家住宅开设一室用作卖书。客源嘛，我可以向侦探小说书友群发消息，招徕顾客。就当作业余爱好吧。"

　　既然是业余爱好，我也就不再劝阻。我只是说要去警察局办个旧货营业执照，并把申请办法告诉了他。既然不必去旧书市场进货，那么也没必要加入旧书行业协会。

　　"这样就能开旧书店了吗？" E 先生十分惊讶。

　　"只要竖起旧书店的招牌，就是正儿八经的旧书店了呀。"

　　"书店名叫'芙蓉公馆'。"他微笑道。

　　"芙蓉公馆？"

　　"横沟昭和五年（1930 年）写过一篇《芙蓉公馆的秘密》。我很喜欢这篇小说，就拿来作书店名啦。"

　　"这个店名，果然很有侦探小说专卖店的特色。"

　　过后不久，我收到 E 先生发来的开业通知，于是在某日登门拜访"芙蓉公馆"。

　　书店果然设在住宅中的一间屋里。门上挂着个新书开本大小的木牌，上面用红色油漆写着书店名，而且故意涂得像欲滴的鲜血，有几分阴森恐怖。

　　敲门之后，E先生笑脸相迎，把我带到客厅。这里并没有书架。

　　"我先在客厅和客人闲聊，谈得来的话，才拿出我的藏书目录给对方看，开始谈生意。"E先生笑着解释道，"如果让狂热的书迷看到书的话，那可就麻烦了。"

　　狂热的书迷碰上喜欢的书，说不定会动手强抢的。他说，藏书目录还在制作中。他似乎还是单身。

　　他为我订了盒装鳗鱼饭。不知道外卖是从哪里送进来的，总不至于在屋里还有个后门吧。他说："请吃。"那鳗鱼饭热乎乎的，就像刚做好的一样，我也没多想就吃了。如果是叫外卖的话，那餐馆应该就在附近吧。鳗鱼饭特别好吃。

　　E先生的"书店"，我只去过那一次。平时我一看见横沟的书就先保留起来，然后用快递寄给他，他再把书款转给我。后来，我的书店关闭了。

　　我和E先生也渐渐疏远，很久没再联系。我后来看到《诅咒之塔》时，曾试着联系他。但电话打不通，大概是搬家了。旧书店搬迁，有可能是生意兴隆而店面太小，也可能相反。我本想问一下同行，但每天忙于杂事，把这事给忘了。

　　找到《诅咒之塔》时，我顺便给"龙生书林"店主大场先生打了个电话。

"E先生？嗯……我家书店好像没有这么一位顾客。"

"既是狂热的侦探小说迷，不可能不知道龙生书林呀。"我失望地说。

"芙蓉公馆？我还是第一次听说，也没听其他顾客提到过。按说，书友应该对这些消息很灵敏才对。"

"看来，他最后是没有开成书店呀。当时只是一种自我满足吧。"

"可能是舍不得卖掉自己的藏书吧。肯定是的。那种心情，我懂。"

话题渐渐转到横沟正史的旧书价格。

"价格最贵的是昭和十年（1935年）春秋社出版的《鬼火》吧。"大场先生说道，"在横沟作品当中，这本是最有人气的。带函套三十万至三十五万日元左右。也不算十分罕见吧，偶尔能见到。不过，大多函套脊背处已经褪色。如果函套品相好的话，应该要四十万日元以上。"

我提到了《诅咒之塔》。

大场先生说："这本初版带函套的话，要五六万日元吧。"

价格并没我想象的高，令我有些失望。

"横沟的书，还有一本价格高的——昭和十二年（1937年）六人社出版的《珍珠郎》。谷崎润一郎题字，乱步作序，水谷准装帧设计——这阵容可真豪华啊。带函套的话要三十万至三十五万日元。"

横沟的第一部作品集是大正十五年（1926年）聚英阁出版的《广告人偶》。横沟当时年仅二十四岁。这本是《侦探名作丛书》的其中一册。旧书价格要十五万日元。

"这套丛书，有小酒井不木的《死之接吻》、国枝史郎的《沙漠的古都》。价格都在十万至十五万日元。横沟的战前作品，《塙侯爵一家》六七万日元，《蔷薇和郁金香》带函套十八万日元左右；战后作品，《本阵杀人事件》腰封齐全的话三四万日元，《狱门岛》外封齐全的话三万日元。对了，横沟还写过《幽灵铁面具》这本儿童读物，书中有伊藤几久造的插图，但品相好的很少见，大概六七万日元吧。"

"当年掀起'横沟热'时，角川书店出版的《横沟正史文库》据说卖出了一千万部。这套书很少见吗？"

"全套九十九册，已经出版了其中九十卷。现在的旧书价格略有下降趋势。大概七八万日元吧。"

我忽然想起了 E 先生。不知道他现在是否依然爱读、爱收藏横沟的书。

16

石川啄木

卖掉全卖掉

有一本书，我找了很久，至今还没找到。这也难怪，毕竟这是一本特别的书——所谓的"淫书"。

为什么我要找这本书呢？因为石川啄木非常喜欢这本书，甚至向报社请假不去上班，在家拼命抄写。如此一说，大概谁都想找来读一读，看看里面是什么内容吧？不，其实我不是为了满足好奇心。虽然也有一般的所谓猎奇心理，但我更想知道，啄木为何会对这本书如此痴迷？抄书，应该不仅仅是一时的心血来潮。

抄写此书，到底是为了反复欣赏其中的激情描写，还是因为被这些描写感动了呢？

他想把书留在自己手里而不得，所以只好抄下来。这一点倒是能理解。因为这本书是从租书铺借来的。

其中经过，我们可以从啄木的日记中获知。

啄木是寺庙住持的儿子。他十九岁时，得知父亲因为欠缴宗费而被撤掉住持之职，于是来到东京，为助父亲复职而四处奔走。但是各派檀徒之间产生对立，最终父亲只得放弃复职，一家离散。

"仿佛被石子／逐出了故乡。"啄木怀着这样的心情远渡北海道。他曾做过临时代课教员、报社记者等工作，之后又立志当小说家，把家人留在北海道函馆，只身来到东京。在好友金田一京助的帮助下，他寄宿在本乡区的盖平馆别墅。时年二十二岁。

第二年（明治四十二年即1909年），他在同乡的佐藤北江（真一）的介绍下，进入东京朝日新闻社担任校对员。（北江是报社总编。）三月一日开始上班。月薪二十五日元。

从四月七日起，啄木开始用罗马字写日记。这就是有名的《罗马字日记》。之所以有名，是因为这本日记战前从未公开，昭和二十三年（1948年）才首次公开出版。然后，直到昭和五十二年（1977年）岩波文库作为创刊五十周年纪念出版文库本时，才给全书附上译文，以使读者容易理解。

在那之前，啄木的《罗马字日记》一直被视为淫书。

啄木在浅草狎妓的场面，或有删节，或被开天窗。然而，就连登载这篇残缺的日记的周刊也被当局查获。所以，当得知岩波文库出版了无删减的全文时，书友们大为骚动，在发售日那天纷纷跑到书店去。我也是其中一人。我充满期待地翻开书来。遭禁的"淫书"终于解禁！可想而知我有多么兴奋了。——当时我还年轻呀。

我不是从开头看起，而是迫不及待地翻动书页，寻找那些禁忌场面。我看的是译文，而不是罗马字原文。岩波文库版的编译者是桑原武夫。

译文是横排的，很难找。小时候，有一种叫"啪啦啪啦漫画"的书，只要啪啦啪啦地翻动书页，一页页纸张上那些姿势稍有变化的人物就会像真人一样动起来。翻得越快，动得越快。

此刻，我就像在翻"啪啦啪啦漫画"一样地翻动着书页。

看到了。"阴部"的字样跃入眼帘。此处应该就是。我开始挑着读。

　　我把手伸进那女人的两腿间，粗暴地在阴部里搅动。最后五根手指都插进去了，用力按压。但她仍然没醒。大概是已经对男人习以为常，以至于下身没有任何感觉了。□□□□□□□□□□！□□□□，□□□□□□□□。□□□□□□□，□□□□□□□□。①

难怪之前不能公开出版。这是我国最早的拳交描写啊。

那么，这是本淫书吗？倒也不见得。阅读过程中，并没感到一种色情的兴奋感。

　　那女人醒过来，抱住我，央求说："真舒服，继续呀，继续呀。"一个年仅十八岁的女人，对普通的刺激竟然已经感受不到任何快感了！我真想割裂她的阴部。啊，男人有权用最残酷的手段杀死女人！这是多么可怕、多么令人厌恶的事啊！我已经无法离群索居，但又无法得到满足。我无法忍受人生的痛苦，不知如何对待人生。一切都是束缚。而且，我还肩负着

---

① 本段有删节。——编者

沉重的责任。我该如何是好？

所谓淫书，不会有如此沉重的独白。

我想："如果大家都死掉就好了。"但却谁都没死。我想："如果大家都与我为敌就好了。"但却无人与我为敌。朋友们都怜悯我。啊！为什么我会被别人爱着呢？为什么我不能从心底憎恨别人呢？被爱是一种难以忍受的耻辱！但我已经累了！我是个弱者！

啄木写《罗马字日记》是出于什么原因呢？
这本日记一开头提到过。

我钱包里只剩下五日元纸币，这是四月六日从报社预支的工钱用剩下的。我上午一直惦记着这事。无奈之下，我试做了份罗马字母表。一边做一边想起了远在函馆的母亲和妻子。我来东京已经一年了，但却不能把家里人接来一起住。我没法养活全家，真是个窝囊废。我每天都会想念母亲和妻子很多次。

问题就在于，为什么我要用罗马字写日记呢？为什么？我爱我的妻子。正因为我爱她，所以不想让她看见这日记。——其实，这是谎话。我爱她是事实，不想让她看日记也是事实，但这二者之间却并没有必然联系。

那到底是为什么呢？还是弄不清楚。啄木继续写道：

"那么，我是弱者吗？不，不是。之所以如此，是因为存在着夫妻关系这种错误的制度。"也就是说，因为有妻子存在，所以不得不用罗马字写日记。

"夫妻！这是多么愚蠢的制度啊！"啄木继续写道，"那我该怎么办呢？真是可悲！"

前文提到的啄木和娼妓共度春宵的场面，是过了三天后在四月十日记录的（不是当天发生的事，而是回忆）。啄木如此阐述："从去年年末开始，我心中发起了一场革命——把每个人都看成是自己的敌人（包括亲近的人），想杀死他们。不仅想杀人，还想杀死所有的旧习、所有的束缚。"

之后的三个月，啄木为了战斗而把自己武装了起来。最后他胜利了吗？——"啊！我累了。还没有战斗就已经累了。"

啄木说自己是个弱者。虽然必须战斗，但却无法获胜。虽然只有死路一条，但却不愿死，不想死。他想忘掉一切，到没有人的地方去。

为了抛开这种念头，啄木尽量使自己置身于人多的地方。例如去电影院，去妓院。焦躁的内心寻求更强烈的刺激，于是才把手伸入年仅十八岁的"阿雅"的阴部。

　　我已经无法离群索居，但又无法得到满足。我无法忍受人生的痛苦，不知如何对待人生。一切都是束缚。而且，我还肩负着沉重的责任。我该如何是好？

答案已经很清楚了吧——啄木是为了自问自答，才

用罗马字写日记。这是他和另一个自己的对话。他一边想一边问，一边仔细思考一边回答。用日语的话，也许会有轻浮之感。而一边对照着罗马字母表一边写，能够更忠实地记录自己的心声。——大概是出于这样的考虑。在那个时代，口语和书面文字是有所不同的。例如："戦わずして疲れた"要写成"戦はずして疲れた"[①]。又如：日记开头第一页，"我"说了一句"とうとう　春になっちゃったねえ"[②]，这"とうとう"本来是要写成"たうとう"的。

而用罗马字的话，就完全能按发音来写。这种自然之感，一定令啄木感到无比惬意。这种感觉是前所未有的。因为，即便在作口语体和歌时，口语和书面文字也还是有差异。例如他写的和歌："何故かうかとなさけなくなり／弱い心を何度も叱り／金かりに行く。"[③] "やはらかに柳あをめる／北上の岸辺目に見ゆ／泣けとごとくに。"[④]

啄木用罗马字写日记，与其说是为了不让别人看，不如说是为了把它当作一种深入思考的工具，为了容易进行自问自答，为了过后重读而自得其乐。

尤其最后"自得其乐"这点，我认为应该是最主要的原因吧。因为，用罗马字写下的日记，虽然是自己的日记，但看起来又像是别人的。陌生的文字，不像是自己的笔迹。日记里有这样的字句："今早所写之事，其实是假

---

① 意为：不战而自疲惫。
② 意为：终于到春天了。
③ 意为：为何如此不争气，无数次怒骂自己内心软弱，然后外出借钱。
④ 意为：眼前浮现出北上川岸，绿柳依依，令我泫然。

的。"而且，有时会在第二天继续写前一天的感想。由此可知，啄木会经常重读这些日记。《罗马字日记》与其说是日常生活记录，不如说是石川啄木这个年轻人的思想记录。至少他本人一定是这么认为的。

那跟淫书有什么关系呢？

啄木曾抄写过一本淫书。那本书是从租书铺借来的。这成了啄木写《罗马字日记》的一个契机。啄木开始制作罗马字母表前的几个钟头，正逢租书铺掌柜来访。——一个尘土飞扬的午后，租书铺掌柜一边擦着鼻子说"刮大风哩"，一边走进屋来。他身上背着装满书的包袱，来和寄住在盖平馆的人谈生意。根据金田一京助《盖平馆时期的回忆》，这位老掌柜是本乡真砂町的山本太市郎。啄木是这家租书铺的老主顾。

"淫书嘛，对您、对我们，都是禁书呀。"老掌柜似乎是加贺藩人。啄木把他的江户口音用罗马字记录下来了。"不能租借啦。比起看书，还是亲自出去逛妓院更有意思吧。不过，还是有人要看的，这项业务自然而然地长期延续下来了。"

四月十四日，租书铺老掌柜给啄木看了"特别的书"。啄木饶有兴致，就借来看，并打算今明两天向报社告病请假。刚好金田一还了上次向他借的两日元，手头稍为宽裕，于是借了两本"特别的书"——一本是《风流秘籍》，另一本是《花之朦胧月夜》。啄木更喜欢《朦胧月夜》这本，用罗马字抄写在笔记本上。全神贯注地抄了三个钟头。

啄木在金田一的房里闲聊（两人同寄宿于盖平馆）之

后，写了三页小说，然后睡去。他想念妻子节子。并非因为入夜雨声寂寥，而是因为读了《朦胧月夜》。

第二天夜晚，啄木又继续抄写《朦胧月夜》，直至凌晨三点。"啊，我，我再也无法抑制自己寻求激情快乐的心！"

第三天（十六日）感觉很累，上午十点半才醒来，看了妻子的妹夫宫崎郁雨（本名大四郎）的来信。信中说其母多次提出想上东京。啄木回信说：眼下生活刚有着落，但却没钱搬离现住的旅馆，入住可供家人居住的房屋。而且，也出不起母亲和妻子的旅费。"我回信说：如果有这笔钱就好了！这时，我想到了死。"

之后，啄木继续抄写《朦胧月夜》。结果当天又没去报社上班。晚上也拼命抄写。

啄木为求"激情快乐"而抄写的这本书，准确的全名是《春情花之朦胧月夜》。作者是梅亭金鹅。这本书写于幕末时期，是具有爱情小说风格的淫书。因为内容的缘故，原文并没有公开出版。进入昭和时期之后，似乎出过好几种所谓的地下出版物。在啄木生活的时代是否存在，我没有调查核实。租书铺手里那本，大概是原版书吧。木版印刷的原版书，在明治时期好像还加印过，没有公开销售，而是以黑市价卖给猎奇之人。所以，这成了租书铺的"副业"。当然，只是偷偷地出租给信得过的老主顾。这是从江户时期延续下来的独特的租书铺业务。

啄木在用罗马字抄写淫书的过程中，大概会产生一种错觉：觉得自己变成了作者。所谓的"激情快乐"，恐怕不是读的快乐，而是写的快乐。淫书的创作过程一定会更快乐吧。

啄木为什么会喜欢《朦胧月夜》呢，日记里并没有写。我之所以一直寻找这本书，也是因为想了解啄木的真实想法。然而，即便我读了这本书，就真的能了解啄木的想法吗？我对此有些怀疑。令啄木快乐的书，我也想找来读一下，这倒是实话。

啄木的《罗马字日记》，四月份一天不落都写了。但五月份却有变化，八日至十三日这六天的日记是凑在一起写的。五月二日，老家涩民村村公所副所长的儿子，带了一个在神田旅馆认识的名叫清水的年轻人，前来拜访啄木。他们诉苦道："本想来东京投靠住在横滨的亲戚，却被赶出门外。又不愿回乡里，想留在东京找工作，苦于囊中羞涩——副所长儿子只带了二三十钱，清水只带了一日元八十钱。"首先得找住的地方。于是，啄木带着两人到处去看旅馆。好不容易才找到一个六叠左右的单间，房租十七日元。两人说好各出八日元五十钱。啄木给了旅馆老板娘一日元作为定金。

然后，啄木还请两人去天妇罗饭馆吃饭，和副所长儿子一起去新桥站取回寄存的行李。清水说自己的行李放在神田的旅馆，自己去取。回到新旅馆时，清水已经先到了。啄木和两人东拉西扯地闲聊一通之后，就回自己旅馆去。这时，钱包已经空空如也了。其实前一天他才刚从报社预支了二十五日元——因为盖平馆旅馆那边经常催交房租。但钱一拿到手，啄木就信步走向了浅草千束町，和一个长相酷似小奴的女人共度春宵（啄木在钏路当报社记者时曾与艺妓小奴相爱）。

在整本《罗马字日记》当中，这篇五月一日的日记是最富于文学性的。虽然啄木的小说创作并不成功，但此处所描述的狎妓场面（对方是酷似小奴的十七岁妓女花子），包括人物对话，都可作为第一等的"文学作品"来读。日记里生动地描绘了明治时期暗娼的生活状态。至于费用，则没有记录。

第二天（五月二日），啄木只付了二十日元房租，并说欠款会在十日前付清。手上仅剩的那点钱全都用来资助两个年轻人了。之后他向报社告病请假，一直没去上班，在家写小说。

十七日，没钱抽烟。啄木手上有明治三十八年（1905年）他十九岁那年春天出版的诗集《憧憬》。定价为五十钱。这是啄木的第一部著作（生前仅出版过两部）。他带上《憧憬》和另外两三本书外出，拿去卖给旧书店。总共只卖了十五钱。

"这本多少钱？"我指着《憧憬》问道。"这本五钱吧。"似乎患有肺病的书店老板说道。哈，哈，哈……

自己的自信之作只卖到定价的十分之一。也许旧书店打算以十钱、十五钱的价格转卖掉它吧。啄木当时在社会上还没什么名气。旧书店老板敢出价五钱，已经属于勇气可嘉。其实，他一定知道卖主就是作者本人吧。一般来说，没名气之人写的诗集是卖不出去的。也就是说，这五钱其实是书店老板多给啄木的小费。

明治三十八年（1905年）啄木十九岁时小田岛书房出版的诗集《憧憬》。

明治四十三年（1910年）东云堂书店出版的和歌集《一握之砂》。

明治四十五年（1912年）六月，啄木去世后东云堂书店出版的和歌集《可悲的玩具》。

现在，《憧憬》在旧书店到底能卖多少钱呢？——如果听到这个数额，别说那位旧书店老板，就连作者啄木本人都会被吓坏的吧。

"外封齐全的话，要一百五十万到一百八十万日元吧。""龙生书林"店主大场先生笑道，"即使缺外封，品相好的话也要三十万到四十万日元。"

"和歌集《一握之砂》的价格也差不多?"我问道。

"在东海小岛之滨的白色沙滩上……""不停地工作，不停地工作，我的生活却依然拮据……"这些家喻户晓的和歌就收在这本和歌集里。全书分为五章，《罗马字日记》的盖平馆时期所写的是第三章《秋风送爽》里的五十一首。

这本书为四六判，二百九十页，定价六十钱，由东云堂书店出版。杂志《昴》明治四十三年（1910年）十二月那期刊登的广告上有这么一段文字：

> 作者极其排斥那种徒具和歌之形，或是糅合了各种和歌理念的和歌。他尝试尽可能坦率地、尽可能不加修饰地把人生万象写成和歌。或许，新时代的和歌将会从此迎来曙光。因此，从某种意义上说，这本和歌集可谓是和歌界的"邪宗"。出版方希望将这本和歌集推荐给社会上的劳苦大众以及从来没有读过和歌的人们。（装订已经完成）

这篇广告文没有署名。我猜也许是啄木自己写的吧。"和歌界的'邪宗'"一语肯定是来自北原白秋的诗集《邪宗门》。白秋曾赠送此书给啄木，但啄木读完后就卖给了旧书店。

"《一握之砂》外封齐全的话要一百五十万日元吧。"大场先生说道，"这本和歌集大多书脊处有损伤。如果品相好的话，即使缺少外封也要四十万日元左右。"

收录在《一握之砂》里的和歌，每首都分成三行。一般认为这是啄木创造出来的新形式。不过，同年四月出版的土岐哀果（善麿）的罗马字和歌集《NAKIWARAI》（《又哭又笑》）也是采取三行形式，比《一握之砂》早八个月。其实，也不必非得断定说谁受谁的影响。哀果虽然和啄木来往时间不长，却是推心置腹的好友，也是将啄木介绍给世人的最大功臣。啄木的葬礼甚至连遗属的生活问题也是他帮忙解决的。

《一握之砂》的第五章里有这样两首和歌：

> 卖掉全卖掉
> 只剩下一本翻得脏兮兮的德语辞典
> 时值夏末

啄木把自己的书一点一点地卖给了旧书店。

> 买来新书读至夜半
> 这种快乐
> 永久难忘

啄木的妻子节子记录了家庭收支簿。从明治四十四年

（1911年）九月十四日记到次年四月十四日。年仅二十六岁的啄木去世于明治四十五年（1912年）四月十三日。也就是说，节子的家庭收支簿一直记到啄木去世的第二天为止。

这一年的新年，家中陷入极度贫困，只能拿出一日元迎接新年。而且，节子、母亲、独生女京子都病倒了。根本没钱买药。啄木患肺病，躺在病床上。一月二十九日，佐藤北江登门探望，送给他慰问金三十四日元四十钱（这些钱是十多名报社同事自愿捐赠的），以及新年宴会餐费三日元。

次日，啄木雇了人力车前往神乐坂，买了稿纸和笔记本。然后又顺路去了书店，给女儿买了一本《幼年画报》，自己则买了一本克鲁泡特金的《俄国文学的理想和现实》——这是本外文书，花了两日元五十钱。他大概是非常想看这本书。

我们来看看啄木去世前五天的家庭收支簿吧。四月九日，收入："丈夫和歌集稿费预支"二十日元。这是啄木去世后出版的《可悲的玩具》的版税预付款——土岐哀果见其贫穷之状，忍不住找东云堂协商才争取到的。十日，这笔钱变成了十六日元。十一日，变成十四日元。十二日，只剩下十日元九十六钱五厘。这就是啄木一家的全部财产。在这样的生活中，被誉为天才诗人的啄木去世了。

四月十三日，友人们送来奠仪，总共一百二十日元。次日又送来二十六日元。直到死去，才终于拿到了普通人水准的生活费。这是多么讽刺啊。

　　同样具有讽刺意味的，是啄木的初版书和书信。初版书自不必说，连他的书信现在也极其昂贵。据大场先生所说，几年前，啄木用毛笔写的一封仅二十七行的书信卖出了三百五十万日元。平均每行十三万日元。不知道啄木用罗马字抄写的那本《朦胧月夜》能卖到多少钱呢？

17

深澤七郎

祭楢山

我连续看了两部叫《楢山节考》①的电影。一部是木下惠介导演的作品；另一部是前不久去世的今村昌平导演的、获得戛纳国际电影节金棕榈奖的作品。这两部电影都非常优秀，都拍出了各自的独特风格。

不过，我还是觉得有些美中不足。这也是我从前首次看这两部电影时的感想。

先说句题外话。我第一次接触的木下惠介作品是《二十四只眼睛》，但不是首映时看的，而是昭和三十年代（1955 至 1964 年）在筑地松竹会馆重新上映时看的，具体日期记不清了。感动之余，我写信给松竹映画的社长。大意是说：我们这些年轻一辈的人错过了很多曾经的名片，希望可以为我们重新上映，例如木下导演的《楢山节考》，久仰其名声却又无处可看，十分遗憾。

几个月后，我越级申诉的愿望竟然实现了。其实，松竹映画的社长大概不是被我写的信打动，而是看见《二十四只眼睛》重映大获成功，才决定重映《楢山节考》

---

① 在日语中，"节"有曲调之意。在深泽七郎的原作中，"楢山节"是指村民哼唱的弃老歌："人到七十岁，要去祭楢山。"有的译本译为《楢山小调考》。

的吧。这不过是主办方的惯用手法，意在守株待兔而已。

无论如何，我还是喜出望外，直奔电影院。之前重映《二十四只眼睛》时，电影院里人满为患，我是站着看的。但这次重映《楢山节考》时，电影院里却空荡荡的，令人扫兴。我记得自己当时还觉得挺对不起那位社长的呢。

觉得这部电影"美中不足"，并非因为自己兴奋而观众却寥寥无几，说实话，是因为电影没能深深地打动我。电影本身拍得无可挑剔。我想大概是因为我在看电影前先看过了深泽的原作吧。我看原作时深受震撼，以至于看电影时就难免会产生炒冷饭之感。

这次重看电影，感觉还是一样。两部电影都不错，但却没有让我产生心灵震颤的感觉。这是为什么呢？我没想明白。

于是，我打算重新读一遍原作。

还有另外一个动机——跟国民养老金有关。

两年前，我收到社会保险事务所发来的通知，说我的国民养老金保险费的缴纳期限已满——从二十岁开始缴到了六十岁（其间我有五十八个月未缴，因为当时太穷了，没钱缴费）。

到六十五岁时，就能收到一定数额的养老金。在这里，我顺便批评一下社会保险厅。缴纳期满通知上这么写着："关于领取老龄基础养老金：缴满规定期限的人，到六十五岁时（或在六十五岁之后缴满规定期限时）拥有领取权，可申请领取养老金。"

请注意最后一句："可申请领取养老金。"

如果本人忘了去办申请手续的话，是收不到养老金的。社会保险事务所不会另发通知过来，而是装聋作哑。如果老人脑子糊涂的话，那就完了，连续缴了几十年的保险费付诸东流。这规定也太过分了。一个月没缴费，就会立刻发催缴单过来；但到人家缴满几十年，要领取养老金时，却让人家去申请。哪有这样的规定！这种规定无异于说："谁叫你不申请，就怪你自己。"实在太荒唐了。

在领到养老金之前，我绝不能痴呆，绝不能得健忘症。必须把缴出去的钱收回来。

有个朋友对我说："说不定到时又出个规定，说要到七十岁才能领养老金呢。"他比我年轻五岁。随着老龄社会到来，领取养老金的人越来越多，最终将导致财政崩溃。除了提高领取年龄之外，别无他法。

据说，不光是国民养老金要改革，老人医疗费的自己负担比例也会增加到百分之三十。口口声声说着"要爱护老人"，实际上恨不得你们这些老家伙快点儿死掉。

这就是现代版的"楢山节"。政府下令："把老人抬到楢山去扔掉！"

我已经到要被扔掉的年纪了。所以才找深泽的原作出来重读一遍。

　　山连着山，四处全是山。

这是《楢山节考》的开头。非常简洁，但却给人一种强烈的印象。类似于川端康成《雪国》那有名的开篇之句："穿过县境长长的隧道，就是雪国。夜空深处变成白色。"

怎么样？挺像的吧。

在这信州的群山之间，有个小山村。村边住着阿铃一家。屋前有个很大的榉树墩，切面像木板一样平整。孩子们和路人很喜欢这树墩，常坐在上面休息。所以，村里人都把阿铃家唤作"树墩儿"。阿铃嫁到村里来已经有五十多年之久了。在这村子里，人们把阿铃娘家所在的村子唤作"对面村"。因为没有村名，所以两边都互称"对面村"。说是"对面村"，其实只隔着一座山。

既然没有村名，地图上当然找不到了。既然以"树墩儿"称呼人家，那这大概是个与世隔绝的村子，没有姓，也没有户籍，是个天高皇帝远的地方。

明治十四年（1881年），当时自由民权运动正进行得如火如荼，茨城县有两个年轻人向政府提交了《脱离日本政府管辖申请书》。这种申请书，可真是前所未闻。申请书上说："我们不愿意处于日本政府的管辖下，希望能将日本国籍退回去。"结果，申请没被批准，反而被以"愚弄政府"的罪名判了刑。这是真事。

不过，总有几个村庄是处于政府管辖之外的。村民们在那里居住，自己制定法律，自己遵守。有哪些规矩呢？

在村里，偷食物的话会被视为极恶之人。

在四处连山的土地上，白米非常宝贵，除了祭祀楢山神和给重病人吃之外谁都吃不上，所以又有"雪花米"之称，被当成宝贝一样。日常主食是粟、稗子、玉米，而且也不充裕。在这里，匮乏的食物比黄金更贵。实际上，这里根本就不用钱。

惩罚食物窃贼的规矩是，村民们抢走他家的食物，一起瓜分掉。没有了食物，全家人都会饿死。

在这样严酷的生活环境中，不得不想办法减少抚养人数。所以，另一个规矩就是：到了一定年纪，就要去"祭楢山"。这已经成为一种义务。离开村子，登上楢山，自己等死。因为老人腿脚不便，一般是由其家属背上楢山去。

也就是说，小说《楢山节考》其实是取材自古代传说"姨舍山"①。但这篇小说却自有新意：不是写儿子哭哭啼啼地把不愿上山的父母扔到山上，而是写主人公阿铃主动提出并催促不忍心的儿子送自己上山，一路欣然前往。

因为考虑到儿子娶了后妻，而且十六岁的孙子把已经怀孕的女友带回了家（确切地说是女友自己跑上家门来），家中人口急剧增加。既然食物有限，就不得不减少一张吃饭的嘴巴。于是，阿铃决定要去"祭楢山"。

本来，到多少岁时才要去"祭楢山"的呢？

小说开头写着"到七十岁时"。一到七十岁，不管你愿不愿意，都得去。

---

① 据《大和物语》《今昔物语》记载：传说有一男子，将抚养自己长大的年迈姨母背到山上遗弃，回家后望见山头明月，幡然悔悟，翌日又上山去把姨母背回来，因而得名"姨舍山"。

《楢山节考》发表于昭和三十一年（1956 年）十一月的杂志《中央公论》，并获得"第一届中央公论新人奖"。当时，深泽确实是个毫无名气的"新人"。该奖的三位评委（三岛由纪夫、伊藤整、武田泰淳）全票通过，没有任何异议。三岛由纪夫在十一月四日的《周刊朝日》上发表评论说："我半夜两点读完这篇作品时，感觉全身仿佛被水淋透。"

翌年二月，中央公论社出版了单行本。毕竟有三岛等文坛大家的极力推崇，书十分畅销。我猜想这本书的初版印数也不少。过了半个世纪后，直到现在，还能在旧书店里看到。

该书发行销售而且迅速成为畅销书的当年（昭和三十二年即 1957 年），报社记者兼戏剧评论家的秋山安三郎在随笔中写道：

> 昭和十二年（1937 年）时，报社新闻标题使用"老人""老妇"的年龄标准曾引起争议。当时，"老人被车撞倒""老妇溺死"之类的标题很常见（现在当然是不这么用了）。于是规定男六十岁以上、女五十五岁以上为老人。按现在（1957 年）的年龄标准，应该是男七十岁以上、女六十五岁以上吧。

深泽把"祭楢山"的年龄设定为七十岁，大概是根据他创作小说时公认的"老人"年龄标准吧。

主人公阿铃居住的山村常年食物匮乏，村民们营养不足，平均寿命大概会比较短。"祭楢山"的年龄为六十岁也不奇怪。但深泽仍然遵循了现代社会的年龄标准。因此，读者虽然知道这是个"特殊的故事"或是"民间传说"，但还是能领会到这是一种比喻手法，反映的就是现实社会。

阿铃六十九岁了，但雪白的牙齿完好无缺，一颗都没掉。她为此感到羞耻。有一口健康的牙齿无异于标榜说"我什么东西都能吃哦"——在这个拼命确保食物以求生存的村子里，这样贪吃的人会被大家视为累赘。所以，阿铃背着别人用打火石敲自己的上下门牙，而且还故意撞到石臼上，想把牙齿磕掉。掉了牙齿，表示自己是个与年纪相符的老人。

于是，阿铃打定了主意。

还有四天就过年了。这天一大早，等辰平起床，阿铃就把他带到屋外，凑到他耳边说：

"今晚你去把进过山的人叫来，跟大家说一下吧！"

阿铃决定明天就去祭楢山。

"进过山的人"指那些曾送过父母去"祭楢山"的人。阿铃邀请他们来喝酒，并向他们请教"进山"的路和规矩。一个人只能说一条规矩。

来了八位客人。其中，阿照进山的时间最早，相当于头领。阿照先捧起酒坛子——里面盛有将近一斗的雪花米酿造的浊酒。他喝过之后传给下一个人，八个人轮流喝。然后，才开始传授"规矩"。

阿照面向阿铃，用念书一般的语气说道：

"进山的规矩一定要遵守。首先一条，进山以后不能说话。"

说完，他又把酒坛子送到嘴边，咕嘟咕嘟地喝了一通，随即传给下一个人。

接着，另外几人依次以同样的方式传授规矩："出门时不能让别人看见。""从山上往回走时千万不能回头看。"

"从山上往回走"这一条是说给辰平听的。意思是：在山顶放下母亲往回走时，不能回头看。

接下来传授进山路线。楢山是神住的山，是圣地，除了"祭楢山"之外不能进入。"楢山的路似有而无，只要从楢树间穿过、一直往上爬就行，神会在那里等着的。"

传授完的人尽情喝酒，然后默默离去。

作为负责人，最老资格的阿照最后才离开。他把辰平带到屋外，耳语道："如果嫌麻烦的话，也可不必进山，送到七谷那里就回来。"

七谷往前就是登上楢山的路。

辰平心想："怎么说出这么奇怪的话来？"这番耳语是什么意思，读者要在小说结尾处才知道。

当晚，阿铃彻夜难眠。她听见屋外有人在哭 —— 是隔壁钱屋的阿又。阿又比阿铃年长一岁，但因为害怕"祭楢山"，到现在还没去成。他儿子很生气，用稻草绳捆住他送上山去。但他却咬断绳索自己逃了回来。在阿铃和辰平的劝说下，钱屋父子俩才暂且回家去了。

第二天夜里，阿铃用责备的语气催促着优柔寡断的辰平，开始踏上祭楢山之路。

辰平用靠背板背着阿铃，两人默默地向楢山出发。

当晚，没有风，但却特别冷。天空阴沉，没有月光，路上一片漆黑。辰平像盲人一样往前走着。

小说从此处开始，接下来是大段大段的文字，几乎没有换行。前往"祭楢山"的路程，是这篇小说的重头戏。

最感人的一幕，无疑是这个场面：来到白骨散乱、岩石嶙峋的秃山上，辰平放下母亲，准备离去。母子俩遵循着不能说话的规矩，百感交集地拥抱，离别。深泽是这么写的：

阿铃伸出手，握着辰平的手，把他的身体转向来时路的方向。辰平浑身发热，像泡在热水里一样，全身被汗水湿透了，头上直冒热气。

阿铃紧紧地握着辰平的手，然后在他背上用力推了一下。

辰平开始往前走，遵循着不能回头看的规矩往前走。

还有比这更悲伤的母子道别场面吗？另外，握手动作也如此凄美——不是两人面对面地互相握手，而是母亲拉过儿子的手，让他背转身，然后紧紧地握了一下他的

《楢山节考》获得"第一届中央公论新人奖"，昭和三十二年（1957年）二月由中央公论社出版。

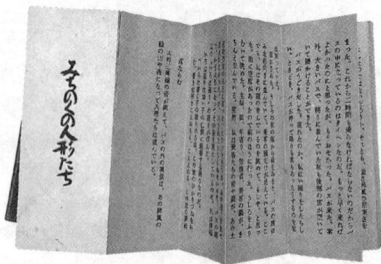

昭和五十四年（1979年）八月，梦屋书店（店主为深泽本人）出版的《陆奥偶人》。装帧设计为经书样式。

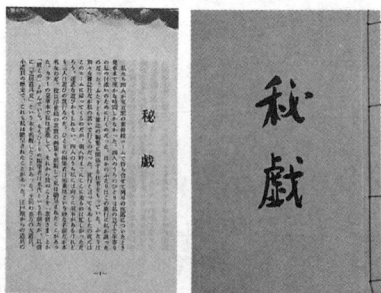

昭和五十四年（1979年）十月，同在梦屋书店出版的《秘戏》。装帧设计很特别，正文上方印有唇印。

手，最后再把他往前推，让他走。

　　我看电影《楢山节考》时，这是其中一个让我感到美中不足的场面。

　　因为电影难免要演戏，需要表演。饰演阿铃和辰平的演员越是卖力气，就越让人觉得有些假。这个场面本来是没法拍成电影画面的，只能用文字来表现。作者用"浑身发热，像泡在热水里一样""头上直冒热气"来表现辰平的心理，一两句话就已经将其表现得淋漓尽致，而根本没有用"悲伤""难过""羞愧""想哭"之类的词语。对于阿铃描写也一样——她只是"紧紧地握着辰平的手"，只是"在他背上用力推了一下"。这"用力推"十分传神。这是母亲对孩子的动作。这种感触，辰平应该回想起来：小时候，母亲也经常这么推自己吧。一边回想，一边"开始往前走"。

　　此时，阿铃和辰平不再是六十九岁母亲和四十五岁儿子，而是年轻母亲和小孩之间的温馨对话。正因如此，才更令人痛心。

　　辰平把母亲放在岩石上，然后往回走。走到半山腰时，眼前忽然看见有白色的东西飞舞，不由想起母亲平时经常说的："我进山的时候准会下雪的。"于是，辰平转身往回跑——他不顾"不能回头"的规矩，突然往山上跑回去，因为他想对母亲说："阿妈，真的下雪了！"

　　回到山上，辰平对母亲说了。——又坏了一条规矩：千万不能说话。

　　　阿铃点点头，朝辰平的方向挥挥手，示意他回去。辰平大声嚷道：

"阿妈，真的下雪了呀！"

然后，就像兔子一样往山下跑去。

来到七谷时，辰平目睹了钱屋父子异样的一幕——阿又被牢牢捆住手脚，他儿子正要把他推下谷底。

阿又像一袋白薯似的在地上滚动，根本不像个活人。他儿子想用手把他推下去。可是，被捆着的阿又用仅能活动的手指死死地抓住儿子的衣领。儿子扒开他的手指，不料又被他另一只手的手指抓住肩头。阿又的脚尖已经伸到悬崖边了。在辰平眼里看来，这父子俩互相撕扯就像在无声地嬉戏。

这也是父母和儿子的情景。"这父子俩互相撕扯就像在无声地嬉戏"一句，是多么冷酷无情啊。

阿又最终被踢下山谷去了。

辰平朝谷底望去时，忽然有一大群乌鸦从谷底飞起，像是龙卷风，又像是滚滚的黑烟直往上涌。

这大概是全篇小说最令人毛骨悚然的场面吧。噢，不，最后一个场面更可怕。

——傍晚时辰平才回到村里，天已全黑。辰平心想：奶奶不在了，小孙子一定会很伤心吧，那我要怎么解释才好呢？他从门外往屋里张望，只见二儿子正给小儿子唱歌逗他玩呢，于是便放下心来。大儿媳妇从杂物间走出来——系在她大肚子上的带子，正是昨天还系在阿铃身上的那根条纹细带。大儿子在杂物间里，身上披着阿铃的棉衣。

人死就好像换衣服一样平常。

无论是一大群乌鸦从谷底飞起，还是这个最后的场面，电影里都表现得很用力，似乎在强调说这里才是重点。这样难免造成一种强加于人之感。这个故事不能用大声疾呼的方式来讲。深泽的文字轻描淡写，就像一日三餐那样自然，所以才更使人深受震撼。特别之处不在于故事内容，而在于不拘泥于技巧的文字。

《楢山节考》应该通过文字来品味，读者各自展开想象，所以才更精彩。看电影的话，看完也只是觉得："哦，原来如此。"就完了。

重读一遍后，我才明白，这篇小说并不是有先见之明地写老龄社会问题，而是写父母子女之间的故事。

对了，《楢山节考》的初版旧书价格是多少呢？我照旧又向"龙生书林"店主大场先生咨询。

如前文所述，这本书并不是什么罕见的珍本。据大场先生说，腰封齐全的话，也只需三千至五千日元就能很容易地买到。不过品相好的很少见，大概是因为多被多次翻阅过吧。

我顺便又问了一下深泽其他作品的初版旧书价格。大场先生回答如下：《笛吹川》（昭和三十三年即1958年中央公论社出版）函套、腰封齐全的话六千日元。《东京的王子们》（昭和三十四年即1959年中央公论社出版）函套、腰封齐全的话一万五千日元。这本书的腰封上有三岛由纪夫的推荐语，所以比较抢手。《千秋乐》（昭和三十九年即1964年河出书房新社出版）函套、腰封齐全的话一万日元。《甲州摇篮曲》（昭和四十年即1965年讲谈社出版）函套、腰封齐全的话一万日元。

另外，以下两本比较罕见，都是由埼玉县菖蒲町的梦屋书店出版发行的。这梦屋书店店主其实正是深泽先生本人。其中一本是《陆奥偶人》，出版于昭和五十四年（1979年）八月，以经书的样式装帧，定价两千日元（含运费）。最后一页上印有文字："此篇献给我的知心朋友们。深泽七郎。"现在的旧书价格为两万日元。

另一本是《秘戏》。这本发行于同年十月，定价一千五百日元（含运费）。线装书装帧，正文上方印有唇印——这是名妓把白纸放在嘴唇间印出来的。这位名妓，据说是脱衣舞女郎广濑元美[①]。当时真的请她在纸上印了唇印，用于装帧。她是脱衣舞初创期的女王之一，是"日剧音乐厅"剧场的专职舞女。而深泽也曾担任此剧场的吉他手。剧场导演丸尾长显非常欣赏深泽的文学才华，让他投稿应征中央公论新人奖。其实，《秘戏》描写的是沉迷于博多人偶传统工艺的人们，与脱衣舞没什么关系。这本书以性感而奇特的装帧获得好评，旧书价格为两万五千日元。

除了以上提到的书之外，其他的初版本据说也就两三千日元吧。

---

① 日文写作"ヒロセ元美"，"广濑元美"为据其本名翻译。

18

——

坂口安吾

"我"出现的次数

　　我朋友的儿子正读高中二年级，本来是个身强体壮的运动健将，但自从在社团活动中受伤以来，就停止了所有运动，开始迷上了读书。以前他对书可是不屑一顾的。一开始，他只看推理小说，不过最近开始热衷于昭和文学，把父亲收藏的文学全集拿来看。碰上什么不懂的，就跑上门来问我。其实，他本来可以直接问他父亲的——他父亲曾经是个热情洋溢的文学青年，还出版过同人杂志。但他似乎总不好意思开口问自己父亲。他父亲老早拜托过我，让我指点一下他。

　　高中生通常会问类似这样的问题："我想读太宰治的作品，应该从哪本开始呢？"第一本读什么书，其实很重要。很多人就因为一开始读了无聊或者晦涩难懂的作品，从此开始讨厌那个作家，对其敬而远之。

　　我十多岁时开始接触太宰治的作品。最早读的是太宰治的第一本作品集《晚年》，短篇小说集。其中第一篇是《叶》，大概三十五页左右。这篇小说的开头很有名：

　　　　我曾经想到死。今年过年时，有人送给我一套和服作为新年礼物。麻质的，上面织着灰色条纹。大概是夏天穿的。那我还是活到夏天吧。

然而，这篇小说是零碎"片段"的组合——太宰治从之前写的小说里抽取精华片段拼在了一起。换言之，类似于他的遗书。把精华摘抄下来后，就把原稿烧掉。

了解这一点再读，确实颇有趣味。但如果不明所以就翻开来读，一定会看得莫名其妙。因为这篇小说只是把毫无关联的各种"片段"随意摆在一起（其实经过了周密的谋篇布局），根本看不懂是什么意思。当时，我只看完这篇《叶》就觉得太宰治不合自己的口味，把书搁下了。

后来，直到读了《晚年》中的一篇《回忆》，我才开始迷上太宰治。如果先读这篇就好了，这样的话，我就能毫不费力地进入太宰治的文学世界了。

每一位作家都有类似于"入门式"的作品。只要读过这篇作品，读者就能了解到关于该作家的必备基础知识。这样的话，不需要别人引领也能顺利地走进内室去，而不至于迷路。

关于作家论、作家入门、读书法、读书论之类的书非常多，但却没见有一本热心地告诉我们各位作家的"入门式"作品。

高中生小 K 问我："我想读坂口安吾的作品，应该最先读哪一本呢？"

我正考虑时，他有些不耐烦地追问道：

"先读有名的《堕落论》，可以吗？"

"不好，这本最好放后面读。"

我立刻回答。小 K 是新时代的少年，肯定没法充分理解战争刚结束那段时期的社会状况。只有理解了时代背景，才能理解安吾的名言："不是因为战败而堕落，而是因为是人所以才会堕落，因为活着所以才会堕落。""只有通过彻底的堕落，才能发现自己、拯救自己。妄想通过政治实现救赎，实在太过肤浅，愚不可及。"

虽然现代也堕落，安吾的主张同样适用，但要品味文学，就需要了解作品问世时的时代背景，这样才会明白为什么安吾要大声疾呼倡导此论，才会明白为什么他的主张在当时受到日本人的热烈欢迎。（安吾虽然战前就已进入文坛，但直到战后才凭着一篇《堕落论》受人瞩目，一跃成为当红作家。）

我对小 K 说过几天再答复他。然后，我一边回忆安吾的作品，一边思考：如果是我自己看的话，会最先看哪本，接着再看哪本呢？（我沉迷于太宰治的那段时期，也爱读安吾的作品。）

结果，我列出了如下顺序：

1.《献给故乡的赞歌》

2.《石头的思念》

3.《风与光与二十岁的我》

4.《二十一》

5.《黑暗的青春》

接下来是《盛开的樱花林下》《白痴》《信长》《保久吕天皇》《日本文化私观》。最后，才轮到《堕落论》《续堕落论》。

从第一篇到第五篇，是安吾的自传式短篇小说。太宰治的《回忆》也与此类似。总而言之，作家的"入门式"作品，是作家的"自传"或"自传式小说"。每一位作家都写过自己的人生。

例如：夏目漱石写过的唯一的自传式长篇小说《道草》；森鸥外写过可谓"性欲自传"的《性生活史》。读过这些小说，就能在某种程度上了解作家的大体轮廓。了解其人生经历，就会产生亲近感，找到作家思想形成的根源。

时隔多年，我又重读了一遍安吾的《献给故乡的赞歌》。

我喜欢这篇作品。安吾当时仅有二十四岁，还没有名气。小说发表于同人杂志《青马》。这是他创作的第二篇小说。这篇小说最鲜明地体现了安吾内心的"朝气"。说是小说，其实更像诗歌。青春独有的、纯真的节奏感，幼稚的烦恼，每个人都曾经有过的怀旧感，根本不像是创作于昭和六年（1931 年）的新鲜感……生于新时代的小 K 读起来也应该感觉不到隔阂吧。读着读着，他一定会把自己代入小说中的"我"去的。

> 我望着蓝天。蓝天渗进我心里。我被深蓝色的波浪呛到了。我在蓝天里游泳。渐渐地，我也变成了透明的波浪。我用我的脊髓聆听着波浪拍岸声。单调的节奏把沉闷的颤抖撒向天空。

你看，只读到开头短短九十八个字[①]，我就会觉得小说里的"我"就是我自己。"我"字接二连三地出现，很容易让人产生错觉。"我"仿佛是一道魔咒。

---

① 指日文原文。

刚刚引用的这段只有几十个字的短文里，"我"出现了多少次呢？我数了一下。

出现了七次。这也太多了吧。

我顺便又数了一下"我"在全文中出现了多少次。

《献给故乡的赞歌》是短篇小说，全文总共七千三百二十字，大概相当于十九页的四百字稿纸。"我"出现了一百七十七次，"我们"出现了四次。

安吾是故意这么用的吧？

> 我竖起耳朵倾听。我悄悄地走过。我抬头望着窗口。过了很久，我只是笑了笑。我来到海边。我从空无一人的银色沙滩上跃入海里。

这一段文字，即使删去"我"字也没什么不妥。既然开头一句是"我"，剩下的"我"字全省略掉，意思也能讲得通。①

那么，安吾多用"我"字，是为了追求特别的效果而有意为之？还是仅仅出于下意识的表达习惯？也许是后者吧。

为了验证，我又看了一篇安吾发表于昭和二十二年（1947年）的《我想拥抱大海》。这篇和《献给故乡的赞歌》长度差不多，由篇名可知，是以第一人称"我"进行叙述的。

开头一句是："我是个总想着上天堂，结果却钻入地狱

① 在日语中，省略主语的句子很常见。

之门的人。"

　　全文字数总共八千八百八十字，大概相当于二十二页四百字稿纸。"我"出现了一百四十五次。这篇小说并没有呈现出多用"我"字的效果。而《献给故乡的赞歌》的主人公是个自我意识过剩的青年，所以言必称"我"，以"我"为中心，这并不奇怪，或者说更符合人物形象吧。年轻人总是深受"我"的困扰。

　　不过，和《献给故乡的赞歌》相比，在《我想拥抱大海》中其实没太大的必要滥用"我"字。这样看来，多用"我"字大概只是安吾的表达习惯吧？当然，有时候用"我"字也能加强节奏感，例如以下这段文字：

　　　　我不是仅凭一个女人就能满足得了的人。我是对于什么都不能满足的人。我是常有渴望的人。

　　　　我不是爱慕别人的人。我已经不会爱慕别人了。

　　我没见过如此频繁使用"我"字的作家。其实，从多用"我"字这个特征剖析坂口安吾也挺有趣的吧。

　　我正思考时，小 K 打来电话了。我辩解说："我正要给你打电话呢，没想到却被你抢了先。"

　　"我知道安吾的书应该最先读哪一本了。"他迫不及待地报告说。

　　"噢？太好了。是哪一本呢？"

　　"《不连续杀人事件》。"

　　"噢，对呀，安吾写过推理小说的。没错，《不连续杀人事件》。"

　　我一下疏忽了，只把他当作纯文学作家看待。

　　"小K你好像挺喜欢推理小说的吧。那就从这篇看起，容易入门。非常赞同。"

　　"我听同班同学说的。他是个推理迷。他想要《不连续杀人事件》的初版书，这个容易买到吗？"

　　"初版书呀，可能有点儿难。而且应该不便宜。我帮你查一下吧。"

　　我顺便把我选出来的安吾作品篇名告诉了他。不过没做详细的说明。

　　接下来，我就去查初版旧书价格——其实也不必查，我只是打了个电话给"龙生书林"的店主大场先生。

　　"安吾的推理小说很受欢迎的哟。别说高中生了，连初中生、小学生都在看。"大场先生丝毫没觉得惊讶，"嗯……《不连续杀人事件》是昭和二十三年（1948年）十二月夜星社出版的。这本书的腰封很奇特——不知道那能不能算腰封……嗯……也只能叫腰封吧。"

　　"怎么回事？"

　　"一般来说，腰封是绕书一圈的。但这本书的腰封却只有封面部分——用不足一寸宽的腰封贴在封面上。"

　　"啊？"

　　"所以很容易撕破。大多数都没有腰封了。缺腰封的初版大约七八千日元。腰封齐全的话则要八万日元。"

　　"哇，差一条腰封，价格竟相差十倍啊。"

　　不知道小K的同学是否对腰封在意。

　　大场先生还把安吾其他推理小说的情况也告诉了我。

　　昭和二十八年（1953年）四月至二十九年（1954年）

一月，日本出版协同株式会社出版了《明治开化安吾捕物帖》全套三卷。

"这套书嘛，外封、腰封齐全的话，全套三本要两万五千到三万日元吧。"

昭和三十年（1955 年）五月，东方社出版了《投手杀人事件》。除了同名短篇小说之外，还收入了《心灵杀人事件》《选举杀人事件》《能面①的秘密》《正午的杀人》《没有影子的凶手》《山神杀人》《臭虫杀人事件》，共八篇。

"外封、腰封齐全的话，要四五万日元。安吾还有另外一本推理小说——确切地说，是和别人合写的。"

"你是说高木彬光续写完结尾部分的那本吧。"

昭和二十四年（1949 年），杂志《座谈》上连载安吾的长篇小说《复员杀人事件》。但后来杂志停刊了，小说也被迫中断。昭和三十年（1955 年）二月，安吾因脑出血而突然去世，年仅四十八岁。

昭和三十二年（1957 年），江户川乱步就任推理小说专门杂志《宝石》的总编——乱步是自告奋勇担任的，目的是改变该杂志销量不佳的现状。他为《复员杀人事件》的中断感到可惜，想请人把解谜的最后部分续写完。他选中了高木彬光。

高木因在昭和二十三年（1948 年）发表《刺青杀人事件》而走上文坛。这篇成名作获得了侦探作家协会奖提名，但最终败给了安吾的《不连续杀人事件》。昭和二十五年（1950 年）才凭借《能面杀人事件》获得该奖。

---

① 能面，能乐中使用的面具。

推理小说《不连续杀人事件》，昭和二十三年（1948年）十二月夜星社出版。此书腰封只是贴在封面上。

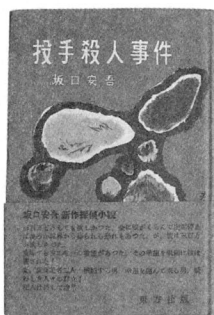

《投手杀人事件》，昭和三十年（1955年）五月东方社出版。除了同名小说之外，还有另外七篇。

坂口安吾未写完而中断的长篇小说《复员杀人事件》，后由高木彬光改名为《树影移动》续写完成，昭和三十三年（1958年）六月东京创元社出版。

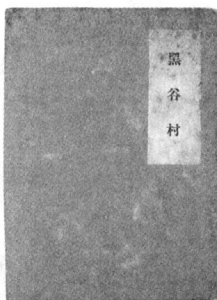

第一部作品集《黑谷村》，昭和十年（1935年）六月竹村书房出版。

乱步之所以对高木委以重任，大概正是因为他了解两人的这段渊源，但更重要的，是他觉得高木的才华与安吾相似吧。

高木答应了乱步的请求，把小说名改为《树影移动》（乱步取的题目），续写结尾部分。之所以要改名，大概是因为觉得原名中的"复员"一词有些过时吧。续写完后，于昭和三十三年（1958年）六月由东京创元社出版。

"昭和五十二年（1977年）十月，角川文库以原名《复员杀人事件》重新出版了这部作品。"大场先生说，"对了，说到初版旧书价格嘛，外封、腰封齐全的话要一万日元吧。"

我顺便问了其他安吾作品的价格。

"嗯……安吾的第一部作品集是昭和十年（1935年）六月竹村书房出版的《黑谷村》。这本书的函套、书脊、书本身都很容易被晒褪色。大多数旧书都是这种状态。品相一般的话，大概三十五万至四十万日元。品相好的话，要五十万日元吧。"

继《献给故乡的赞歌》之后，安吾又在同一杂志《青马》第二期发表了《风博士》。牧野信一在《文艺春秋》杂志上对这篇小说大加赞赏。牧野以《鬼泪村》《村子里的斯多葛派》等作品成为日本幻想文学的旗手，却在三十九岁时自杀。他生前曾发掘并向世人介绍了许多具有特殊文学才华的新人，例如坂口安吾、稻垣足穗、石川淳、井伏鳟二等。

安吾在《青马》第三期上发表了《黑谷村》，受到岛崎藤村的赞赏。凭着《风博士》和《黑谷村》这两篇作品，安吾一跃成为新秀作家，获得文坛的认可。

> 当时，社会正处于大萧条时期，杂志很少，没有几家肯付稿费的。文坛的所有大作家都一样，至于新人就更无崭露头角之地了。在那样一个时代里，虽然我成了文坛新秀，虽然我有生以来写下的三篇小说都在同人杂志上发表，但我觉得自己反正一辈子都是个落伍者，于是整天读莫里哀、伏尔泰等人的著作，而没想过自己必须要写点儿什么，缺乏一种作为文学家的基本热情。我仅仅是因为文笔好，受到前辈作家们的抬举，才突然成为文坛新秀罢了。（《二十七岁》）

"反正一辈子都是个落伍者"正是安吾的性格。他从小不爱去幼儿园，独自在街上逛；读初中时也几乎没去过学校，整天躺在松林里眺望大海，雨天就在学校旁边的面包店的二楼度过。安吾喜欢读埃德加·爱伦·坡、波德莱尔、啄木的作品——他们都属于"人生的落伍者"。后来，安吾被学校开除了。离开学校那天，他用小刀在课桌背面刻下了这样一句话：

"我将成为伟大的落伍者，有朝一日重现于历史之中。"

安吾的父亲是新潟报社的社长，同时还是众议院议员，与大隈重信亦有来往。他还曾以汉诗人闻名，著有《北越诗话》。他让安吾上东京，在真言宗丰山派的丰山中学当插班生。安吾酷爱体育运动。初中毕业后，成为世田谷小学的代课教员。他把这段时期的生活经历写进了《风与光与二十岁的我》。

安吾决心研究佛教，进入了东洋大学印度哲学系。他每天只睡四个小时，发奋学习。坚持了一年半后，最终得了神经衰弱。而后进入 Athénée François 外语学校，认识了一些朋友，共同创办同人杂志。他"有生以来写下的三篇小说"受到好评，茫茫然之间便已跻身作家之列。

沉寂了一段时期后，安吾决心重新出发，写下了七百五十多页的长篇小说《吹雪物语》。昭和十三年（1938 年）七月由竹村书房出版。

"这本书很少见到有腰封的。"大场先生说，"腰封齐全的话要二十五万日元。缺腰封的话，大概六七万日元吧。"

昭和十六年（1941 年）四月，STYLE 社出版了《炉边夜话集》。

"外封是用和纸做的，所以容易磨损、撕破。如果外封品相好的话，要十五万日元。品相一般的话，大概七八万日元吧。"

昭和十八年（1943 年）十月，大观堂出版《珍珠》。十二月，文体社出版《日本文化私观》。

"前一本五六万日元，后一本四五万日元。后一本因为用了白色外封，所以大多为污损本。品相好的话，要八万日元以上。"

以上是所有在战前出版的安吾作品。至于战后的作品，昭和二十二年（1947 年）五月中央公论社出版了《白痴》。这本书的初版相当多，仅需两三千日元。同年六月，银座出版社出版的《堕落论》，大概四五千日元。这两本书的纸张都很粗劣，很糟糕。

"有一本比较少见，"大场先生继续说道，"同年十二月地平社出版了《外套与青空》——这是'手帖文库'中的一册，袖珍本，这本要四五万日元。还有，第二年一月山河书院出版的《风博士》竟然也很少见，卖到两万五千至三万五千日元。顺便再说个信息供你参考：十多年前，某书店的销售目录中出现了安吾代表作《白痴》的手稿——售价为两千万日元。"

"啊？"

几天后，小 K 打来电话，说看完《不连续杀人事件》了。

"觉得怎样？"

"很好看。"

"怎么个好看法呢？"

我想知道新时代少年的读书趣味在哪里。

"人物对话很酷。"

"咦，对话？"

"你听这两句。"小 K 在电话那头翻开书页，读给我听：

　　"那么，请放开我的手，给我最后一点自由吧！"
　　"干得不错呀，侦探小子，值得嘉奖。"

对于小 K 来说，这种故意装酷的大时代的说话风格也许很新鲜吧。

"另外，每一个出场人物都很特别。"

"确实。"

诗人的山庄住宅迎来形形色色的人——傲慢无礼的当红作家、多情的女作家、谨小慎微的剧作家、超现实主义风格的画家、风骚的女演员……这些各有怪癖的人齐聚山庄之后，接二连三地发生了杀人案。

小说里铿锵激烈的对话，让人想起战后不久出现于繁华街区的黑市情景——杂乱下流，真心话和恭维话，反社会性；极其明朗，而又极其黑暗；色情，怪诞，伤感；理智，愚蠢……

"小 K，你在看书过程中，猜到凶手是谁了吗?"

"没有，完全猜不到。"小 K 低声说道，"推荐我看这书的那个同学，他也说只能猜到犯人是谁，但完全想不到作案动机是什么。"

"连推理迷也甘拜下风了呀。"

从昭和二十二年（1947 年）八月到第二年八月，《不连续杀人事件》在杂志《日本小说》上连载。安吾写得非常自信，甚至还在其间刊登出这样的声明：

> 关于这篇侦探小说，进行有奖征集——我会拿出这篇小说"破案篇"的稿费，献给最优秀的回答者。（中略）我愿和大家来比试一下！猜不中的话，可没有奖金哟。我想，这笔奖金可能很难发出去吧。坂口安吾。

昭和二十四年（1949 年），安吾成为芥川奖的评委。在昭和二十七年（1952 年）下半年即第二十八届的评选中，安吾大力推荐松本清张。因为他看出清张具备了推理作家的卓越才华。同时，他还推荐了五味康祐。这两位作家其实更适合评选直木奖，但在安吾的推荐下最终双双获得芥川奖。这也是安吾做过的其中一件特立独行之事吧。

昭和三十年（1955 年）二月十七日，安吾去世。他那篇仅一千零八十字的散文《嚼沙》成了绝笔之作。

在这篇散文里，他写了教小孩怎么称呼自己（两年前小儿子刚出生），最后决定用"爸爸妈妈"。非常私人化的内容。对了，文中出现了多少处"我"字呢？我数了一下 —— 只有四次。

19
———

火野葦平

河童的咒语

我热衷于研究河童。确切地说，是研究河童的咒语吧。以前，我曾经"研究"过一段时期。现在因为一点意外的契机，又再次着迷了。

上篇提到，我朋友的儿子小 K 问过我：想读坂口安吾的作品，应该最先读哪一本呢？——就是这位小 K，据说这个暑假要开始读"战争文学"了。我是听他父亲说的。

我二十多岁的时候，曾和小 K 父亲一同创办同人杂志，发表小说和文学评论。作品寂寂无闻，只有一次例外——三岛由纪夫自杀后，我们立即推出《恐怖主义专刊》，现已去世的文艺评论家矶田光一先生在报纸专栏中给予了肯定："这些评论虽然还不成熟，但能诚恳地正视时代，这种想法是难能可贵的。"以"不成熟"的笔调论述恐怖主义的其中一人，正是岛本运平（笔名）——小 K 的父亲。

"K 是从我的藏书《战争文学全集》其中一卷开始读起的。"他父亲说道。

"噢，你是指昭和四十六年（1971 年）到四十七年（1972 年）每日新闻社出版的七卷本全集吧。"

"没错。大冈升平、开高健、江藤淳等人编辑的。我以前经常看。"

"'别卷'这本特别好，收录了跟战争有关的俳句、短歌、日记，还有落语①和漫才②的台本，还有军歌。"

"里面还收入了田河水泡的漫画《野狗二等兵》呢。"

"你儿子为什么会对战争文学感兴趣呢？"

"我没有问。我想：大概是因为近年八月十五日首相参拜靖国神社，以及关于天皇实际感想③的争议……大概是受到这些事情的触动吧。跟夏天这季节很有关系呀。"

"确实，一到夏天，就想找关于战争的书来看，即便我们并没有亲身经历过战争。说来也真是不可思议。"

"以前我俩一起读火野苇平作品，那时好像也是在夏天吧？"

"没错。起初是因为看了石原裕次郎演的电影《花与龙》。是在仙台还是哪里的老电影院吧，连看了两部战争片。之后想找原作来看，从此就开始沉浸于火野苇平的作品中。"

"我儿子似乎也是迷上了火野苇平。"

"噢？有其父必有其子呀。"

"他现在正埋头看《花与龙》。"

"这是篇佳作。看完他会更加沉迷的吧。"

"他也喜欢上了河童。跟咱俩一样。"

"肯定会喜欢的。河童是火野文学的精髓嘛，而且也

---

① 落语，日本的传统曲艺形式，类似中国的传统单口相声。

② 漫才，日本的一种喜剧表演形式，类似中国的对口相声。

③ 即原宫内厅长官富田朝彦留下的笔记资料（富田笔记）中记录的昭和天皇对于参拜靖国神社的感想。日本政界各方对其可信度颇有争议。

是关键词。关于这一点，咱俩以前还一起确认过的呀。"

"是啊。"他的目光仿佛遥望远方。

那时，我俩干劲十足，想写篇《火野苇平论》。我一直心怀不满：火野苇平写出如此有趣、理智、富有诗情的作品，却并未获得公正的评价，这到底是为什么呢？昭和四十年代（1965年至1974年）出现了出版个人全集的热潮，但火野的名字却没在其中，直到今天都没有出版过。按说，他应该是一位有资格出二十卷或二十五卷全集的作家，作品数量很多，也有《花与龙》《土地与士兵》等畅销书，还写过童话和诗。

火野受到冷遇的原因之一，是昭和二十三年（1948年）被撤销了作家之职，禁止从事写作活动。火野被视为协助战争的作家而受到处分，但至于他具体是如何歌颂战争的，却并没有人查证过。战争时期所写的《麦子与士兵》《土地与士兵》《花与士兵》等成为畅销书，光是这"士兵三部曲"就卖出了三百几十万部。我想：大概正是因为书畅销，所以战后才成了公敌吧。

昭和十八年（1943年）出版了诗集《青狐》。书中收录的诗，有些是火野大学时代发表在同人杂志上的，有些则是曾发表在吉田常夏主办的文学杂志《烛台》里的。发表在《烛台》第二卷第五期的那首《士兵》也收入其中。但政府当局却认定这首诗"破坏稳定秩序"，勒令删除。于是，《青狐》在删掉这首诗之后出版。这首诗是这样的：

　　一

　　身为士兵，士兵何其悲伤。

终日埋头，训练如何打仗。

二

春之将至，士兵何其悲伤。
花虽常开，却闻不到花香。

三

夜之将至，士兵何其悲伤。
面影入梦，徒增我的思念。

（后文略。总共有六小节。）

关于此诗被删之事，火野自己却从没有提起过。作为战犯受到谴责的火野，也有过如此被军部和当局嫌忌的作品。这一点我们还是应该了解的。那么，火野苇平是一位怎样的作家呢？不详之处颇多。关于刊登诗歌《士兵》的杂志《烛台》和火野之间的关系，松冈昭彦先生和三井正一先生作过考证。《烛台》总编吉田常夏的短篇小说《二人同行》曾获得明治四十三年（1910年）十二月发行的杂志《太阳》（第十六卷第十六期）第三届小说奖（评委是永井荷风）。作为杂志总编，他也独具慧眼，看出了《士兵》的真正价值。

火野以笔名"玉井雅夫"给《烛台》投了十一篇小说和诗歌，可见火野和吉田的关系非同一般。（数据来自矢富岩夫编著的《火野苇平著作目录》——此书在2004年由"苇平与河伯洞之会"策划，创言社出版，是目前最可靠的文献目录。）

岛本打来电话。

"我儿子现在迷上了火野的河童。对了，你还记得河童的咒语吗？"

"曾让咱俩绞尽脑汁的那条咒语？"

"没错。现在，我儿子正在努力破译呢。怎么跟我以前想的东西一样，真可怕。"

"对了，那时你在我打工的那家旧书店里买了《河童曼陀罗》吧？"

"嗯，买了。八千日元。书店老板给我优惠了三百日元。现在这本书卖到多少钱？"

"有时会在旧书目录中看到。售价四万至五万日元吧。"

"哇，涨这么多。比存银行赚利息划算多了。"

所谓"河童的咒语"，出现在收录于《河童曼陀罗》的《升天记》这篇里。如书名所示，这本书收入了以河童为主人公的短篇小说四十三篇、诗歌《河童音头》、火野所绘的《河童竹林游鱼之图》等画及题跋，而且还有井伏鳟二、小林秀雄、高峰秀子、栋方志功、折口信夫等六十一位名人应邀而画的亲笔插图。书的装帧很豪华，大开本，五百七十六页，封面为布面装帧，书脊用印度产的皮脊，限量发行一千二百册。昭和三十二年（1957年）五月出版，可以说是当时的《河童小说全集》。后来，昭和五十九年（1984年），国书刊行会出过复刻本。

每当被人问到"属什么生肖"时，火野都会回答说：

"我属河童。"可见他对河童之热爱。火野出生于九州若松，当地流传着许多关于河童的传说，他大概从小就听着摇篮曲和这些传说长大吧。昭和三十二年（1957年），火野还曾向昭和天皇展示过关于河童的学识。

河童从地处中近东的约旦出发，在名为"九千坊"的大将军的率领下，兵分两路，分别穿过印度喜马拉雅山脉南麓、德干高原北部和塔克拉玛干沙漠，经过蒙古、中国、朝鲜，在九州八代的德之渊登陆。现在，德之渊哪里还留有登陆纪念碑。——当火野把调查结果告诉天皇时，天皇还哈哈大笑呢。

言归正传。《河童曼陀罗》里的这篇《升天记》，如此开篇：河童给火野送来一篇文风古朴的小说，内容如下。接着就把小说"原文"抄录了下来：

> 从前，有一条河，名为白鱼川，水中聚居着许多河童，东游西走，随着湍急的水流浮沉起落，张嘴啼叫，眨眼四望，不分昼夜地嬉戏。某日，一只河童煞有介事地说："我们平时生活在水中，也上过陆地，把所有陆地都看遍了，已经没有什么新鲜感了。不过，我们还剩下唯一的愿望，就是到天上去看看。书里有各种各样的说法，说天空如何晴朗，如何美丽，如何崇高……另外，还说龙历经多年，升至王位后就能升天。如此看来，我们河童应该也有升天的机会吧。各位意下如何？"排成一列的河童们都纷纷叫嚷："赞同，赞同！"个个皆大欢喜。

之所以引用了这么长一段，是为了让大家体会火野笔下那富有诗意的文字。这篇小说的文体模仿了文禄二年（1593年）出版于天草的基督教版《伊曾保物语》。由此可见火野对读书的酷爱（大学时期即有藏书两千多册）及学识的渊博。

胸怀升天之宏愿的河童们向聚居于千轩岳的河童请教"飞行之术"。其中最关键的是要记住用来防范雷神的咒语——因为雷神会在飞行途中加害他们。

咒语是这样的：

> ぽね、おぷ、うん、ぐる、さん、みとぼ、えしてぷ、くねる、あんね。①

不久，河童们一起向天上飞，还剩下几只没记住咒语的留在原地。然而，过了两三天后，却见有河童陆续掉落在河滩上。问其原因，如下：

> 我们兴高采烈地飞上了天。可是，随着越飞越高，却只有一片天空，别的什么都没有。飞着飞着，渐觉饥饿，天又寒冷。我们还是继续往前飞。日出日落，又飞了好几天。然而，不管飞多高，天上仍然还是什么都没有。渐渐地，有些精疲力竭的河童就掉落下去了。

---

① 从字面看，这些文字是无实际意义的日文假名字母组合，读为pone、opu、un、guru、san、mitobo、eshitepu、kuneru、annc。至于如何理解，后文会提到。

　　这篇小说最后以河童的书信结尾："火野苇平先生，如何？我写得非常棒吧？你就用这篇《升天记》去拿个芥川奖吧。"

　　这篇小说发表于昭和十六年（1941年）一月号的《九州文学》上。所谓的"拿芥川奖"，显然是一种自嘲——三年前他以《粪尿谭》获得芥川奖。

　　我年轻时，曾和岛本讨论过：火野想通过《升天记》表达什么呢？经过大胆的推测，我俩一致认为：火野是借用河童这种虚构的动物讽刺当时的社会现状吧。说得更直接一些，他的一系列河童小说，其实正是在战争期间发表的反战小说。

　　例如，同样发表在《九州文学》昭和十七年（1942年）二月的短篇小说《水纹》。这篇也是讲河童的。

　　地上发生了大规模战争。河童们商议说：

　　"虽然不知道这战争有什么意义，但我们作为居住在这个国家的河童，就必须去参战。"

　　然而，他们的申请却被"军方"拒绝了："你们的伟大志向和协助精神值得感谢，但我们不能接受，因为怕别人误以为日本军力不足，甚至还要接受河童的援助。"

　　不久，河童们发现了样貌古怪的闯入者，非常吃惊。虽然同属于河童，但他们来自南方，因为当地爆发战争才逃到这里来。日本河童鄙视他们的胆小懦弱："为什么不为南方故国而战呢？为什么不和那片土地共存亡呢？"

　　然而，来自南方的河童们自有其理由：他们没有值得为之战斗、为之殉身的国家。

　　他们的生长之地早已被一些跟自己祖先毫无关系的人侵占。这些来自远方的白皮肤的人，使用暴力和金钱在南方诸岛上为所欲为。河童们就算再愚蠢，也不甘心为这些人而战斗呀。

　　我再重复一次：这篇小说发表于战争最激烈的时期。从不同角度看，可以有多种不同的解读。

　　"地上发生了大规模战争。虽然不知道这战争有什么意义……"这一句出自河童之口，所以才侥幸通过了审查。如果是出自人类之口，这篇小说恐怕会立刻被定性为"讽刺政局"，杂志也会因此而被禁止发行吧。

　　我查了一下资料，发现昭和十六年（1941 年）三月三十一日出版的《新儿童文化》第二册里刊登了修改版的《升天记》——标题改为《飞上天的故事》，文字也改写成了面向儿童的"标准语"。内容则没变。不过，咒语和原来的《升天记》稍有不同——"みとぼ"（mitobo）改成了"みとぽ"（mitopo）。我没有去核对最初发表的《九州文学》杂志，但我想：大概"みとぼ"才是正确的吧。（《河童曼陀罗》里有很多印刷错误。）

　　说一说咒语吧。那时，我和岛本都认为：这句咒语正是解读火野文学的关键，绝不是毫无意义地堆砌在一起的文字。每组文字都各有其深意——也许是讽刺军部和政府当局的隐语？

　　"ぽね"对应的汉字，大概是"骨"吧。[①] 那后面的

────────

① 在日语中，"骨"的发音为"ほね"。

昭和三十二年（1957年）五月四季社出版的《河童曼陀罗》。书中收录了河童的插图。（右为函套，左为正文扉页）

昭和十八年（1943年）六兴商会出版部出版的诗集《青狐》。

昭和二十八年（1953年）新潮社出版的《花与龙》上下卷。

改造社昭和十三年（1938 年）出版的《麦子与士兵》
《土地与士兵》，昭和十四年（1939 年）出版的《花与士
兵》。（左起）

"おぷ"，又是什么呢？……

我俩就这样对每一组字进行反复推敲，费尽思量。

我问岛本："这句咒语，小 K 解读为什么意思呢？"

岛本在电话那头苦笑道："人的想法都是一样的啊。他
跟我俩解读的答案差不多。唯一比较大的分歧，是对最后
'あんね'一词的理解。"

"咱俩那时猜的是'安宁'吧。"

"我儿子才读高二，没想到'安宁'这个词。他猜的
是'安寝'。我问他'安寝'是什么意思，他说跟'安眠'
一样。"

我小声念着这句咒语：

"ぽね、おぷ、うん、ぐる、さん、みとぼ（みとぼ？）、

えしてぷ、くねる、あんね。"

　　我和岛本曾经尝试用各种方法破译它。例如，先去掉顿号，连起来读。然后，又把ぽ、ぷ、ぐ、ぼ这些半浊音和浊音读成清音："ほねおふうんくるさんみとほえしてふくねるあんね。"然后又再改回去……

　　岛本曾给这二十三个假名分别做了卡片，随意排列，又随意抽取出其中两张，推敲是什么意思。他反复进行排列，期待着会出现一个意思通顺的句子。接着，又随意抽取其中三张、四张……

　　经过反复的排列组合，他找出了这些词语："ぐん""おんる""あんしん""あんみん""さみしく"……对应的汉字分别是："军""远流""安心""安眠""寂寞"……但却没能组合成一个通顺的句子。

　　有一天，他突然狂叫一声："你看！"

　　只见桌上用卡片排列出："あ""ん""ぽ""ん""さ""ん"。①

　　"原来这咒语是说'你们都是大笨蛋'呀！"

　　最后，我俩是这样解读的："ぽね、おぷ、うん"读成"骨を不運"②；"ぐる"就是原意，表示坏人同伙；"さん"是"惨"；"みとぼ、えしてぷ、くねる"读成"身と防衛して、更く（深更）寝る"③；"あんね"是"安宁"，表示世间和平。

---

①　在日语中，这个词是笨蛋、傻瓜之意。

②　意为：尸骨不幸。

③　意为：全身心防卫，深夜就寝。

　　"最后的'あんね'，应该是'安宁'无疑。"岛本断定说。

　　"这样解读的话，意思大概能讲得通吧。这咒语其实是暗含了反战之心。写成这样，军部也发现不了吧。"

　　据说，小 K 认为"ぽね、おぷ、うん"的意思是"骨を風雲"[①]；"みとぼ、えしてぷ、くねる"是"身遠吠えして覆寝る"[②]，其中的"覆"是仰天躺卧之意。

　　这种解读虽然和他父亲不同，但似乎也能说通。"覆寝る"（仰天躺卧），大概是指因赌气而撒手不干？

　　火野是在昭和十五年（1940 年）开始写河童小说的。第一篇发表时题为《传说》，出单行本时改成了《石头与钉子》。之后陆续写了很多篇，而且风格丰富多样，也许是出于实验性文学创作的目的。

　　其中的《黄瓜与爱情》（发表于昭和二十四年即 1949年），应该是受了井伏鳟二《山椒鱼》的启发，是一种有意识的模仿。

　　一只河童饿得头昏眼花，掉进了洞里。正准备等死时，忽然发现洞里其实是食物仓库，而且存放着河童们最爱吃的黄瓜。河童吃饱肚子，恢复了精神，想爬出洞去。"怎么回事？"（这句独白跟《山椒鱼》里的那句颇为相似）河童的身体卡在洞口，爬不出去。因为吃得太多了。想要爬出去的话，只有像原来一样瘦下来才行。但眼前放着这么丰盛的食物，能忍得住不吃吗？这时，洞外传来女河童

---

① 意为：尸骨化为风云。

② 意为：身在远方吠叫，仰天躺卧。

的呼唤声——正是他的恋人。因为长期挨饿，她瘦弱得几乎认不出来了。女河童哀求说："你快点出来吧。"男河童悲痛地叫嚷道："我出不去了。"女河童说："那我进去吧。能和你在一起的话，我死也愿意。"正要进洞时，男河童拼命劝阻："这里没有太阳月亮，没有花花草草。只有黄瓜。""黄瓜？！"女河童声音都变了。

男河童从洞里递了一根给她。女河童狼吞虎咽地吃掉了。男河童又递了几根给她。多亏了这些黄瓜，女河童才没饿死。她央求说："再多给我些吧。"她眼里只剩黄瓜，已经没有恋人了。男河童拒绝道："没有了。"——他知道，她一旦吃饱的话，一定会抛弃自己的。给她的黄瓜，她一定会拿去给别的男河童。

"你这么想吃的话，就进来吧。"

"那我进去啦。"

然而，她那吃得圆滚滚的肚子，却卡在了岩石洞口上。

在整部《河童曼陀罗》中，《黄瓜与爱情》也算是数一数二的佳作。

火野本人在后记中表明："我并没想过要把河童抽象化，牵强地用作讽刺的工具。"然而，这是他在昭和三十二年（1957年）的态度，至于他在战争期间写的作品，还是难免让人想要去解读其中隐含的信息。毕竟，很多作品似乎很难不理解为讽刺。

在河童的引领下，我几乎读完了火野苇平的全部作品。火野自己编过年谱，但不知为何没把昭和十七年（1942年）出版的童话集《天文台的大叔》列入其中。我查了一下，才知道这本书曾以"破坏稳定秩序"之罪受到处分，被勒令绝版。后来，我以这件事为题材写了短篇小说《冒昧》（收入我的第一部创作集《猫的婚事》）。不久，广岛县庄原市的寿山五朗先生给我来信咨询，令我颇为惊讶。庄原市是火野母亲的出生地。寿山先生组织了"庄原火野苇平与母亲之会"，致力于相关研究和表彰宣传。

前文提到的《火野苇平著作目录》里有份《附录·参考》，介绍了火野苇平著作的旧书价格。不过，是昭和末年时的行情，稍有些过时了。在近代文学专营旧书店"龙生书林"店主大场启志先生的协助下，登出了最新的旧书价格。

火野的第一部著作是大正十四年（1925年）七月出版的《售卖人头的商店》。这是他十八岁时自费出版的童话集，装帧和插图都是他自己一手包办的。他父亲资助了九百日元的费用——他父亲是若松港煤炭搬运工"玉井组"的首领。（顺便一提的是，火野有一本著作叫《若松港湾小史》，现为珍本。）《售卖人头的商店》带函套三十万日元，市场上很少见。然后是诗集《山上军舰》（昭和十二年即1937年经纬仪诗社出版），家藏精装本限量发行三十册，外封、函套齐全的话二十万到二十五万日元。平装限量发行两百册，大概五万到六万日元。

然后是昭和十三年（1938年）出版的芥川奖获奖作品《粪尿谭》（小山书店出版），函套、腰封齐全的话五十万至六十万日元。腰封很宽，上面印着"芥川奖"。现在带腰封的极少见。缺腰封的话四万至五万日元。同年出版的《麦子与士兵》（改造社出版），品相上佳的初版书出乎意

料地少见，带腰封六千日元。《土地与士兵》《花与士兵》
这两本的初版书则很常见，带腰封三四千日元。《传说》
（昭和十六年即 1941 年小山书店出版），带书套三万五千
日元。诗集《青狐》（昭和十八年即 1943 年六兴商会出版
部出版），外封齐全的话，《士兵》删减版一万五千日元，
无删减版四五万日元。昭和二十年（1945 年）八月十五
日印刷、二十日发行的《陆军》（朝日新闻社出版），据说
因为日本战败而没有在市场出售，但旧书却颇为常见（我
自己经手的就有过六本），不知是怎么流通到市场的。如
果是毛边未裁本的话，五千日元。《河童曼陀罗》四五万
日元。

　　2006 年 6 月，为了纪念火野百年诞辰，未曾出版的长
篇小说《盲目的日历》由创言社出版。关于火野文学的本
质，还有待今后研究吧。

20

立原道造

书之梦

　　……比起珍贵的书，我对于外观尺寸协调的书的热爱更甚千倍。我想变胖，但我却对外观尺寸提诸多要求。我身处于自己的局限之中，为自己感到可悲。同时也为自己沉迷于书之梦而自惭形秽。

　　诗人大抵相貌清瘦。而诗人立原道造即便在诗人中也算瘦的。征兵体检时，主管人看见他时大为震惊，说从没见过这么瘦的壮丁。立原道造的体重只有十三贯（约四十九公斤）。他想变胖。

　　开头引用的一段文字，摘自立原二十岁时写给好友杉浦明平（后来成了作家）的信。当年，立原从第一高等学校毕业，四月进入东京帝国大学工学部建筑专业就读。他和明平从读高中时就开始有来往。两人都很喜欢买旧书。

　　虽说如此，但我一想起你的书箱，还是会感到美慕不已。《东京景物诗·其他》《路程》《花妻》《孔雀船》《春鸟集》等书一跃入眼帘，我就会觉得遗憾；一看到你那些《抒情小曲集》《珍珠抄》《白金陀螺》，我就会为自己手头上那些脏兮兮的书感到悲伤。生命只为这些玩意儿而燃烧，令人美慕，同时，连我自己都为如此虚无而惊讶。唉，生活的激情，难道只在我为买书而暗自算钱时才能体会到吗？我感到厌恶，但仍然要追随这不解之缘。

两处画线部分，立原作了如下注释："（A）我之所以感到羡慕，不是因为你拥有诗集的数量，而是因为你拥有我买不到的诗集。""（B）不必要的轻蔑之情，一定是来自不必要的'人生之羞涩'。我就处于这种羞涩之病中。"

这些文字颇有诗人之气质。（A）处列举的书名都是诗集，作者依次是北原白秋、高村光太郎、前田林外、伊良子清白、蒲原有明、室生犀星。后两本《珍珠抄》《白金陀螺》也是北原白秋的作品。这些诗集的旧书价格都很高。

立原继续写道：

令我心仪的旧诗集啊，不是你们所认为的物以稀为贵，而是像你平时赠送礼物一样——崭新、美丽才显得高贵。

明平收藏着高村光太郎的第一部诗集《路程》（大正三年即 1914 年出版）。立原非常想要这本书，经常暗示说想拿自己手头上的《迦具土》跟他换。《迦具土》是服部躬治创作的和歌集，从旧书的档次来说，跟《路程》完全不可同日而语。《路程》一直以来就位列罕见诗集珍本的前五名。而服部躬治如今已经被人遗忘，反而是他妹妹——作家水野仙子（田山花袋的学生）更有名一些。

立原从小就有收集癖，初中时曾痴迷于收集电车换乘车票，同时也收集图书内容宣传册。昭和初年时，有这癖好的人大概很少吧。后来，收集图书内容宣传册渐渐发展成了收集旧书。其实，立原从小就喜欢看书，没吵着要点心，倒是经常央求母亲买书。

立原对于收集旧书的热情也非同一般。他几乎每天都去逛旧书店，要来旧书目录，搜购好书。晚上做梦也几乎都是梦见旧书店和旧书。他还曾和明平一起去淘旧书。

立原一开始主要收集荷风和镜花的著作，之后渐渐把兴趣转移到森鸥外。后来淘到木下杢太郎的《食后之歌》，爱不释手。从此爱上了诗集的初版书，开始收集大正时期的诗集。他收集了有近两百册，所以还做了份藏书目录。目录的扉页上写着这样一首诗：

> 礼拜天的墓场……诗集们
> 残破的石墙对面
> 贫穷的我们正在散步
> 墓碑上的文字
> 你们不时让我感到欢欣

确切地说，是可能有这样一首诗。——是立原写信告诉明平的。三个月后，他告诉明平说目录做好了。但遗憾的是，这份目录如今已经失传，我们无缘见到。

我们之所以能了解立原的藏书情况，是因为在他死后，明平等友人打算举行售书会卖掉他的藏书。售书时，把主要的书目记录下来，告知好友。他们计划将售书所得款项用于出版立原的全集。

售书时间是昭和十四年（1939 年）六月二日下午一点至晚上九点，地点在麹町区永田町的文艺会馆。宣传册上写着："藏书陈列于会场，各位可在翻阅后适当购买，以纪念故人。"（注：宣传册上把六月二日误为星期日，其实那天是星期五。）

上面还写着："不方便过来或住得远的人，可以在六月一日之前寄信来（随信附上邮政小额汇兑），说明需要什么书，我们会安排寄送给您。这边的联系地址是：本乡区菊坂町杉浦明平。"

另外，还写着这么一项："故人的诗集《献给萱草》（非卖品）、《拂晓和黄昏的诗》（精装及平装）各剩余三四册。如有需要者，我们也将在会场转让。"

萱草，就是忘忧草——相传只要把它戴在身上就能忘记忧愁。立原的第一部诗集《献给萱草》出版于昭和十二年（1937 年）七月四日前后（版权页上的出版日写着五月十二日，但实际上因为印刷问题而推迟了发行日期）。这是限量发行一百一十一册的私家版非卖品。

书的规格为菊倍判 ① （像乐谱一般大小）。其中一百册为平装本，正文页用淡黄色的高级纸；另十一册为精装本，封面加厚，正文页用楮皮纸，内有手绘彩色插图。

当年三月，立原大学毕业。四月，就职于建筑事务所。《拂晓和黄昏的诗》出版于同年十二月二十日。这本

---

① 菊倍判，日本书籍的一种开本规格，图书成品尺寸为 218 毫米 ×304 毫米或 227 毫米 ×304 毫米。

诗集的尺寸也和乐谱一般大小。正文部分有十二页。精装本限量发行十五册，平装本一百五十册。精装本封面加厚，正文页有高级纸和楮皮纸两种，内有手绘彩色插图。定价为两日元。

一百五十册平装本也有两种：一种是和《献给萱草》相同装帧的橙色封面；另一种则用了深绿色的大理石花纹纸。定价为八十钱。

立原生前出版的诗集只有这两本。除了诗集之外，他还翻译过施托姆的短篇小说集《苹果成熟时》，这是山本文库中的一册，出版于昭和十一年（1936年）十一月。但后来山本书店倒产了，所以立原并没有收到版税。

至于立原这两本诗集在会场上是以什么价格售出的，并没有相关记录。

其他藏书则全部都明码标价。定价应该是由杉浦明平牵头，参考当时的旧书价格决定的吧。

有很多罕见的珍本。遗憾的是，虽然记录了版次信息，但却没有记录书的品相如何。考虑到立原素有洁癖，可以推测这些书的品相想必都非常好吧。

那么，售价是否合理呢？

这个很难判断。有的比市价高，有的比市价低。

例如，蒲原有明的诗集《有明集》初版书的售价为四日元。我查了一下当时的旧书店目录，市价要五日元至八日元。

北原白秋的《邪宗门》售价为十五日元，但旧书店里卖到二十日元左右。

举个相反的例子，伊良子清白的《孔雀船》售价为

昭和十二年（1937 年）七月出
版的第一部诗集《献给萱草》，
是限量发行一百一十一册的私
家版非卖品。

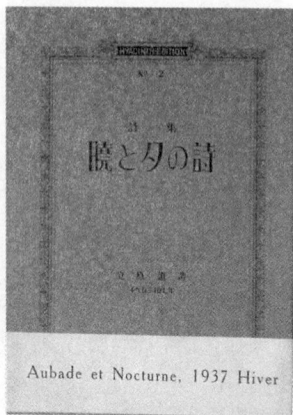

昭和十二年（1937 年）十二月
风信子诗社出版、四季社发行
的诗集《拂晓和黄昏的诗》。

二十五日元，但旧书店的目录上却只卖十五日元。

不过，本书前文也多次提到过，品相上佳和品相一般
的书价格差很远。文学书都是如此。特别是诗集，品相无
异于生命。考虑到这些因素，售书会上的售价还是十分合
理的，不高也不低。

那现在的行情又如何呢？我向"龙生书林"店主大场
先生询问。

顺便提一下，售书会的清单上刚好有两百件藏
书（包括杂志在内），售价总额为九百四十一日元五十
钱。需要稍做说明的是，石川啄木的《憧憬》售价写着
"3.500"——这应该是"35.00"的印刷错误，所以是按

三十五日元计算总额的。

"当时，收藏有这么多诗集的藏书家大概屈指可数吧。"大场先生一边看着《故人立原道造藏书陈列会说明》（这是售书会正式名称）的清单，一边感叹不已。

"嗯……这两百件藏书里头，哪本售价最高？"

"日夏耿之介的《转身之颂》，五十日元，是带署名和注释的私家版。"我说。

"现在要一百万日元呢。其次呢？"他翻动着清单。

"咦，其次是四十日元的《芥川龙之介全集》（原版）？大正二年（1913 年）出版？这应该是昭和二年（1927 年）之误吧。"

我们看的这份清单，收录于 1974 年出版的第三版《立原道造全集》第六卷《杂纂》里。

"对呀，旁边一栏的芥川著作《湖南的扇子》也印错了，写着'大正二年（1913 年）出版'，应该是昭和二年（1927 年）才正确。"我说。

"这售价四十日元，虽说是当时的价格，但也高得太离谱吧。莫非这售价也印错了？"大场先生颇为诧异。

"如果书里有芥川本人的字迹、亲笔题写的序跋或河童插图，倒还另当别论。但既然是他死后出版的全集，就不可能了。"

"出售名人的藏书时，书中如果有藏书者字迹，当然会附说明吧。比如，森志茂[①]的小说集《谎花》，附注'鸥

---

① 森志茂（森志げ，1880—1936），森鸥外第二任妻子、小说家。原文写作"森しげ女"。

外夫人'。萩原朔太郎的《纯情小曲集》也附有贴心的说明：'书中有室生犀星的字迹'。"

"就算售价四十日元印错了，是四日元，也贵呀。"

芥川的第一部创作集《罗生门》初版带函套也才十二日元。

"嗯……按现在的行情，《纯情小曲集》二十万日元，《罗生门》三十万日元，《谎花》十八万日元吧。"

立原之所以爱读芥川，大概是因为芥川是立原在府立第三中学的前辈，而且立原还被人称为"芥川以来的才子"。他进入第三中学那年七月，芥川自杀了。立原曾写信问国语汉语教师："他大概是对人生有一种寂寞感，或是因为感慨人生比自然短暂，所以才作此了断吧？"

清瘦的立原经常被人拿来跟芥川比较。从第三中学升上第一高等学校之后，立原开始崇拜堀辰雄。堀辰雄是芥川的弟子，同时也是第三中学的校友。

"要说这份清单里现价最高的书，当然要数萩原朔太郎的《吠月》。不过，这本是不是无删减版？"大场先生指着清单说。

清单上只是注明"带有外封"。这本诗集在出版前夕，其中的《爱怜》和《爱上爱情的人》这两篇因为"伤风败俗"而受到内务省警保局警告，删掉六页后才允许发行。不过，无删减版还是流入了市场。

"这本诗集的改版版本也在目录里。改版收入了那两篇被删掉的诗。这么说来，立原收藏的初版很有可能是删减版。因为如果是无删减版的话，他就不会再收集改版版本了吧。"

"以阅读为目的而买书的人是这样，但藏书家可不同。比如，北原白秋的《邪宗门》，立原就收齐了初版、第二版和第三版。第二版还有两本：一本有外封，一本缺外封。"

"确实。那假设《吠月》是删减版的话，现在价格是多少呢？"

"一百五十万日元。《邪宗门》初版是一百万日元。"

"一百万日元以上的诗集，还有别的吗？"

"中原中也的《山羊之歌》签名本。"

"当时的售价是十五日元。"

"现在要一百二十万日元吧。另外，立原还收集了很多森鸥外的著作，其中有些罕见的珍本。"

"清单里这二百件藏书，按现在价格算的话，总共值多少钱呢？"

"一下子很难估计出来。回头我再算算。"

几天后，大场先生告诉我：

"清单里还有《近代风景》《诗圣》《古东多万》等杂志呢。当时，这些杂志可珍贵了。但现在大都出了复刻版，作为旧书来说并不贵。例如，当时《古东多万》第一期至第八期的售价为每本五十钱。现在八本一起大概四万日元吧。总共只出到第九期。"

"哪种杂志比较罕见呢？"我问。

"售价每本十钱的《白孔雀》吧。大正九年（1920年）由诗人西条八十主编。"

"清单上大约有十本。"

"现在要二十万日元吧。"

大场先生稍停顿了一下，然后把他估算的总额告诉我："大约两千一百三十万日元。"

"哇，这么多!"

"当然，实际上要打不少折扣吧。因为这是假设全部为上佳品相而估算出来的总额。"

"而且还假设全都卖掉了。"

"当时的出售情况如何呢?"

"作为总负责人，杉浦明平当然对此一清二楚，但并没记录下来。"

"大概是顾及遗属们的心情吧。"

"有可能。"

"按计划，售书所得款项用作出版全集的资金。应该足够了吧。"

"昭和十六年（1941年）二月至十八年（1943年）七月，山本书店出版了三卷本的《立原道造全集》。就是这套吧?"

"没错。还分了精装本和平装本。精装本限量发行三百册。现在，这套全集要十五万日元。"

战后，角川书店也出版了立原道造全集。第一次是昭和二十五年（1950年）至二十六年（1951年）出版的全套三卷本。第二次是昭和三十二年（1957年）至三十四年（1959年）出版的全套五卷本。

我刚进旧书店当店员没多久，就曾卖出过这套五卷本全集。购书者是个和我年纪相仿的高中生。

他名叫田中征城，非常爱读书，还收藏旧书，而且还是个诗人。他把做兼职挣到的钱全用来买旧书。他主要收藏诗集——这是受了他的偶像立原道造的影响。我和他很快成了意气相投的好友。在他的影响下，我逐渐了解里尔克、阿波利奈尔等人的诗歌世界，逐渐喜欢上立原道造、堀辰雄、津村信夫等作家。我俩还一起去探访秋天的追分、轻井泽，一起爬浅间山。

不仅如此，我俩还一起发行杂志。田中自己刻蜡版，然后拿去印刷厂印刷。杂志名为《巡礼》，刊登我写的小说、他写的诗。我把《巡礼》拿到我所在的旧书店去卖。

我根本没想着能卖出去，只不过想标上价格、摆在书店的柜台上而已。大概是年轻人特有的功名心在作祟吧。定价为五十日元。

可是，竟然卖掉了一本。书店里的员工们都十分激动（我先跟店主打过招呼后才把杂志摆上柜台，所以大家都知道）。掌柜断言说："那人肯定买错了，一会儿就会拿回来退货的。他准是把'巡礼'看成'巡体'了。①"——"巡体"，大概是"遍历女体"之意，当时有很多类似题目的黄色小说。然而，掌柜的期待落空了，那个顾客最终并没拿杂志回来退换。当然，也可能是他一翻开杂志就看懂了，沮丧得无力再跑一趟书店。

《巡礼》出了两期之后就宣告停刊。我和田中继续来往，但他年纪轻轻就病死了。我和其他同龄人重新开始创办同人杂志。其中一人就是岛本运平。

言归正传，回到立原道造的话题。

"这份清单里现价最高的书嘛，"大场先生说道，"还是

---

① 日本汉字"禮"（礼）和"體"（体）字形相近。

立原道造自己的诗集。"

"对呀。宣传单上写着：两部诗集，各剩余三四册。不知道非卖品《献给萱草》是以多少价格转让给需要者的呢？"

"要放在今天，价格可不得了。"

"精装本呢？"

"二百万至二百五十万日元。"

"哇，按剩余四册算的话，要一千万日元。"

"平装本也要八十万至一百万日元。"

"哇，按四册算的话，要四百万日元。"

"另一部《拂晓和黄昏的诗》，清单上注明'精装及平装'。应该是按定价出售吧。"

"嗯，毕竟是两年前（1937年）刚出版的书，不太好加价吧。"

"现在的价格嘛，精装本说不准，那本限量发行一百五十册、用大理石花纹纸的平装本要八十万日元左右。"

"按四册算的话，就是三百二十万日元！"

"现在是这样。"大场先生笑道，"当时，《献给萱草》的出让价格大概也只是和《拂晓和黄昏的诗》的定价差不多。"

"当时的购书者也没料到多年后这两部诗集会成为稀世珍本吧。"

"如果早知道的话，一定会全部抢购下来呀。就好像法国电影《蒙帕纳斯十九号》里头，一得知画家莫迪利亚尼去世，就立刻收购他的画作。"

"噢，你说利诺·文图拉饰演的那个画商呀。"

"我想，立原的售书会上可能没有这样的商人，大家都是纯粹的立原的崇拜者。"

"这么想的话，心里会觉得比较欣慰。"

立原的诗稿里，有一首题为《书》的短诗。

> 星星和明月照亮的夜晚，
> 我在路上捡到一本书。
> 可是，在回家途中，
> 我不小心抖落了书里写的东西。
> 第二天一早，我回原路寻找。
> 只见路边的草丛中，
> 女王、小丑、队列，
> 和母羊、孔雀一起，
> 在清新的空气中嬉闹。

这首诗后来修改成了以下这样：

> 散发着星星和月亮气息的明亮的夜晚，
> 我在路上捡到一本书。
> 一看，封面上写着《无所事事的人》。
> 咦，这不正是我幻想自己写成的书吗？
> 但总觉得什么地方有些古怪。
> ……
> 总之，还是带回家去慢慢看吧。
> 我这么想着，把书放进口袋里。

　　翻开书时，却发现是白纸。

　　一定是在半路上抖落了书中的内容。

　　又或许，它就是我在现实中还没写成的书？

　　……

　　我很难为情，

　　悄悄地把它藏进书柜。

　　立原道造生于东京日本桥区。家中以做捆包木箱为业，并不宽裕。母亲祖辈是水户藩的学者立原翠轩（藤田幽谷的老师）。

　　被誉为"芥川再世"的天才诗人，年仅二十四岁八个月就去世了。去世时仍然单身。虽有过几次恋爱，但最终未能修成正果。他读中学时，曾暗恋同学的妹妹。每次去那同学家里玩，心情都忐忑不安。我们来看看诗人纯真的日记吧。

　　之前，我每次去的时候，她有出过房间吗？所以，昨天她没出来也并不奇怪。我其实用不着哭鼻子的。

　　全都是谎话。她心里还是有我的。

　　缓缓升起的咖啡热气，我在她家凝视着咖啡的热气。

　　我在外面想着她，而她却没在房里想着我？——骗人。

　　立原下定决心，给她写信。

　　他在日记里说："我不知道该写什么好，所以还是没有向她表白，只是写了些平常的无聊话题，也写了和歌。"

　　四个月后，立原在清晨的电车上偶然遇见她。两人互相点头行礼。但她在中途就下车了。两人又是互相点头道别。爱情匆匆消逝。立原最终也没收到她的回信。

21

森鸥外

方眼图的发明

昭和三十四年（1959年）三月，我来到东京工作。我第一次领工资后所买的东西，现在还在手边。

那东西是什么呢？——东京地图册。

我是在自己工作的旧书店买的。这本地图册并非二手，而是全新的。虽然是旧书店，但也会顺带卖一些新出版的地图、未开封的花纸牌和扑克。后来还卖周刊杂志。

这本按定价买下的《袖珍东京区划地图册》，是日地出版社在昭和三十四年（1959年）一月十日发行的改订新版。对开的各区地图，下一页附有町名、车站介绍和索引。

例如：我所在的旧书店位于中央区月岛西仲大街。要找这个地方的话，首先翻开中央区地图索引。按假名字母顺序找到地址："月岛西仲大街一……六丁目，都电月岛大街三丁目，イ–4。"这"イ–4"是表示地图上的位置。

翻开中央区地图，只见上面画着上下左右等距的标记。纵向标注着"アイウエオ"等假名字母，横向标注着数字"1、2、3、4、5"也就是说，毫不费力就能在"イ"和"4"交叉之处找到目的地。这本《袖珍东京区划地图册》上虽然没有画出纵横直线，但也类似于把地图画在无形的方格纸上吧。

　　大多数地图册以及单幅地图都会采取这种样式。这么方便的东西，我们使用起来像是理所当然似的，其实第一个发明这方法的人实在很了不起。他一定有过在地图上苦苦寻觅不着的经历吧。于是试着在地图上画几十个半张名片大小的方格，从边线一格一格地顺着找过去。——大概就是这样发明的吧。还给它起了个名字，叫"方眼图"①。

　　森鸥外的长篇小说《青年》讲了这么一个故事：有个年轻人名叫小泉纯一（似乎在别处见过类似的名字），他立志成为小说家，从乡下来到东京。其实也没发生什么打打杀杀的轰动事件。只是讲他被一位孀妇打动了。那孀妇含情脉脉地向他目送秋波。纯情的小泉纯一（鸥外先生给他起了个平淡无奇的名字）心中渐生涟漪，并应对方之邀前往箱根温泉。此处是《青年》的最大看点。其余部分净是一大堆烦冗而无足轻重的议论，例如什么文学论、自我、利他、精神自然主义……唉，文学青年嘛，想想自己年轻时，大概也是如此。

　　却说小泉纯一来到东京后，住了一晚，第二天就去拜访小说家大石路花（狷太郎）。

　　《青年》的开头是这样的：

　　　　小泉纯一走出芝日荫町的旅馆，手里拿着东京方眼图，没完没了地向路人问路，然后在新桥车站坐上了开往上野的电车。

———————————
①　方眼图，即方格绘图纸。

　　这是小说开头。"东京方眼图"是确有其物的东京地图，分为地图册和单幅地图这两种。地图册由春阳堂出版于明治四十二年（1909年）八月十五日，大小相当于纵向切开的半本《小说现代》。封面是深蓝色的，很厚。上端贴着樱花花纹，白底的蓝色圆圈中印着皇宫二重桥的版画图案，还有"东国第弌之大镇"的字样。"第弌"意为"第一"。

　　"地名索引"有一百七十四页，地图页有二十八张。查找方法跟前文提到的完全一样。换言之，这本《东京方眼图》就是我们现在使用的、方便的地图的原型。

　　这方眼图，是谁发明的呢？——他就是《青年》的作者森鸥外。

　　单幅地图比地图册早发行两个月。单幅地图上也打出"东京方眼图"的旗号，而且上面还以大字印着"森林太郎设计"。"森林太郎"是森鸥外的原名。

　　鸥外先生在写小说时，不忘见缝插针地宣传自己设计的地图。这也并没什么奇怪的。

　　顺便提一下地图的价格：地图册是六十钱；单幅地图上没标定价。因为发售日各不相同，所以肯定不是按一整套，而是各自分开出售的。

　　《青年》里的纯一拿着的是哪种地图呢？他前往拜访的大石还在睡觉。公寓里那个"顽皮而故作老成的"女佣告诉他：主人不到十点都不会起床。无奈之下，纯一只得在附近逛一逛，消磨时间。

　　他走了两三步，就从袖兜里取出折成小小一块的方眼图，边看边走。

——这应该是单幅地图吧。也许，纯一身上同时带着地图册和单幅地图。他离开旅馆时，手上拿着的肯定是地图册。关于大石的住处，小说里并没有写出具体地址，只是说位于"根津神社的外坡上"——应该是在驹込千駄木町。鸥外的住宅"观潮楼"就在这里。纯一大概是在地图册索引上查"千駄木町"吧。索引上写着："千駄木町　本郷に二ほ二"。——意思是说，它位于"に之二"以及"ほ之二"之处。地图上，横向标有"いろはにほ"、纵向标有"一二三四五"的记号。

地点查到了。可是，方眼图上并没有标出电车车站的位置。所以，纯一只得"没完没了地向路人问路"。他在新桥车站坐上了开往上野的电车。

在小说中，"新桥车站"标注着读音假名"ていりうば"[1]。而在《东京方眼图》的索引中，"新桥停车场"的注音为"シンバシテイシヤジヤウ"。当时，有轨电车车站和巴士站被称为"停留场（ていりうば）"吧。

另外，我看索引时还注意到这么一点："神社"一律标为"ジンシヤ"，"社"字不发浊音。例如："根津神社""爱宕神社""靖国神社"的发音分别为"ネヅジンシヤ""アタゴジンシヤ""ヤスクニジンシヤ"。

"驹形"也标为"コマカタ"，不发浊音。"高田马场"标为"タカタノババ"，深川的"高桥"标为"タカハ

---

① 这是对日语汉字"停留場"（车站）的注音。

シ"，都发成清音。

　　深受现代年轻人欢迎的"秋叶原"，标为"アキハノ
ハラ"，而不是我们熟悉的"アキハバラ"。

　　有趣的是，"一本松町"同时标了"イチホンマッチヤ
ウ"和"イッポンマッチヤウ"两种发音，无论查哪种读
音都能查到。这是为不熟悉东京地名的人提供方便吧。

　　"麻布六本木町"亦然。同时标了"アザブロッポン
ギチヤウ"和"アザブロクホンギチヤウ"两种发音。

　　"五十间町"的正确发音应该是"ゴジッケンチヤ
ウ"，但用"ゴジフケンチヤウ"的读音也能查到。可见
鸥外的体贴和细心。

　　当时的东京，叫"田町（タマチ）"的地方多达五处，
叫"中之桥（ナカノハシ）""仲町（ナカチヤウ）"的地
方更是多达七处。

　　"三味线堀"读作"サミセンボリ"。骏河台的"サイ
カチ坂"写作"皂角坂"。没看过的话，还真不会读。

　　"ドンド桥"的汉字也很难读——写作"鼕鼕桥"。
还有"ホシヤド"——汉字写作"星谷"。

　　我还发现了印刷错误——本乡区的"向冈"发音标
成了"ムカウガシカ"，大概是"ムカウガヲカ"之误吧
（"ヲ"和"シ"字形相近）。旁边有个"向冈弥生町"就
标注为"ムカウガヲカヤヨヒチヤウ"。不过，也有可能
是特殊读音的地名，不敢妄下结论。

　　鸥外设计的《东京方眼图》，现存数量极少，而品相
好的就更是稀世珍本了。据"龙生书林"店主大场先生赐
教，现在卖到四五十万日元。可以想象，要找到单幅地图

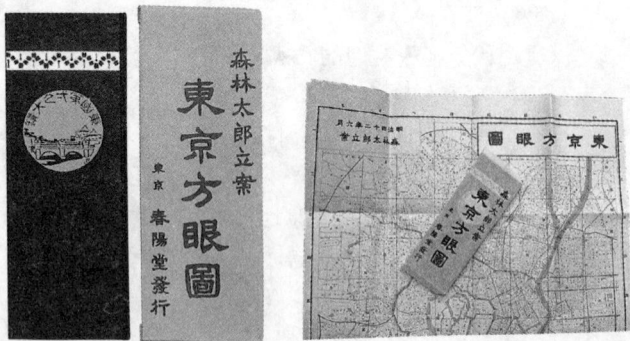

明治四十二年（1909年）森林太郎设计、春阳堂出版的《东京方眼图》地图册（左）、单幅地图（右）。

长篇小说《青年》，明治四十三年（1910年）至四十四年（1911年）创作，大正二年（1913年）籾山书店出版。

更非易事。

话题回到《青年》。这篇作品从明治四十三年（1910年）十月二十几号开始写，第二年元旦的早晨写完。只写了两个来月，却跨了两年。

显而易见，鸥外写这篇小说是受了夏目漱石《三四郎》的激发。主人公是个年轻人，从乡下来到东京——这一设定就很相似，而且模仿《三四郎》的场景也随处可见。

前文提到，孀妇邀请纯一去箱根，纯一决定前往。

纯一在新桥坐上晚上九点出发的列车。抵达国府津时是十点五十三分。他打算在这里住一宿，翌日一早再去箱根。但车站前的旅馆对于年轻的单身旅客颇为提防，到处都不肯收留。无奈之下，他只得求助于派出所的巡警，经其介绍住进一家客栈——"房间墙壁和柱子沾满灰尘，一片污黑。""被褥脏得看不清上面的条纹。原先是白色的棉枕套也被油垢染成了灰色。"

纯一脱下和服裙裤，裹住枕头，又把自己带来的围毯对折一下，塞在睡衣领口处，然后躺下睡觉。"这样，脸和手才不至于碰到脏东西。"

不知不觉地，他睡着了。后来听到有人说话，醒过来时，发现屋里多了个年轻女人。

　　想到自己和一个陌生女人同在二楼就寝，纯一觉得无比惊讶。他心里既难为情，又有些怜悯，所以只是静静地躺着，目不斜视。过了一会儿，那女人招呼了一声："喂。"确实是对自己说话。纯一心想："她大概是趁我熟睡时进来的。这么说来，我如何被惊醒、如何故意不朝她那边看——想必她都看在眼里了吧。"纯一不知该说什么好，就没有吭声。那女人说道……

没想到，自己竟然和一个陌生女人同宿。而漱石的《三四郎》则是这样的：

三四郎从九州上东京途中，遇到一个从京都上车的女人，决定一同在名古屋过夜。因为那女人说独自一人住宿很害怕，恳求他做伴。热心的三四郎答应了。

房间里只有一床被褥。三四郎让旅馆再多铺一床，但却无人理会。三四郎说："我得先想办法除跳蚤。"

　　……他把铺床时多留出来的床单部分向女人那边卷过去，在床铺正中间筑起一道长长的白色屏障。女人翻身向着里面。三四郎摊开两条毛巾，在自己的领地上长长地连着铺开，随即挺直身体睡在上面。当晚，三四郎的手和脚丝毫没有越出细长的毛巾之外，也没有和那女人说一句话。那女人也一直面对墙壁，一动不动。

三四郎划了一条边界，各自睡觉。

次日，女人问道："昨晚没有跳蚤吧？"三四郎一本正经地回答："托您的福。"女人说要乘坐关西线前往四日市。于是两人在车站道别。

而在《青年》里，旅馆过夜时则是这样的：

那女人说道：

"我要去东京，最早一班列车是几点开的呢？"

纯一固执地不看对方，回答说："这个嘛，我也不清楚。包里有导游手册，我起来给你查一下吧？"

女人轻轻地笑了一声："不用了。反正我已经让旅馆明天一早喊我起来。"

说完，女人就没有再吭声。纯一还是固执地目不斜视。夜里，他听见旁边传来辗转反侧的声音，那女人似乎没有睡着。纯一想看看对方长什么样，但转念一想：现在再看反而更尴尬了。于是只得作罢。不久，又睡过去了。

第二天一早，那女人不见了。纯一乘坐铁轨马车前往箱根。

……昨夜那仿佛噩梦般的一夜又不断地重现眼前。那个和自己睡同一间房、有过交谈，但最终却没能一睹芳容的神秘女人，也算是旅途中的纪念吧。说不定，她只是个上东京当女佣的丑女人呢。那也无所谓。和一个女人相遇，然后分开，而自始至终不知对方长什么样——这么一想，也挺有趣的。

鸥外显然是有意模仿漱石的《三四郎》。那么，谁写得更好呢？

显然是漱石的笔力更胜一筹。两部作品中都有个天亮即消失的女人，但还是漱石塑造的形象更加鲜明。

《三四郎》中，两人在车站道别时，女人还说了一句话。

> ……女人静静地盯着他的脸，随即语气平静地说道：
>
> "你的胆子可真小啊。"说罢微微一笑。听了这话，三四郎顿时感觉自己像被抛到站台上似的。坐上车后，两只耳朵更是发烫。他耷拉着脑袋，静静地待了好一会儿。这时，列车员的哨声响彻长长的车厢。列车开动了。

如何？如果非要判定胜负的话，还是漱石先生略胜一筹吧？短短的一段文字中，"静静地"一词出现了两次。在日语原文中，第一次时（女人静静地盯着）写成"凝と"，第二次时（三四郎静静地待着）却写成"凝つと"。这两种写法的语感有什么不同呢？漱石先生的描写颇为细致，而鸥外先生（就这一场景而言）却似乎平淡无奇——大概是因为《青年》里那女人没露脸的缘故。不过，纯一就是固执地不看她，作者也无计可施吧。

其实，我并不是想故意挑毛病，说鸥外不擅长描写女人。怎么可能嘛。鸥外毕竟是大文豪，在他的笔下，那位把纯一迷倒的媚妇如此妖艳，甚至不太像明治时期的小说了。

两人是在有乐座剧院观看易卜生的戏剧时认识的。夫人递上名片，说自己名叫坂井玲子，家中有亡夫留下的藏书，邀请纯一去看。她的丈夫是位学者，而且碰巧和纯一是老乡。纯一当然也久仰其大名。对于坂井夫人的邀请，纯一表示感谢，心想：

　　"平时我和女人说话时都会觉得很局促，但和这位夫人聊天却完全没有这种感觉，这是为什么呢？而且，她有一双像谜一样的眼睛，不知道眼睛深处隐藏着什么。"

为了看藏书——确切地说，是为了解读她眼中的秘密，纯一前往位于根岸的西式别墅风格的坂井家拜访。

　　那天从有乐座剧院回家后，我不时回想起那双眼睛——而且是下意识的。当自己回过神时，不禁吓了一跳。那双眼睛一直追随我而来。或者也可以说，那双眼睛要把我吸引过去。

纯一被带到书房。接着，坂井夫人出场了。纯一已经不记得和她谈了些什么。（这次登门拜访的经过是以日记的形式进行叙述的。刚才的引文中出现了第一人称"我"也正是由于这个原因。）

纯一能回想起来的，只有一个场景。

其实也并没发生什么事。但这正是大文豪的慑人之处。这是《青年》里最让读者惊心动魄的一个场面吧。鸥外却若无其事地轻描淡写道：

　　突然，一件奇妙的事浮现在我记忆中——我回想起坂井夫人的某个姿势。当时，我借了一本拉辛的剧作，正准备回去时，夫人说外面天冷，吩咐女佣端来烫好的葡萄酒。刚才她一直弯腰坐着，现在她一边目不转睛地看我喝酒，一边向后倚靠在长椅上，并把穿着白色足袋的双脚轻轻地往前一伸。我能回想起来的，就是这么个似乎并无深意的姿势。

如何？这段"慢人"的描写足以和漱石《三四郎》里那句"你的胆子可真小"相匹敌吧？我猜想，鸥外之所以设置了这么个情景，正是为了和漱石的那句话抗衡。比起旅馆一夜，坂井夫人的这一"姿势"更明显是受了《三四郎》旅宿"划分界线"之激发。本来，纯一就和三四郎一个样，是个"胆小"的青年。

不过，年轻人大都如此吧，和时代没什么关系。

我在前文已经先介绍过：《青年》里并没写什么打打杀杀的轰动事件。确实如此。但读者们都紧张地等着看主人公应邀前往箱根，想看看他和坂井夫人的关系如何发展。可是，最后怎么竟然是没有结果的呀，鸥外先生。

我们本来就没有期待着像当今小说一样出现搂搂抱抱的激情场面。可是，当主人公来到箱根温泉时，却发现坂井夫人和一个四十多岁的男人在一起，这也太扫兴，太令人失望了吧。既然如此，那夫人的妖艳又是怎么回事呢？那双眼睛，那双白色足袋，原来都只不过是主人公的自作多情而已……唉，虽然年轻人大都如此，但这样一来，这篇小说的乐趣就要大打折扣了。

甚至连作者本人写着写着也会心生厌恶吧——

　　鸥外突然发布了一条声明："小说《青年》姑且就此搁笔。我想写的东西，其实只写了一小部分，故事里的时间也只经过了六七十天。"随后就搁笔了。鸥外原先的设想一定不是这样的。我想：大概是他觉得坂井夫人和纯一的关系不好处理吧。按鸥外原先的设想，坂井夫人应该没有别的男人。然而，一个小伙子，前去探访住在旅馆的孀妇，结果会如何呢？两人同处一室，有可能不发生任何事情吗？若处理成有事发生，写出来则流于平庸；但若处理成没事发生，又很难自圆其说。于是，鸥外回避了，逃避了。他讨厌这样的自己，所以才匆忙地"姑且就此搁笔"吧。纯一决心离开箱根。元旦清晨，他逃也似的离开了。之后，他决意要写小说——想把从祖母听到的传说写成小说。大概是类似《山椒大夫》那样的小说吧。虽然纯一的志向就是想成为小说家，但此时决意要写小说却未免显得唐突。难道是为了故意气坂井夫人？这理由又似乎太牵强。主人公决意写小说——这最后一幕应该是一开始就打好腹稿的，至于想写小说的动机，或许另有原因。

　　鸥外在漱石《三四郎》的激发下，写下了《青年》。这篇小说，漱石当然读过吧。当他读到箱根温泉一节时，不知有何感想呢？

　　漱石在《行人》中，描写了男女两人（嫂子和弟弟）因遇暴风雨而不得不在旅馆中过夜。其间停电，随即很快电灯又亮起。弟弟看出嫂子趁停电时化了淡妆……对于女人微妙心理的描写，堪称精湛。

　　《行人》是从《青年》完稿后的第二年（大正元年即1912年十二月）开始在《朝日新闻》上连载的。漱石大概留意到坂井夫人和纯一在旅馆中"引而不发"之结局，所以他在《行人》中作出了回应：要让我来写的话，我会这么写。嫂子和弟弟在旅馆中相安无事地过了一夜。两人在床上说话。弟弟劝慰嫂子道："你今晚有些激动啊。"嫂子是这么回答的：

> "我比你不知道冷静多少倍呢。一到关键时刻，大多数男人都是窝囊废。"

和《三四郎》里那个女人的台词如出一辙。

差点儿忘了——鸥外著作初版旧书的最近价格。如前所述，以下数据为大场先生所赐教。金额单位"日元"省略。

《月草》（明治二十九年即 1896 年·春阳堂出版）二十万。《西周传》（明治三十一年即 1898 年·私家版）二十万。

《西洋画入门》（同年·画报社出版）八万五千。《审美纲领》（明治三十二年即 1899 年·春阳堂出版·袋装）三万。

《歌日记》（明治四十年即 1907 年·同·带函套）二十万。《青年》（大正二年即 1913 年·籾山书店出版）二十五万。

《像那样》（大正三年即 1914 年·同）十万。

《雁》（大正四年即 1915 年·同）有红色封面和蓝色封面两种版本。红版较为稀少，三十五万；蓝版十五万。

《舞姬》（明治四十年即 1907 年·彩云阁出版）有日文和英文两种版本，要三四十万。

《高濑舟》（大正七年即 1918 年·春阳堂出版）近来很少见，价格也随之升高，要八万至十万。

有一家旧书店的店主，收齐了鸥外的所有著作，整理出《家藏鸥外书目》（昭和三十四年即 1959 年），后来将藏书捐赠给了近代文学馆。他就是"时代与书店"的菰池佐一郎先生。菰池先生去世于昭和六十三年（1988 年）。鸥外著作自不必说，与鸥外有关的一切物品，他生前一直都在收集。

22

吉屋信子

"少女"的世界

　　根据2006年10月26日《每日新闻》公布的"第六十届读书民意调查"，位列"最喜欢的作家"第一名的是司马辽太郎；第二名是池波正太郎、宫部美雪；第四名是松本清张；第五名是夏目漱石，还有西村京太郎；吉川英治、赤川次郎位列第七。

　　而在1949年的调查中，第一名是吉川英治；第二名是石川达三；第三名是石坂洋次郎；第四名是漱石；第五名是吉屋信子；第六名是谷崎润一郎。

　　时隔半个世纪，吉川英治和夏目漱石的人气居高不下，不愧"国民作家"之名。1949年这前六名的作家，除了吉屋信子之外，其他作家全都在当年和前一年出过很畅销的书。漱石全集在樱菊书院和岩波书店出版，都卖得很好；谷崎则出了《细雪》。

　　而吉屋信子却没有哪本著作十分畅销。不仅当年，从昭和二十年（1945年）开始的十年间，畅销书的名单上也找不到吉屋信子的名字。

　　这意味着什么呢？从战前开始，吉屋信子就有着固定的狂热粉丝。她写出成名作是在大正五年（1916年），时年二十岁。她在《少女画报》上发表了《铃兰》。之后，又连载了《勿忘我草》《吊钟草》《金合欢》等等跟花有关的少女小说。大正九年（1920年）以《花物语》为书名结集出版单行本。正是凭着这一本书，吉屋信子受到了全日本的少女们的热烈追捧，一跃成为少女小说的当红作家。可以说，她是少女小说的开拓者、确立者。

大正八年（1919年），吉屋信子二十三岁时，将《直到大地尽头》投给《大阪朝日新闻》参加有奖长篇小说征文比赛，获得一等奖。评委是幸田露伴、德田秋声、内田鲁庵。次年，该小说在报纸上连载。这一次，她作为面向"成人"的女作家得到了认可。随后，她又在《东京朝日新闻》和《大阪朝日新闻》上连载《直到大海尽头》，接着又写了《向天空那边》《女人的友情》，并以《丈夫的贞操》达到人气的顶峰。

少女小说的读者变成了成人小说的读者，而她们的女儿则重复着母亲的历程。也就是说，吉屋的读者包括了母女两代人。以写少女小说为出发点，这是她的强项。她赢得了足以和畅销书匹敌的读者数量。

如今，吉屋信子的名气已经不像从前那般显赫。母女相传的传统已经中断了。这主要是因为她写的少女小说有些过时，不再被现代的少女们接受了吧。

几年前，作家岳本野蔷薇（著有《下妻物语》）担任主编，重新出版了吉屋信子的三册少女小说（国书刊行会出版）。岳本声称这是"少女小说卷土重来"，并与时下的少女小说区别开来，还强调说："三册书都完全再现中原淳一的装帧。"所以，我想当然地以为一定是初版书的复刻本。当我收到订购的书时，才发现装帧确实和初版一样，但正文却经过重新排版，改成了新体汉字和现代假名。

我想看的《阁楼上的两个处女》，装帧和插图都和大正时期的版本不一样，而是再现了昭和二十二年（1947年）的家庭社版本。我虽然颇为失望，但还是迫不及待地翻开书来。因为我想尽快知道这部小说的结尾。

很久以前，我开旧书店的时候，曾上门去收购旧书。收购回来的书里头，就有吉屋信子的这本书，以及另一本从杂志剪下卷首插图并装订成册的自制书——里面全是竹久梦二、中原淳一、须藤重等人画的少女插图。这本自制书在旧书市场上竟意外地卖了个好价钱。

而收购来的那本《阁楼上的两个处女》，虽然是大正九年（1920年）民文社发行的初版书，非常少见，但可惜的是，最后一页被撕掉了。就算再罕见的珍本，也变得一钱不值。最后，还是以若干价格卖给了一位收集文学书籍封面的顾客（他专门收集缺页的书）。当时，我心里就有个疑问：为什么这本书的结尾部分被撕掉了呢？

小说情节很简单：泷本章子和秋津环住在宿舍的阁楼上，两人是邻居，意气相投。她俩把阿环的房间当作共用书房，把章子的房间当作共用寝室。（大正初期，这种描写同性恋的小说还很少。）后来，爱慕阿环的儿时玩伴牵扯进来，使章子深感嫉妒。出事之后，章子要搬出宿舍。阿环说："我也搬出去。我跟你走。"章子回答说："我无处可去。"以下摘自国书刊行会的版本。

　　　　秋津环眼泪汪汪地望向章子。

　　　　月光流淌……

"……我打算漫无目标地活下去……"

章子说道。

"我……也一样，我自己的人生没有任何目标。"

秋津说道。

月光温柔地包裹着两个泪流满面的少女，散发着淡蓝色的光晕……

"……你的人生没有目标——我的人生也没有目标——我们两个漫无目标、寂寞而柔弱的人，就一起生活下去吧——"

秋津说道。

章子睁大眼睛，责怪似的盯着秋津。她眼睛里分明隐含着什么——

内心聪慧的秋津立刻看透了章子眼中隐含的东西。

"……哦，你是担心阿伴吧——她呀，早已经是别人家的太太啦。这位阿伴，是我从小就一起玩的伙伴——关于我和她之间的事，回头我一定会跟你说清楚。我相信，你一定会理解她这个可怜人的。"

秋津急匆匆地说了这番话。

我引用了稍长篇幅，以便让大家体会吉屋信子笔下那独特的文体和节奏。文中频繁使用省略号和破折号，以此表现人物对话的语调。那口吻像极了两个陷于苦恼之中的女学生。支支吾吾的声音，缺乏自信的话语，这些正是吉屋信子创造的岳本所说的"少女"的世界。这种文体独具魅力，很快俘获了当时的女学生们的心灵。

被撕掉那页到底是什么内容呢？我一收到国书刊行会出版的版本，就立刻翻开来看。内容如下：

> "没有自我的话，作为个人的生命还存在吗？——不，不会存在的。"
>
> 秋津肯定地说。
>
> "泷本，我们俩要变成坚强的女人。别人让我们搬出这阁楼，我们就随时搬出去。我们去哪里都行——对吧，反正，我们俩都一直走到现在了，以后就以这里为出发点，坚强地活下去。所谓违反世俗规矩、违反人伦，又算得了什么呢？两个人要怎样生活，仅仅是这两个人的人生道路而已。我们俩一定能走出一条路来。我们俩一起追求我们的命运，一起寻找只属于我们俩的道路吧——从现在开始。"
>
> 秋津的清澈而冷静的眼睛，此刻竟闪耀着光芒，似乎在燃烧。
>
> 章子苍白的脸颊上忽然泛起蔷薇色的红晕——她被某种强大的力量打动了，浑身发抖——她似乎感觉到，如果现在不离开这里的话，自己的灵魂将终生无处安放。

——并不是我暗中期待的色情描写。恰恰相反，这是在宣扬妇女解放思想。"要变成坚强的女人"这一宣言，难免会让人联想到写下《最初，女性是太阳》的平冢雷鸟①吧。明治四十四年（1911年），雷鸟打着"新女性"
的旗号，召集五位女作家创办了杂志《青鞜》。九年后，
吉屋信子写出《阁楼上的两个处女》。"青鞜派"在提高女
性地位上功不可没。

当时，社会正处于大正民主运动的热潮之中。吉屋信
子的少女小说其实不是伤感的通俗小说，而是启蒙年轻女
性的"思想小说"。她从正面描写被视为禁忌的女同性恋
题材，直面社会的偏见。秋津环那勇敢无畏的形象，获得
了大正时期少女们的欢呼喝彩。大正三年（1914年）成立
的少女歌剧团也起到了推波助澜的作用。吉屋信子通过小
说呼吁：同性恋是本能，而非病态。对于当时的少女们来
说，这是一种全新的观点。

我原先那本书的最后一页为什么被撕掉，真正的原因
不得而知。大概是有人觉得这样的思想太危险，不想让纯
洁的少女看到，所以把它"删除"了吧。

"比起猜想是谁撕掉的，我对珍藏破损本这事更感兴
趣。""龙生书林"店主大场先生笑道，"少女小说的读者
大多是少女吧，一般都不喜欢有污损的书，更何况是破损
本。而原主人竟如此视若珍宝，实在很少见。一定有什么
重要的理由。"

"可能就因为是吉屋信子写的少女小说吧。"

我和大场先生聊起了这话题。

"嗯……吉屋的第一部小说《花物语》，初版共有三

---

① 平冢雷鸟（平塚らいてう，1886—1971），日本女性解放运动的
先驱者，曾在《青鞜》创刊号上发表发刊词《最初，女性是太阳》。

卷。第一卷出版于大正九年（1920年），仅在当年就再版了七次。"大场先生说。

"人气很高嘛。"

"三卷都是洛阳堂出版的。不过，最近旧书市场上很少见到全套。全套初版的话，要二十万日元以上吧。"

"刚才提到的《阁楼上的两个处女》，大概价格是多少呢？"

"大正九年（1920年）民文社出版的版本，八万日元左右吧。"

"想不到这么便宜啊。"

"嗯。虽然很有人气，但跟少年侦探小说比起来，价格确实不高。大正十二年（1923年）民文社出了《阁楼上的两个处女》改订版，现在大约五万日元。"

"改订版？"我追问道，"这事跟最后一页被撕掉有没有关系呢？"

"谁知道呢。"

是不是经过了当局的审查呢？为了确认，需要对照这本书的初版和改订版，看内容有什么差别。但遗憾的是，大场先生手上只有改订版。

"大正十三年（1924年）交兰社也出版了这本书，现价六万日元左右。"大场先生说，"交兰社还出过《花物语》，全套五卷。从大正十三年（1924年）到十五年（1926年）陆续出版。插图设计者是须藤重。现在这套书要十五万日元左右。"

"好像实业之日本社也出版过吧？"

"是的。昭和十四年（1939年）出版的三卷本。要

三万至四万日元吧。平成七年（1995年）时，国书刊行会
还重新出版过。"

"没错。"

"在吉屋的少女小说里头，比较少见的要数昭和十年
（1935年）丽日社出版的、中原淳一负责装帧设计的《勿
忘我草》吧。这书原本是带有书套的，但现在原装物品很
罕见。要二十万日元以上。"

至于其他少女小说的旧书价，大场先生按出版先后顺
序告诉了我。如下：

《三朵花》，大日本雄辩会讲谈社，昭和二年（1927
年）出版，七八万日元。《少女Z》，妇人之友社，昭和五
年（1930年）出版，三万日元。（这本是玛格丽特[1]著作的
日译本，装帧设计者为竹久梦二。）《七棵山茶花》，实业
之日本社，昭和六年（1931年）出版，五万日元。

《红雀》，同，昭和八年（1933年）出版，八万日元。

《樱贝》，同，昭和十年（1935年）出版，七万日元。
（这本书虽然再版多次，但品相好的初版很少见。）《那条
路这条路》，大日本雄辩会讲谈社，昭和十年（1935年）
出版，五万至六万日元。《小小的花朵》，实业之日本社，
昭和十一年（1936年）出版，六万至七万日元。《枸橘
花》，实业之日本社，昭和十一年（1936年）出版，六万
至七万日元。（同年出版的这两本书，都是规格稍为独特
的四六判，函套容易损伤，所以品相好的很少见。）《毯
子》，大日本雄辩会讲谈社，昭和十二年（1937年）出版，

---

① 玛格丽特·奥杜（Marguerite Audoux，1863—1937），法国小说家。

七万至八万日元。

"没想到她竟然写了这么多的少女小说呀。"我觉得有些意外。

大场先生又顺便把吉屋"成人向"小说的旧书价格也告诉了我。

"昭和六年（1931年），新潮社出版的《暴风雨的蔷薇》，函套齐全的初版三四万日元吧。昭和八年（1933年）新潮社出版的《理想的丈夫》，三万日元左右。书中有岩田专太郎的插图。同在新潮社出版的《男人的赎罪》，三万日元左右。同一年——昭和十二年（1937年）新潮社还出版了《丈夫的贞操》。"

"这本小说成了畅销书吧。"

"没错。昭和十二年（1937年）四月二十八日初版，到五月十一日时竟然一共印了三十次。销量十分惊人。"

"初版应该算珍本吧。"

"不过，价格却比预想的低，带函套七八万日元吧。装帧倒是很豪华的，堂本印象负责装帧设计，小林秀恒画插图。"

"这大概也反映出吉屋信子现在的人气吧。"

"其实她的作品还是值得多看看的。"

"真的。首先，故事本身就很有趣。吉屋懂得如何使读者乐在其中。"

"应该是写少女小说练出来的。"大场先生说道，"女孩子嘛，眼光高，感觉敏锐，观点又刻薄。"

"这种小说合我的口味。不过，比起长篇小说，我更喜欢短篇，有很多写得非常精彩。"

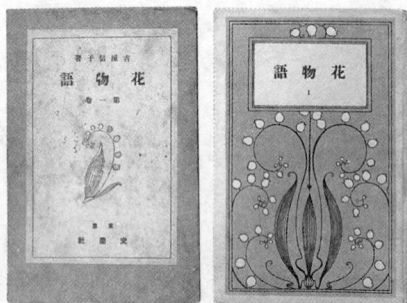

大正十三年（1924年）至十五年（1926年）交兰社出版的《花物语》第一卷的函套和封面。

昭和八年（1933年）实业之日本社出版的《红雀》的函套和封面。

昭和十一年（1936年）实业之日本社出版的《枸橘花》的函套和封面。

其中，《鹤》这篇堪称名作。这是昭和二十五年（1950 年）的作品。这篇小说包含着我个人的回忆，因为它跟我如今已去世的岳母有一定关系。从岳母那里听说之后，我非常惊讶，就找到这篇小说来读。

右肩很酸痛对吧。大概是因为平时常用右手的缘故。今晚我给您揉开了，明天一早会感觉轻松很多的。

这就是小说的开头。是一个女按摩师在讲述自己奇妙的身世经历。

父亲原本开木屐店，是穿木屐带子的高手。因为手很灵巧，后来转行做了指压疗法按摩师。母亲去世后，父亲和女儿在九州的温泉旅馆为房客按摩治疗。某天晚上，父亲独自外出，说要去爬雾岛山赏月。之后就没有回来。当时女儿还小，好心的旅馆主人夫妇收留了她。

过了半年后，父亲突然出现了。他讲述了事情经过：

爬山途中，他迷路了。天亮时，他看见鹤群飞过空中。不知为什么，最后一只鹤飞快地掉落下来，倒在他面前。他上前抱起那只鹤，发现它有一只脚断了，于是拼命地用指压按摩为它疗伤。说来也奇怪，伤势竟然渐渐地好了起来。一连十来天，他一直忘我地照料和治疗那只鹤，自己则吃杜鹃花充饥。不久，鹤伤势痊愈，飞走了。他匆忙下山时，才回过神来。他记得自己上山时还是春天，此刻环顾四周，却已经是漫山红叶。

后来，父女俩去了东京。女儿向父亲学习按摩术，并取得资格证书，开始上岗。这时，父亲的眼睛开始失明，身体也逐渐变得衰弱。

战争爆发了。昭和二十年（1945 年）三月九日晚，东京下町一带遭遇了猛烈的空袭。

"那天晚上，我家附近的人大都躲进了明治座剧院里。"

我岳母说。她当时仅有二十三岁，住在浅草。当晚她出去练习日本舞蹈，回家途中遇到空袭。她拼命逃进了剧院里。

以下是《鹤》里的记叙。

　　我穿着防寒裤，拿上早就准备好的随身物品，拉着父亲的手，紧跟在别人后头逃往明治座剧院。逃跑途中，有个像榻榻米那么大的火球从背后直压下来，吓得我魂飞魄散。

据说，实际情形确实如此。

　　父亲双目失明，脚下也跟跟跄跄。我心里只有一个念头：我必须坚持住，无论如何都要救助父亲。开始我们躲在剧院的地下室里。渐渐地越来越多人挤进来，很难受，连呼吸都觉得困难。

当时，我岳母也躲进了地下室。

　　我旁边有个在酒馆当女佣总管的熟人。她大声说道："这里不能待了，必须得出去，必须得出去！"我也是这么想的，就紧跟着她，拨开人群往外走。但简直是寸步难行。好不容易才拉着父亲的手，跟在那人后头爬上楼梯。这时，走廊上有很多人一个接一个地摔倒了。不知从哪里流过来的水，把走廊地毯弄得湿漉漉的。

我岳母说，当时她也听到有个女人叫嚷说："这里不能待了，必须得出去，必须得出去！"于是在黑暗中摸索着往前走，摸到楼梯口，就拼命爬上去，沿着走廊往外走。待回过神来时，发现自己已经到了户外。正因为逃到建筑物外面，才捡回了一条命。只是手脚受了点儿轻伤而已，简直就是奇迹。这次的空袭特别惨烈，下町一带全被炸毁，死伤者十几万人。明治座剧院起火了，躲在里面的几百人都被烧死。

战后，我岳母和熟人谈起这段经历时，对方告诉她说："吉屋信子也是在明治座剧院里避难的幸存者之一哟。她还把这段经历写进了小说里，题目好像叫作《鹤》吧。"我岳母在图书馆找到这篇小说来读。当看到"这里不能待了，必须得出去，必须得出去！"一句时，她不禁"啊"地喊出声来，浑身颤抖——这句话跟自己当年在黑暗的地下室中听到的一模一样。听到那句话后，旁边的几个人吵吵嚷嚷地向外移动。我岳母也跟着一起向外走。所以最后才幸存下来。

"不过，《鹤》只是小说哟，不是吉屋信子本人的亲身经历。有可能是她从亲身经历者那里听来的，然后写成了小说。"我对岳母说。"有可能。不过地下室里那个人喊的话可是千真万确的呀。"她肯定地说道,"因为当时我就在她旁边。"我岳母的记忆里,似乎把亲身经历、小说以及别人的传闻全都掺和在一起了。这也难怪,毕竟是异常情境下的体验,没有必要再去细究哪里是真、哪里是假。

小说《鹤》接下来的情节是这样的:

女儿拉着父亲仓皇逃跑时,忽然听见父亲叫嚷道:"鹤来了! 跟着鹤走!"

回过神来时,两人已经身处火海和浓烟之外。得救了。女儿松了一口气,回头想对父亲说"没事了",却发现手上拉着的那个人竟然是个陌生的小伙子。不知道父亲是在哪里、如何替换成这个小伙子的。小伙子是信州苹果园主人的独子。女儿断断续续地把事情经过告诉了他——当然也说了刚才父亲叫嚷的那句"鹤来了! 跟着鹤走!"还有父亲在雾岛山中为鹤疗伤的经历。小伙子听完说道:"你就把我当成是那只鹤转世而来的吧。"

仔细一看,小伙子相貌英俊,脸庞细长,肤色白皙,确实像是仙鹤转世之人。她跟随小伙子回到故乡。在这里,她被当成救命恩人,受到款待。不久,战争结束了。她和小伙子虽然与夫妻无异,但表面上却只是一个客人。有人来给小伙子说媒,其母非常热心,并冷落了她。小伙子左右为难,向她抱怨道:"我干脆变成一只鹤飞走算了。"某日,他真的突然消失了踪影。其母责怪她。她说并不知情,但心中却想:"他一定是变成一只鹤,飞到别处去了。"除了她,无人知晓此事。

其实,这篇小说最后还有个反转。至于具体情节,我就不透露了吧。最近，筑摩文库出版了东雅夫编的《文豪怪谈杰作选　吉屋信子集》。《鹤》也收录于其中。大家可以找来读读看，亲自体会一下。这篇小说可算是战后的名作之一吧。

栃木县足尾铜矿山流出的矿毒从渡良濑川畔溢出，对沿岸村庄的农作物造成了污染。政府宣布要在谷中村建造用来拦截矿毒的蓄水池，遭到了村民的强烈反对。反对派的领导者是田中正造，而指挥村民撤离的是郡长吉屋雄一——吉屋信子的父亲。当时，信子还是个小学生，留着娃娃头。披蓑戴笠的"正义之士"田中正造站在信子旁边，摸着她的头。从那时开始，信子就已经是个爱幻想、常做梦的少女了。

23

吉川英治

可耕种者甚多

　　我不想滥用"天才"一词，但对吉川英治，却只能用"天才"来评价。他是个编故事的伟大天才，有着无与伦比的想象力。

　　例如，吉川英治的代表作《宫本武藏》（从这平常的书名根本想象不到书中波澜壮阔的故事），大半都属于编造，因为武藏年轻时期的经历至今仍是个谜。佐佐木小次郎的形象也是英治塑造出来的。《宫本武藏》在《朝日新闻》上连载期间（昭和十年至十四年，即 1935 至 1939 年），当时公认的剑道高手高野佐三郎和中山博道曾谈论说，此小说作者应有剑道二段的水平吧。因为在小说中，武藏的剑术实在是太逼真了。然而，英治别说拿起竹剑，甚至连武馆都没去过。全都是他想象出来的。小说主人公武藏年轻时被人叫作"たけぞう"（takezō），而非"むさし"（musashi）——这一情节也是英治编造的。但却有人误以为是史实，还据此写了论文。

　　英治在《偶记》中说，他写《宫本武藏》时，关于《宫本武藏》的文献只有一篇不足百行的汉文。

　　英治的初期佳作《鸣门秘帖》，是以阿波藩二十五万石的大名蜂须贺重喜隐居之谜为主线，幕府密探、潇洒剑客、美女、戴黑头巾的神秘剑客等各种人物纷纷出场，互相牵连，纠缠在一起……故事情节相当复杂，很难把梗概说清楚。然而，英治这大部头长篇小说的灵感，其实只是来自江户后期创作铜版画、油画的西洋画画家司马江汉游记中的几行文字。

蜂须贺重喜三十多岁时，便被以"并非贤明君主、无法治国"之理由勒令隐居，直至七十二岁去世。德川幕府时期三百年间，身为大名而被迫终生蛰居[①]的，只有这位重喜和尾张藩主德川宗春（虽然表面上是隐居）。然而，司马江汉在热海温泉逗留期间，拂晓时分，听见旅馆隔壁的宅院里传来读书声和弓弦之声。据说，那宅院的主人便是重喜。司马江汉住在旅馆几十日，每天都听到这声音，没有一日停歇。于是，他在日记中写道："宅院主人定是一位贤明的君主。"——与史实、公论完全相反。

英治对此事颇感兴趣，认为其中必有蹊跷。关于幕府监视下的重喜的行动，英治展开了天马行空的想象。

《鸣门秘帖》的创作灵感，只来自十几行日记。这确实令人甘拜下风。

再举一例——长篇小说《隐密七生记》。这是昭和七年（1932 年）的作品。

尾张国名古屋城的塔楼顶上，有一对很有名的金鯱吻。从下午四时到半夜十二时，这两个鯱吻上各有一名守兵看守。——故事就是从这一奇特的场景开始的。也许有人认为：轮流爬上塔楼顶上站岗——哪有这么荒唐的事，

---

① 蛰居，日本古代至近代（特别是江户时代）中，对武士和公家施行的刑罚之一，在自宅一室内被禁止外出，性质类似软禁。

一定是胡编乱造出来的。其实不必如此武断，现实中的确发生过类似的事情。英治在《温古录》这本古书中看到了如下记载：

某日，名古屋城的螭吻上冒出青烟。原因不明。经过调查后，最终发现：原来是在螭吻上筑巢的野鸽惹的祸。冬天，尾张平原上有人放火烧荒。野鸽衔来带火的稻草和枯枝筑巢，所以塔楼顶上才冒起了烟。

为了除去鸟巢，不得不冒着性命危险爬上塔楼顶。至于怎么爬上去的，书中并无记载。也许是机密吧，若公开出来，怕有坏人觊觎塔楼顶上的金螭吻（鳞片被盗之传说并非真事）。冒死清除鸟巢之人，爬上去一次可获得三十天假期。

英治将此任务命名为"螭吻护卫"，并虚构出这样的故事：在允许放火烧荒的十七天里，守兵每天轮流攀绳梯爬到五层塔楼顶上值勤，以防失火。——英治的想象力确实自由奔放。其中一名"螭吻护卫"盗取出前将军藏在螭吻眼珠处的遗书后逃匿。为了得到这份遗书，幕府和尾张藩已经暗中争斗了十六年。这关系到将军继承人的问题。

英治的小说里，时而情意绵绵，时而刀光剑影，时而诡计多端，时而互相追杀……令人眼花缭乱。戏剧性的情节，轻快的节奏，正是英治小说的特长。因为故事情节很复杂，而且出场人物众多，所以很难概括。一个接一个有趣的小故事，累加起来就组成了英治文学。所以仅仅说明内容梗概是不够的。仅仅说明内容梗概的话，无论说者还是听者都会觉得索然无味，误以为是陈旧过时的小说。

昭和十一年至十四年（1936年至1939年）讲谈社出版发行的《宫本武藏》全套六卷。

《鸣门秘帖》，大正十五年（1926年）八月至昭和二年（1927年）十月在《大阪每日新闻》上连载，昭和二年（1927年）三月报社将此前的连载部分结集出版发行。

昭和二年（1927年）讲谈社出版的《白头翁绘图故事》的
函套和封面。

昭和四年（1929年）博文馆出版的《龙虎八天狗》全套四
卷之第一卷的函套和封面。

一想到吉川英治这位不世出的大作家，首先让我们感到惊讶的是，他甚至连小学都没毕业。

英治的自撰年谱是这么写的：

> 明治三十六年（1903年）十一岁。（略）家道忽然没落。（略）父亲终日酗酒，母亲不谙人情世故，且要抚养六个小孩，她的辛劳从此日开始。（略）十月，我从小学回家午休时，突然被父亲勒令退学，我嚎啕大哭。几天后，（略）我拿上铺盖，被打发去了川村印刻店当学徒。

这家店主其实还是个俳句老师，雅号为"竹雨"。英治听到他在店里和文友们谈论俳句时，"终于忘掉了悲伤"。这就是英治最初的文学启蒙。

英治从小喜欢读书，十岁时就已经把租书铺里的书看了个遍。他不光看故事书，而且还看完了当时博文馆出版的日本古典文学全集《帝国文库》正续二百卷（每册约有一千页），令人难以相信这是小学生所为。（顺便提一下，这套《帝国文库》中的《西鹤全集》前后篇两册在明治二十七年（1894）被禁止发行。当时的政府认为井原西鹤的作品属于淫书。）还在读小学的英治开始向各种杂志投稿，并且和同学一起誊印发行诗文杂志。

体会到俳句趣味的英治在地摊上买了一本《芭蕉句抄》来看，沉浸其中。之后的几年，这本书一直装在他的袖兜或衣兜里（因为是文库本）。

英治被印刻店以莫须有的理由解雇后，进了印刷厂干活。后来，又进了横滨税务监督局当勤杂工。十四岁那年，他写小说给《学生文坛》杂志投稿，被选中了。他首次参加市内的俳句会——新年俳句大会，自号"霞峰"，提交了这样一首俳句："松间廊下喜相逢，齐恭贺新年。"

这"松间廊下"应该是指发生"浅野内匠头行凶事件"①的江户城的松廊吧。赤穗四十七义士是在元禄十五年（1702年）十二月十四日讨伐吉良府邸的。仅仅十多天后就是新年，大名们身着正装登上城楼，向将军致以新春贺礼。曾发生过行凶事件的松廊，一到元旦也变得喜气洋洋，大家互道"新年快乐"。旧年一过，行凶现场立刻变成了喜庆之地，这颇有讽刺意味。

从赤穗事件获得创作俳句的灵感——这点很有大家风范。而英治当时才十四岁，其文学天分令人称奇。不过，因为俳句大会的参加者全是成人，所以英治出席过一次之后就没有再去了。

英治的父亲卧病在床，英治成为全天住在店里的店员，并预支半年工资交给母亲。家境愈见贫困，最终一家离散。英治虚报年龄，以成人身份成为横滨船坞会社的船具工人。实际上他才十七岁。第二年，他在工作中和脚手架板一同坠落，摔到船坞底下，当即不省人事。

幸运的是，一个月后英治就出院了，并以此为契机决

---

① 浅野内匠头，即浅野长矩（1667—1701），江户时期的赤穗藩藩主，内匠头是他的官名。因接待朝廷敕使时受到吉良义央羞辱，在松廊上将其砍伤，即日切腹自杀。浅野长矩的家臣们愤而为主公报仇，然后集体切腹自杀——此即历史上有名的"赤穗四十七义士"。

定上东京，成了下町的铁钉工厂的工人。后来，他又成了
莳绘师的学徒，住在师傅家，还得管做饭洗衣服。其间，
他学习创作川柳[①]，休息日还去参加川柳会，认识了井上
剑花坊、川上三太郎、伊上凡骨、近藤京鱼等人，大受启
发。英治用姓氏"吉川"的"吉"字发音给自己起了个雅
号"稚子郎"[②]。

我认为，川柳对英治文学产生了巨大影响。川柳是
反映人的本性和心声的，不像俳句净是说漂亮话。用十七
个字一针见血地抓住人的某一方面，并略为夸张地表现出
来。对人生的体验肤浅的人，只能吟咏出肤浅之句。无论
对于作者还是读者，都要求要有成熟的度量和智慧。如果
你缺乏看人的眼光，那么川柳对你而言无疑是个格格不入
的文艺世界。

我认为川柳是英治文学的根基。然而，英治作为川柳
作家时期的动向却并不清楚，好像也没人研究。其实，不
仅是英治，所有的川柳作家都遭到了冷遇。直到今天，似
乎还有很多圈外人认为川柳是低一等的文学样式，莫说
个别的作家论，就连一部像样的近现代川柳史都还没编
出来。

《吉川英治全集》有三种版本。一种是昭和六年
（1931年）平凡社出版的全套十八卷。另两种是讲谈社
出版的：昭和四十一年（1966年）八月开始出版的全套

---

①   川柳，日本传统诙谐短诗，由十七音组成，形式同俳句，但没有
季语、切字等规定，多用口语，重在反映人情世态。
②   在日语中，"吉"字可读作"kichi"，与"稚子郎"（kijiro）谐音。

五十六卷和昭和五十四年（1979年）至五十九年（1984年）出版的珍藏版全套五十八卷。讲谈社版本甚至连戏曲和广播剧的剧本都收入其中，但并不全。例如，《赞母祭》《花虽芬芳》等长篇小说就被遗漏了。此外，"书简""川柳""俳句""诗歌"应该也不止这么少。

首先介绍几首英治的川柳作品。

世上没有，像母亲这样不幸的人。

唤一声母亲，虽然并无事。

想起点滴事，写文记母亲。

母亲不在家，吃着好玩的饭菜。

最后一句大概是说：年幼的兄妹们把家里的食物随便拿来煮熟或烤熟，吃了充饥。因为是穷人家，没有吃过什么像样的饭菜。他们就做了些母亲从没做过的古怪食物来吃。"好玩的饭菜"一语既滑稽又悲凉。

英治在自传《残留的记忆》中坦白道：家里没有吃的，母亲在厨房一筹莫展，他实在看不过眼，就出去偷食物。他偷偷溜进田里挖马铃薯。田地对面耸立着县立中学的校舍——自己想进却进不去的地方。以下摘引英治的原文，读来如同身临其境，请大家细心体会。

我神经兮兮地留意着远处的白墙，害怕以前的同学从窗后往这边看。不过，转瞬间我已经隐蔽于马铃薯叶子后，浑然忘我地用双手挖起暖烘烘的黑土了。我从洞穴里接二连三地挖出马铃薯，还把手继续伸往深处摸索。旱田黑土越往下就越是暖烘烘的，像人的体温一样。马铃薯很快装满了一包袱。我抱着包袱，像兔子一样钻出夜露沾湿的田边，逃之夭夭。我一边奔跑，一边向旱田主人暗暗道歉。跑了好久，恐惧感还是一直尾随而来，以至于我不敢直接跑回家。

当晚，饥饿的一家子呼哧呼哧地吃上了盐煮马铃薯。

英治写道，母亲似乎知道儿子偷马铃薯，但并没有责怪他。毕竟，这也是迫不得已之事。英治终生爱着母亲。他母亲的口头禅是："黑夜总会过去，黎明总会到来。"母亲这种开朗的性格支持着英治，使他即便穷困潦倒也不失去希望，一边打工一边坚持学习。这种向光性，也是英治文学的精神支柱。

大正十年（1921年），英治二十九岁这年，母亲去世了。孩子们为母亲送终。母亲临终时，英治在她耳边小声说道："母亲您一定会上天堂的。那里有美丽的花朵，有漂亮的小鸟在唱歌。"母亲却责骂道："别说这些废话。"在英治的记忆中，算上这次，他也只被母亲责骂过两三次而已。母亲的最后一句话是："大家要和睦相处呀。"

亲情是英治文学必不可少的要素。《宫本武藏》里，性格刚烈的阿杉婆因为思念儿子，所以对武藏十分憎恨。然而，在小说结尾，武藏即将前往船岛与佐佐木小次郎决斗时，阿杉婆发自内心地为自己的所作所为道歉："武藏阁下，请宽恕。我之前犯下的错……全都是因为想儿子想糊涂了。"

"请宽恕"这句话听起来很动人。《宫本武藏》的主题是讲人的成长，但其中或许也隐含了"宽恕"与"被宽恕"的主题。武藏历经无数次拼死搏斗而获得的领悟，也许尽在"宽恕"一语之中吧。

生性鲁莽的武藏被泽庵和尚囚禁于白鹭城塔楼的密室中，三年间读了万卷书。而后，为了修行剑道，踏上了流浪之旅。

在城外"花田桥"边等着武藏的，是阿杉婆儿子的未婚妻阿通。两人从前曾约好了在此相会。然而，武藏还是悄然离开了。他在桥头栏杆上刻了几个小字："请原谅我。请原谅我。"

英治正苦于没钱为母亲办葬礼时，收到了来自讲谈社的好消息。之前，讲谈社发行的六种杂志联合举办征文活动，分别征集"小说""童话""教育故事""幽默小说"等等。英治投了几篇过去。结果，投给《风趣俱乐部》的幽默小说《狐狸骑马》和投给《少年俱乐部》的童话《凹凸不平的花瓶》获得一等奖，投给《讲谈俱乐部》的历史小说《绳带平八》获得三等奖。奖金合计七百几十日元（当时，日本首相的月工资也才一千日元）。英治用这笔奖金为母亲办了个隆重的葬礼。

继续看英治的川柳。

一边买书回来，一边拿去旧书店卖。

英治年轻时确实经常买书，同时又经常卖给旧书店。
再看几首英治的川柳：

　　穷困潦倒之人，脸上竟有不可思议的光泽。

　　独自用餐，盘中只有一块孤零零的红姜。

　　凄冷的内心，看见气息吸入。

　　灭亡的地球上，仅剩一只蝴蝶。

　　午睡梦魇，蜘蛛枕上爬。

　　佛龛前的祈祷，犹如马后炮。

　　荒废宫中拉胡琴，松鼠乱窜。

　　蜜月枕边，散落着樱蛤。

　　情书投入炭火中，阿七字迹隐现。①

　　这些川柳，都能让人联想到英治的小说。再来一句：

———————

① 阿七是江户时期小说、戏剧的女主人公。阿七为躲避火灾而逃到
寺院期间，与寺院侍童相识并相爱，却遭母亲阻挠。阿七为了能再去
寺院见到意中人，竟故意纵火。最终获罪，被处以火刑。

　　惬意马嘶声，主人坠地。

　　这种朴素的幽默，也为英治文学增色不少。

　　在文学方面对英治产生影响的人，是一起创作川柳的诗友——川上三太郎。川上酷爱读书，是个侦探小说迷，对外国小说十分熟悉。他预言侦探小说将会在日本掀起热潮。但他又对英治说："侦探小说在日本发展有三点不利因素：日本的警察制度很完善；日本人喜欢现金更甚于宝石；日本人对于死亡不会直接表现出激动。所以，侦探小说到了日本大概会走上志怪小说的路子吧。"此外，大正元年（1912年）时，他还阐述了对大众小说前景的见解：

　　"以后，这样的小说形式会比较受欢迎：省略无聊的景物描写，而仅仅通过人与人之间的矛盾关系推动故事发展。——大概类似于给历史评话注入新的气息。"

　　英治对于川上的观点颇有同感。于是，他打定了主意："好嘞，那我就写这样的东西吧。"

　　创作川柳的诗友们大都有独特的思想。例如：

　　剑花坊，担任汉诗的评委，还曾把川柳诗人鹤彬（死于狱中）推介给世人。（鹤彬写过这样一首反战川柳："伤兵归来，就像残手断足的圆木。"）

　　三太郎，前文提过此人，他为了提高川柳的文学地位而费尽心力。凡骨，是一位有名的木版画家。花又花醉，其川柳代表作是这句："生于苦界，死后葬于净闲寺。"对吉原的妓女们寄予了同情。

　　此外，矢野锦浪，担任《东京每夕新闻》的营业局长，邀请为母亲办完葬礼的英治进报社工作，为每一期的周日副刊写童话、写连载小说《亲鸾记》。英治最初在报纸上写小说是没有署名的。

吉川英治原名"吉川英次"。《东京每夕新闻》报社因关东大地震而解散后，他在讲谈社杂志《KING》创刊号开始连载《剑难女难》时，才开始使用"吉川英治"这个笔名。之前用过各种笔名写不同的东西。

例如，他曾在杂志《风趣俱乐部》大正十三年（1924年）七月号上，用六个不同的笔名，分别发表了幽默小说、历史小说、落语、怪谈等等。一个人创作了不同倾向的多种作品。这事至今还经常为人们津津乐道。

矢野不仅是发现英治的伯乐，自己也以"谷孙六"之笔名接连写了许多关于攒钱投机的著作，而且每一本都非常畅销。他的文笔潇洒风趣，即便今天读起来仍觉得很有意思。

英治的第一部著作是以原名出版的《亲鸾记》。据他自己说，因为刚好是关东大地震那年（1923年）出版的，所以几乎全都烧毁了。现在，这本书究竟是不是成了稀世珍本呢？我向"龙生书林"店主大场先生咨询。

"是红色布料封面、厚五百多页的那本吧？"大场先生说道，"那本书是在发生关东大地震九个月前出版的，所以也并非完全没留存下来。当然，数量确实很少。这二十年来，没在旧书市场上见到过。"

"如果有的话，价格应该很贵吧？"我问道。

"二十五万至三十万日元左右吧。英治的作品中，《鸣门秘帖》应该更少见。这可是历史小说中位列第一的稀世珍本呢。"

"咦，真的？当时很畅销的吧，怎么会少呢？"

"从大正十五年（1926年）八月到昭和二年（1927年）十月，在《大阪每日新闻》上连载。昭和二年（1927年）三月时该报社出版了这部小说，但只出了前篇，没有出版后篇。"

"咦，是因为销量不好吗？"

"谁都没有预料到后篇会不出版。作者可是天下第一的吉川英治呀。而且这本还是他的代表作。旧书店如果只收购到前篇，也会觉得很遗憾。要是一套齐全的该多好啊。"

大场先生微笑着，继续说道：

"唉，有一年——那时还是泡沫经济鼎盛期，旧书信息杂志的广告栏上有人出售此书。是其他小城市的旧书店拿出来卖的，售价三万日元——大概看它是残本才标这个价格吧。即便如此还要价三万，那是看在吉川英治的名号上哩。我当然赶紧下订单，但却没买到。——据说订购者多达三十多人呢。"

"哇，这么抢手。"

"如果是带函套、品相上佳的话，哪怕今天也要八十万日元呢。"

"放在泡沫经济时期，肯定一下就上一百万了。"

"听说，当时有一位订购者甚至带上一百万日元现金跑到店里去，恳求说：'我出一百万日元，请务必转让给我！'"

"真是不得了啊。那后来呢？"

"不知道。我只知道我自己落选了。"

我顺便询问其他英治著作的初版价格。

"先问《宫本武藏》吧。昭和十一年（1936年）到十四年（1939年）讲谈社出版的全套六卷。"

"函套脊背处的作者名容易被晒褪色，所以品相好的很少。品相上佳的话，全套十五万至十八万日元。即便不是初版，品相好的话也要五六万日元。毕竟还是很有人气的嘛。"

"说到人气方面，他写的少年读物如何？"

"比面向成人的小说价格更高。"

"有意思。"

大正十五年（1926年）到昭和四年（1929年）讲谈社出版的《神州天马侠》全套三卷，带函套，二十万日元。昭和六年（1931）出版的普及版全套两卷，八万日元。昭和二年（1927年）同在讲谈社出版的《白头翁绘图故事》，十五万日元。

博文馆出版的《龙虎八天狗》全套四卷，带函套三十五万日元。昭和十一年（1936年）讲谈社出版的《左近右近》，外封齐全的话三十万日元。

其他著作如下：

大正十五年（1926年）讲谈社出版的《坂东侠客阵》，装帧及卷首插图的设计者都是木村庄八，带函套十五万日元。

昭和七、八年（1932、1933年）新潮社出版的《桧山兄弟》上下卷，带函套五万至六万日元。

昭和九年（1934年）改造社出版的《阿尔卑斯大将》，带函套三万日元。

昭和十年（1935 年）新英社出版的《游戏菩萨》，带函套十万日元。

昭和十一年（1936 年）新英社出版的《青空士官》，带函套三万日元。

除此之外，价格都不算太高。

英治题写过一块牌匾，是我喜欢的文句"读书随处净土"，一语道出读书之乐趣。意思大概是：书中随处有所得，读书犹如身处极乐净土。英治还写过这么一首俳句："终日立于书架前，闲看书脊消长昼。"

最后，顺便介绍一首英治写给女儿的诗吧。创作于他去世（享年七十岁）的前一年即昭和三十六年（1961 年）夏天。

> 若问幸福是何物，
> 女儿如何回答。
> 不祈求成为珠宝，
> 但愿莫沦为市井尘芥。
> 纵然只有三坪院子，
> 也要乐于经营那片草地。
> 人生可耕种者甚多。

吃过苦的人，才会有这样的人生观。

24

梶井基次郎

"父亲"的升华

我朋友的儿子——正读高中二年级的小K打来电话，气喘吁吁地说：

"我淘到宝了。"

"什么东西？"

"战前的初版书——梶井基次郎的《柠檬》。这应该算珍本吧？"

"是珍本。你说你找到了？价格很贵吧？"

电话那头，小K微笑说道：

"所以我才说淘到宝了呀。"

"很便宜吗，卖多少钱？"

"不过书有点儿脏，被晒得黑乎乎的，函套也有部分剥落了。"

"瘦死的骆驼比马大。小K，这书值得买。你的零花钱够吗？到底卖多少钱嘛？"

"我已经买下来了。和一个不知什么来头的大叔互相争抢才拿到手的。嗯……能不能麻烦您帮我看一下？我有点担心这书的脏污程度，而且还有损伤。"

"好呀，你过来吧。《柠檬》的初版，我也很想看看。"

小K说他现在在外面，四十分钟就能到这里。随后挂了电话。

我立刻打电话给"龙生书林"店主大场先生。他刚好在书店里。

"那书可能污损比较严重。既然卖得便宜，肯定是有相当大的缺陷，比如说品相不佳，或者是衬页破损。我想，应该没有哪家旧书店会拿到《柠檬》而不识货吧。"

"我也觉得，一个高中生用零花钱就能买下来，估计是次品吧。"

"对了，他说的这本《柠檬》是哪一年、哪里出版的呢？"

"啊？他说是战前的初版书。《柠檬》初版，不就是武藏野书院的那个版本嘛——浅蓝色函套装帧的。这是梶井生前出版的唯一著作呀。"

"是的。不过，战前出版过四种版本哟。"

"啊？原来如此。"

"武藏野书院版是真正的初版，发行于昭和六年（1931 年）五月十五日。函套很软，容易损伤。而且又是素色的，很容易弄脏。品相好的非常少。"

"跟太宰治《晚年》的装帧很像吧，都很朴素。"

"我猜，太宰可能是模仿了《柠檬》的装帧样式吧。"

"噢，确实，梶井的文字是太宰喜欢的风格。"

"昭和六年（1931 年）版的初版，如果品相好的话，要二十万至二十五万日元呢。"

"为什么强调'昭和六年版'呢？"

"昭和八年（1933 年），武藏野书院、稻光堂书店又出版了这本书。不过，尺寸比昭和六年版的稍大，长 20 厘米，宽 14 厘米，书脊上写着书名《柠檬》的平假名'れもん'。"

"昭和八年（1933年），也就是梶井去世的……第二年？"

"没错。这个版本也有函套。但旧书价格只有昭和六年版的十分之一左右。另外，昭和十二年（1937年），版画庄也出版了《柠檬》，是作为版画庄文库中的一册出版的。腰封齐全的话，大概五万至六万日元。"

"你刚才说有四种版本，那还有一种呢？"

"昭和十五年（1940年），十字屋书店出版了一个带有外封的版本。"

"十字屋书店，就是曾出版过《宫泽贤治全集》的那个地方吧。"

"十字屋版相当于刚才那个昭和八年版的再版，所以这个版本没有初版，全是第二次印刷。"

"噢。"

"这个版本没有函套，而有外封，现价一万日元左右。"

"战前出版的《柠檬》居然有四个版本，我还是头一次听说。"

那么，小K买到的究竟是哪个版本呢？既然说是初版，那肯定不是十字屋版了。如果是昭和八年版，品相差一点儿的话，小K用零花钱能买下来也不足为奇。之前我还一心以为是昭和六年版，大加吹捧，说不定让他空欢喜一场了。

大场先生还告诉我，梶井的亲笔原稿和书信价格十分昂贵。

英年早逝的作家，大都如此。因为留存数量少，当然也就很贵。梶井基次郎年仅三十一岁就去世了。本来，《柠檬》刚出版，随后《中央公论》杂志向他约稿，他拼命写完《悠闲的患者》，拿到了生平第一笔稿费……就在这大有可为之时，梶井却没有时间了。

> 昭和七年（1932年）三月二十三日，阴天。
> 今天一大早，请医生上门打针。无效。服用镇静剂。服用可暂时缓解呼吸痛苦的一次剂量。傍晚前开始昏迷。

以上摘自梶井基次郎母亲的《看护日志》。她出生于大名酿酒师之家，十多岁时师从阪正臣学习汉文、和歌。

她从少女时代就立志当报社记者，所以思维清晰、性格活泼。明治三十四年（1901年），她在幼儿园当保育员期间生下了基次郎。丈夫是安田合名会社的职员。

根据《看护日志》记载，三月二十三日这天，基次郎临终前痛苦地扭动，向其弟哀求要镇静剂。其弟说医生现在出诊不在，劝其稍等也不肯听。其弟骑自行车出去寻找医生，好不容易才取回药来，但此时已经用不上了。母亲劝基次郎安息。

据大谷晃一《梶井基次郎评传》所记，当时其母劝导说：“你并不是个平庸之人。人临终之时非常重要，你大概也明白吧。不必作出一副可怜相。”基次郎说：“我明白了。既然要死，就死得有风度一些。”说完，为自己先前的失态向弟弟道歉，随即闭上了眼睛。

三月二十四日，“凌晨二时，安然逝世。”

　　不知为什么，小 K 迟迟未到。我闲得无聊，就取出了久违的《柠檬》单行本，翻开来看。书中收入了包括《柠檬》在内的十八篇短篇小说。如果再加上《悠闲的患者》《橡树之花》等二十多篇习作的话，就是梶井的全部作品了。

　　这本《柠檬》，可谓青春小说的名作集，适合在十多岁二十多岁、多愁善感的时候读。但一个已过花甲之年的老头子拿起来重读，又是否合适呢？

　　我战战兢兢地翻开第一篇《柠檬》，开始看。

　　　　一团莫名的不祥之块垒一直压在我心头。

　　开篇第一句一下子就把我吸引住了。——这种"莫名的不祥之块垒"，与年龄无关，谁都可能会有的。

　　作者继续写道：

　　　　说不清是焦躁还是厌烦，这种感觉恰似酒后之宿醉。每日喝酒，宿醉便会如期而至。现在，它又来了。我感到难以忍受。

　　"我"在水果店里买了一个柠檬。——原文中特意用了复杂的汉字"檸檬"，而不是"レモン"或"れもん"①。这"檸檬"用得好。在这篇作品中，就必须得用汉字表

――――――――――

① 在现代日语中，因为"檸檬"复杂难写，所以常用假名"レモン"表示。

《柠檬》的初版。昭和六年（1931 年）五月十五日武藏野书院出版。带函套。

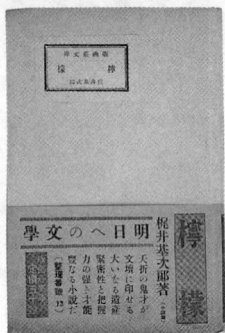

昭和十二年（1937 年）版画庄作为"版画庄文库"其中一册而出版的《柠檬》。

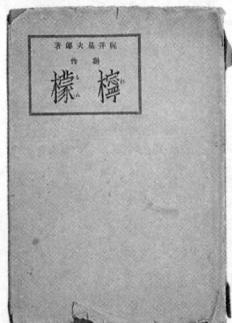

昭和十五年（1940 年）十字屋书店出版的《柠檬》。带有外封。

示。原因在小说结尾。

"我"拿着柠檬，走进丸善书店。然而，刚才买到柠檬时的那种幸福感，却正渐渐消散，平时的忧郁又渐渐侵袭而来。

"我"从书架上抽出一本一本画册，翻看。然后并不放回书架，而是随手搁在地上，摞成一堆。随即推倒，又尝试各种组合，重新摞起来。

最后，终于建成一座满意的画册城堡。"我"把柠檬搁在"城堡"顶上。以下摘自梶井的原文：

> 放眼望去，那只柠檬把各种纷乱的颜色悄悄地吸收进了纺锤形的体内，变得更加鲜明通透。在丸善书店灰尘弥漫的空气中，只有柠檬周围凝聚着一种紧张的气氛。我注视了好一会儿。

忽然，"我"脑子里又闪现出一个念头。

> 这个怪异的想法甚至把自己也吓了一跳。
> ——撇下这堆东西，若无其事地离开。
> 我觉得心里痒痒的。"要走吗？对，走吧！"于是快步走出了书店。

看着这自问自答式的文字，我不由联想起第一百三十届芥川奖获奖作品《欠踹的背影》（作者是绵矢莉莎）的这段文字：

他用大拇指触摸着嘴唇，皱起眉头。我看着他，条件反射似的从嘴里蹦出一句话：

"真的？太好了。我摸摸，舔一下。"

身体自然而然地凑过去，舔了一下他那半张开的、干巴巴的嘴唇。

闲话休提，言归正传。《柠檬》的结尾是这样的：

我仿佛看见有人在丸善书店的书架旁安放了一枚黄灿灿的可怕的炸弹——那个古怪的歹徒就是我。十分钟后，那美术画册书架将会引发书店大爆炸，真是太有趣了！

"这样一来，那令人压抑的丸善书店就会被炸得粉碎啦。"我沉浸在幻想之中。

街上到处都点缀着花里胡哨的电影海报。我沿着京极街一路向南走去。

"檸檬"这两个汉字看样子颇为凶险，正符合炸弹之意境。

《柠檬》创作于大正十三年（1924年）十月。当时梶井年仅二十三岁，就读于东京帝国大学文学系（英文专业），宿舍是位于本乡区三丁目的盖平馆支店（石川啄木和金田一京助也曾在这里住过）。梶井和外村繁、中谷孝雄等人一起筹划出版同人杂志。

杂志名迟迟没有确定下来。梶井主张用《蓟》。但有人认为蓟花是不浇水的，不太吉利，所以没被采用。中谷孝雄的妻子平林英子向大家介绍了一句武者小路实笃的诗："喧闹者且自喧闹，我是青空。"大家觉得此诗意趣盎然，所以就决定用《青空》作为杂志名称。

梶井在《青空》创刊号上发表了《柠檬》。因为资金不足，通过朋友介绍，委托岐阜监狱印刷杂志。虽然费用便宜，但推迟了一个月才印好——因为杂志中有很多类似"檸檬"这样的生僻字，需要另行补齐。

当年年末，创刊号出版了。梶井提出："不能表现出我们渴求关注的本性。"所以并没有赠送给作家和评论家。谁想看的话就掏钱买吧——定价为三十钱。结果，杂志创刊号没有引起任何反响，虽然可能也并不全是因为没有赠送的缘故。

翌年二月，杂志出版了第二期。前一年夏天，他在姐姐婆家所在地——三重县松阪市住了一个月。根据当时见闻而写的《有城楼的小镇》在第二期中发表。但这次也同样没有任何反响。三月出版的第三期上，梶井没有再发表作品。

当我看完《有城楼的小镇》时，小 K 终于来了。

"我还担心你碰上什么交通事故了呢。"我半开玩笑地出去迎接。

"确实碰上事故了。"他垂头丧气地说。

但看样子并没有受伤。

他却坚持说："唉，这绝对是事故啦。"

细问之下，我才明白了事情原委。确实，那无异于一场事故。

小K是在看完一遍父亲收藏的文学全集后，才开始常去逛旧书店的。

他想收集自己喜欢的作家作品。当然，仅凭一个高中生的零花钱，买不起初版书。如果不拘泥于品相和版次的话，倒也能买到一些价格合适的好书。渐渐地，他迷上了逛旧书店。

这天，小K在店面的均价柜台上看见一本随意摆放着的《柠檬》。他最近刚读过梶井的作品，一看见《柠檬》，不由喜出望外，立刻伸手去拿。这时，旁边忽然有另一只手搭在他手上，就像玩"和歌百人一首"纸牌游戏时抢牌的情形一样[①]，旁边站着一个老人。老人气势汹汹地推开小K，说道："我先看到这本书的。"

店主看见店面发生争吵，就从屋里走出来做裁判。他看了看小K手上捧着的书，对老人说："让给年轻人吧。"老人只得不太情愿地离开了。

"你发现好东西了啊。"店主夸奖小K有眼光，"这本书挺适合你看的。"

小K非常高兴，接着立刻就给我打电话了。

然后，他脚步轻快地走向车站。车站前有一家老字号旧书店。他不经意地浏览了一下店面的均价柜台（大多数旧书店就是这么设置的），发现上面竟然有一本跟自己刚

---

① "和歌百人一首"是从一百位和歌诗人创作的和歌里各选一首编成的和歌选集。江户时期出现了"百人一首"的游戏纸牌。最常见的玩法是：有人念某一首和歌的上句，另外几个人争抢这首和歌下句的纸牌，得牌多者为赢家。

买那本一模一样的《柠檬》。而且两本价格相同，但这本品相好，跟新书差不多。

他心里怦怦直跳，把这本书也买了下来。之后，他坐在站台的长凳上，拿出两本《柠檬》来比较。

当他看见新的那本函套背面时，脑袋仿佛挨了一记重击似的嗡嗡作响。——右下角印着一行小字"名著复刻全集 近代文学馆"。而那本旧的呢，函套的这个地方剥落了。他急忙把书从函套抽出来看。

新的那本有两张版权页——一张是昭和六年（1931年）五月武藏野书院版；另一张是近代文学馆的版权页，上面还附有一句说明：

　　此页（正面和反面）是此书复刻时新加的。

仔细看时，武藏野书院的版权页下方印有和函套背面相同的一行小字，说明此书是复刻本。

而旧的那本《柠檬》，则有做过手脚的痕迹——近代文学馆的版权页被撕掉了，而且原书版权页上关于复刻本说明的那行小字也被巧妙地删除了。

"简直是碰上事故了。"小K苦笑着说。

"开始喜欢旧书的人，谁都会有这种失败经历的。"我安慰道。

这两本书，小K都是用二百日元买下的。当然，我不能对他说：两本也只花了四百日元而已嘛。对高中生来说，也不算少了吧。

"喂，小K，你看。"

　　我把刚才自己读的那本藏书《柠檬》翻到封底衬页给他看——上方书角处用铅笔写着"一○○○"。

　　"这是我二十年前买下这本复刻本时的价格。相比之下，你算买得很便宜啦。而且还买到两本。"

　　"但其中一本是做过手脚的造假书呀。书脏，那个做手脚的人也够脏的。"

　　"如果你把它当作造假书的样本，那就算便宜了。你可以把价格翻倍再转卖出去嘛。"

　　"真的？这样的话，就等于另一本是免费得到的咯。赚了呀。"

　　"你要是把它当作一次愉快的购书经验，就更赚了呢。"

　　"当时看那老人急得脸色都变了。也难怪我会上当，以为是原版。而且，那店主还夸我来着。"

　　"我觉得，那位店主夸你也可能不是别有用心，而是把你当成了真正的书迷。——欣然求购复刻本的人，一定是真正读书的人。"

　　我又问小K最喜欢梶井的哪篇作品。

　　"《柠檬》固然好，但我更喜欢《有城楼的小镇》，还有……"他稍停片刻，支支吾吾地说道，"嗯……还有《交尾》。"说着，似乎有些脸红。小K一心沉迷于文学，所以还是个纯情的高中生——如今已经很少见了。

　　《有城楼的小镇》好在哪里呢？我问他。

　　"嗯……小孩子们的形象很生动，让人感觉这小镇很美好。"他回答说。

　　确实如此。捉蚱蜢玩耍的女孩子；经常叫嚷着"哈里根·哈奇的摩托车"的女孩子；一边看焰火，一边数着焰火升空间隔时间的少年；因口齿不灵活，把"这不是蕨菜"说成"这蕨菜又不是"而被嘲笑的小孩子；被男孩子用力牵手而暗自欣喜的女孩子们……炎热夏天的小镇一景。

　　主人公阿峻去已出嫁的姐姐家里玩。姐姐家里有这些人：和善的丈夫、独生女儿胜子、手指受伤了而从学校宿舍回来住几天的丈夫的妹妹信子；还有丈夫的母亲。

　　如前文所述，这篇小说是梶井根据自己二十三岁那年夏天的亲身经历而写的。小说里并没发生什么特别的事件。至于哪部分是事实，哪部分是虚构，也不必深究。

　　这篇小说读起来有一种怀旧感。这种怀旧感来自哪里呢？——也许正如小K所说，来自小孩子们的动作和语气吧。

　　然而，这次我重读了这篇久违的小说之后，才弄清了所谓怀旧感的真实面目——其实是初恋，或者说是初恋的甜蜜感觉吧。这种淡淡的、幼稚的初恋，其实正是强烈性欲的一种体现。

　　我二十多岁初读这篇小说时，并没有意识到这一点。因为自己正处于性欲旺盛时期，对于转瞬即逝的感觉并没留意。

　　一天晚上，阿峻应邀和姐姐全家一同外出看魔术表演。化过妆、穿着浴衣的姐姐和信子走在前头，阿峻跟在后面。突然，姐姐回过头，说："喂，你走前面……快点。感觉挺别扭的。信子，你也觉得吧。"信子也笑着点点头。

　　为什么她们会觉得别扭呢？我二十多岁时看不太懂。

过了四十年后，今天才终于明白是什么意思。我并非晚熟，而只是不够敏感罢了。

这篇小说的结尾是这样的：信子回学校宿舍去的当天夜里，阿峻心中期盼着下雨。果然下起雷阵雨来。阿峻起身，打开防雨窗。他坐在门槛上，把双脚伸到外面淋雨。

> 雨中，信子的衣服还挂在晾衣竿上——就是她平时常穿的、他最眼熟的那件窄筒袖浴衣。也许正因如此，他看着那件浴衣时，竟仿佛看见了信子的身影。

这描写充满了情欲。在前文提到的那个场面，姐姐之所以觉得别扭，正是因为弟弟的目光——充满性欲的、闪耀着的目光。这双看着纯真孩子们的眼睛，一看到从小孩变成大姑娘的信子时，一下子就眼神发直，垂涎欲滴。这个年龄的男孩子，谁都一样。这正是梶井想要表现的。极其抒情、自然，同时又带着些许自我厌恶。

阿峻为什么要去姐姐家里住呢？小说开头是这么写的：

> 其中一个原因，是可爱的妹妹病死了。阿峻想缓解一下心情。出于这样一种年轻人的感慨，还没到五七日，他就离开家，到住在此地的姐姐家里来。

妹妹三岁时就病死了。在现实中确有其事。不过不是梶井的亲妹妹，而是同父异母的妹妹。

梶井还有个同父异母的弟弟。而妹妹和弟弟的母亲又各不相同。这个弟弟和梶井同年。然而，梶井在北野中学读初中三年级时，弟弟刚读完高等小学校就被送去当学徒了。梶井心生同情，于是自己也中途辍学，跑去针织衫批发店当学徒。这是对生活放荡的父亲的一种抗议。梶井做了一年学徒。不过东家倒是很近，就在梶井自家的斜对面。

梶井感觉到"父亲"存在于自己体内。梶井的文学，就是对"父亲"的抗争。

此处的"父亲"，指的是异于常人的旺盛性欲，是受性欲驱使的放荡不羁的性格。梶井为这"父亲"感到恐惧，感到苦恼。就读于第三高等学校期间，梶井过着花天酒地、打架斗殴的放荡生活。这种行为，大概也是对自己体内的"父亲"的反抗吧。

在文学上，梶井并没有很明显地描写关于性的心理矛盾。相反，他故意加以掩饰。而这种隐忍，则形成了一种鲜明的抒情风格。

> 樱花树下埋着尸体！
>
> 这事应该可信。为什么呢？你看那樱花开得如此灿烂，令人难以置信。
>
> （《樱花树下》）

对于梶井而言，"尸体"无异于性之岩浆。《柠檬》开头的"一团莫名的不祥之块垒"或许也是如此。

而《交尾》这篇，不仅令小 K 为之感动，而且也被许多读者评为梶井的最佳作品。这篇小说把人类丑恶的性与猫、树蛙作对比，并对性欲的冲动作了美化和升华——这大概正是梶井的理想吧。

内田百閒对梶井有两句赞美之词，我完全赞同："每当我拿起上下两卷《梶井基次郎全集》，心中就会涌起对这位鬼才夭折的痛惜之情。""梶井先生是伟大的未完成的作家。"

后记 —— 实惠作家论

旧书的价格当然有其依据，不是随便乱定价的。

司马辽太郎先生曾经为了写长篇小说而收集了大量旧书。这事时有耳闻。

据我所知，司马先生在写《坂上之云》期间，只要看到字里行间出现"日俄战争"的书，都会一律收集起来。用卡车从旧书店把五花八门的书运回来后，先浏览一遍，将其分成写小说时"用得上"和"用不上"的两大堆。用不上的就立即处理掉。不然，书就要堆积成山了。

据说，司马先生对旧书价格之微妙也深有体会。用得上的书，通常价格不菲；而用不上的书则往往很便宜。例如，《明治三十七八年日俄战史》这套书，厚重而豪华，是由参谋总部编纂的全套十卷战史。在普通人眼里看来，大概会觉得这是昂贵的资料吧。其实，这套书在旧书店里几乎被视如废纸，因为内容不可信 —— 编纂此书的目的是论功行赏，所以里面充斥着吹嘘战功的浮夸内容，记录不准确，无法作为参考资料。旧书店早就了解到这一点，故意将价格定得很低，以免让这样的书流传后世。价格越低，就越不受重视，总有一天会销声匿迹。司马先生曾表示，他对于旧书店的"眼光"是相当佩服的。

那么，是所有旧书店都读过这书，然后才判断它的价值吗？其实并非如此。很多时候，他们是直接从编者或是从实际用过这书的研究者那里获取信息。顾客的评价是最准确的。

文学书也一样。顾客会告诉你，什么书是珍本。旧书店把书找来读，以了解为什么这书被视为珍本、为什么价格昂贵。书的价格其实和内容没什么关系。不过，如果光挑那些在旧书业界评价颇高的文学书来读的话，倒有可能形成一种独特的阅读方法。——不仅是有可能，实际上我已经在这么做了。

这本书可以说是"旧书店的作家论"。不是普通的读法，而是为了给书定价的读法。所以，也是一种与利益挂钩的文学论。请容我自吹自擂一句——这书不仅"开卷有益"，而且还是国内第一本"开卷有赚"的实惠作家论。

书里公布了最新的旧书价格。正如其中多次提到的那样，同行的大场启志先生给予了大力协助。书中的图片和数据都是由大场先生提供的。他的专长是近现代文学以及大众小说，发行过旧书库存目录《龙生》。

列入书中的作家是我随意选择的。限于已故作家。

在杂志撰文连载时，得到了村松恒雄先生的悉心关照。结集出版时，则要感谢永露龙二先生的尽力帮助。在他们的支持下，这项工作才得以愉快地完成。

2007 年 4 月 10 日
出久根达郎

文库版后记 —— 后来的价格

　　本书在杂志《小说现代》上连载是 2005 年至 2007 年的事了。那么，到现在 2010 年 2 月时，以前介绍过的那些旧书价格有什么变化呢？大家应该都挺感兴趣的吧。

　　我手上刚好收到了一份最新的旧书目录，是专卖文学书的旧书店的目录。

　　我粗略浏览之后，得出结论：价格几乎没有变化。这个结论大致不会错吧。

　　之所以不敢说得太武断，是因为品相上佳的初版书太少了。也就是说缺货。

　　这个现象并非现在才有的。一直以来，明治、大正、昭和时期的保存状态良好的文学书珍本极其有限，旧书市场上难得一见。泡沫经济时期，因为价格暴涨，所以好书全都冒出来了（当然，珍本要在价格达到顶峰时才会出现）。在那段时期被收入图书馆或纪念馆的珍本，后来一般不会重新作为商品流入市场。而藏书家的书架上的书，则是待价而沽，所以暂时也不会出现在旧书市场上。

　　眼下，主要的文学书比较匮乏。可以说，旧书价格处于相对稳定的状况。（当然，这是就特定的初版文学书而言，一般旧书价格则是大幅下跌的。）

　　这份旧书目录上刊登了两件夏目漱石的著作。

一件是带外封的全套三册《我是猫》。中下册是初版，但上册是第七版的。三本书的外封书脊处都晒得有些褪色，上下册的外封有损伤，还稍有破损。售价是六十五万日元。

另外一件是《虞美人草》初版，带书套。书套略有磨损，加了衬里进行修补。书的保存状态良好，但有两处印章。售价是八万五千日元。

我在正文中提到《虞美人草》时，曾引用过大场启志先生的说明：

"书套齐全的话二十五万日元。不过很多书套都有破损。本来这本书的书套就容易破损。经常见到有破损的书套加了衬里进行修补的。"

据说，没修补过的初版书极其少见。二十五万日元的《虞美人草》就难得一见。我能据此判断价格没有变化。如今也和泡沫经济时期不同，价格不会上涨。

因此，正文中提到的旧书价格仍然按照在杂志连载时的原样，不作修改。

另外，关于谷崎润一郎、芥川龙之介、井伏鳟二、内田百閒、藤泽周平、松本清张、池波正太郎、大佛次郎等作家，我写进了本书的续篇里。预计将结集出版。对本书感兴趣的读者，也请对续篇给予关注。续篇里还收入了漫画家手冢治虫。漫画的旧书价格和文学书自有不同之处，可谓是别有洞天吧。

出久根达郎

附 录

书刊及文章译名对照表

（译名对照表按中译名的汉语拼音排序。未列入中译名沿用日
文原名及由日语转译的书刊和文章名。）

《阴兽》创作谈	『陰獣』を書く
ALL 读物	オール讀物
F6 Seven	F6 セブン
Goodbye	グッド・バイ
Kappa Books	カッパ・ブックス
King	キング
Million Books	ミリオン・ブックス
Robin Books	ロビン・ブックス
阿尔卑斯大将	あるぷす大将
爱的饥渴	愛の渇き
爱上爱情的人	恋を恋する人
暗樱	闇桜
凹凸不平的花瓶	でこぼこ花瓶
八墓村	八つ墓村
掰腕子	腕くらべ
白金陀螺	白金の独楽
白日梦	白昼夢
白色的欢喜佛	白い歓喜天
白头翁绘图故事	ひよどり草紙

百万日元煎饼	百万円煎餅
柏树林的夜晚	かしわばやしの夜
坂上之云	坂の上の雲
半开玩笑	面白半分
保姆	あだこ
暴风雨的蔷薇	暴風雨の薔薇
被解雇的是谁	首を切るのは誰だ
不爱？不能爱？	愛さないの愛せないの
不一样的泉镜花	もうひとりの泉鏡花
不在之人	お留守さま
彩色版国民文学	カラー版国民の文学
残留的记忆	忘れ残りの記
残柳窗的夕照	散柳窓夕栄
朝露未晞时	つゆのひぬま
尘中日记	塵中につ記
趁暗	暗まぎれ
赤脚的情歌	はだしの恋唄
赤鸟	赤い鳥
赤土之家	赤土の家
憧憬	あこがれ
丑女	おたふく
丑女物语	おたふく物語
臭虫杀人事件	南京虫殺人事件
出租屋一览	貸家一覧
穿门而过	その木戸を通って
传奇	ロマネスク
春分之后	彼岸過迄

春情花之朦胧月夜	春情花朧夜
春天与阿修罗	春と修羅
春昼之后	春昼後刻
纯白之夜	純白の夜
从此以后	それから
从前至今	むかしも今も
村子里的斯多葛派	村のストア派
大年夜	大つごもり
大思想百科全书	大思想エンサイクロペヂア
地底之都	地底の都
电视剧	テレビドラマ
吊钟草	釣鐘草
顶阁里的散步者	屋根裏の散歩者
东京的王子们	東京のプリンスたち
冬之烟火	冬の花火
俄国文学的理想和现实	ロシア文学の理想と現実
恶魔的王城	悪魔の王城
二百一十日	二百十日
二人同行	二人づれ
二十四只眼睛	二十四の瞳
发现	ユリイカ
法兰西物语	ふらんす物語
翻越立山	さらさら越
飞上天的故事	天にのぼる話
吠月	月に吠える
风流秘籍	なさけのトラの巻
风趣俱乐部	面白倶楽部

风与光与二十岁的我	風と光と二十の私と
风之又三郎	風の又三郎
芙蓉公馆的秘密	芙蓉屋敷の秘密
拂晓和黄昏的诗	曉と夕の詩
福尔摩斯侦探小说	探偵小説　シャーロック・ホームズ
妇系图之歌	婦系図の歌
复仇十种	仇討十種
富兰顿农学校的猪	フランドン農学校の豚
盖平馆时期的回忆	蓋平館時代の思出から
高人？怪人？人类馆	傑物？変物？人類館
高野圣僧	高野聖
歌日记	うた日記
阁楼上的两个处女	屋根裏の二處女
工薪族的箴言	サラリーマンの金言
枸橘花	からたちの花
辘轳井为何而鸣	車井戸は何故軋る
古斯柯布多力传记	グスコーブドリの伝記
骨之歌	骨のうたう
关于《法兰西物语》被禁止发行	フランス物語の発売禁止
关于爱和美	愛と美について
关于坂本竜马	坂本竜馬のこと
国文学解释与鉴赏	国文学　解釈と鑑賞
国贞之画	国貞ゑがく
哈姆雷特	ハムレット
孩子们的房屋	ちいさこべ
海岬物语	岬にての物語

海战的余波	海戦の餘波
黑暗的青春	暗い青春
红叶先生的看门人	紅葉先生の玄関番
猴岛	猿ヶ島
后朝川	きぬぎぬ川
狐狸骑马	馬に狐を乗せ物語
湖南的扇子	湖南の扇
花和小铃	花と小鈴
花虽芬芳	色は匂へど
花与龙	花と龍
花与士兵	花と兵隊
花之朦胧月夜	花のおぼろ夜
黄瓜与爱情	胡瓜と恋
谎花	あだ花
回忆	思ひ出
活人偶	活人形
火焰舞	炎さばき
火之鸟	火の鳥
疾风	野分
甲州摇篮曲	甲州子守唄
假面自白	仮面の告白
嚼沙	砂をかむ
节日	おまつり
今天是午日	こんち午の日
金合欢	アカシア
金色的处女	金色の処女
惊异的记录	驚異の記録

镜花词汇一斑·《镜花全集》作品	鏡花語彙一斑·（鏡花全集）作品
人名索引	人名索引
剧本	シナリオ
绢与明察	絹と明察
侃爷物语	おしゃべり物語
可悲的玩具	悲しき玩具
恐怖主义专刊	テロ特集
矿工	坑夫
冷饭物语	ひやめし物語
离家出走之建议	家出のすすめ
理想的丈夫	理想の良人
历程	歩み
猎奇的后果	猟奇の果
龙马行	竜馬がゆく
龙生	りゅうせい
陆奥偶人	みちのくの人形たち
路程	道程
罗马字日记	ローマ字日記
裸体和衣裳	裸体と衣裳
落叶旁	落葉の隣り
绿衣鬼	緑衣の鬼
麦子与士兵	麦と兵隊
满蒙的战栗	満蒙の戦慄
盲目的日历	盲目の暦
猫的婚事	猫の縁談
昴	スバル
冒昧	そつじながら

没有影子的凶手	影のない犯人
美丽的旅途	美しい旅
美利坚物语	あめりか物語
迷途和死海	迷路と死海
秘稿四叠半房间拉门之糊纸	秘稿四畳半襖の下張
名为"不幸"的猫	ふしあわせという名の猫
名言随笔工薪族	名言随筆 サラリーマン．
明治三十七八年日俄战史	明治卅七八年日露戦史
魔群的通过	魔群の通過
魔之都	魔の都
母亲	かあちゃん
母亲的萤火虫 寺山修司所在的风景	母の螢 寺山修司のいる風景
那条路这条路	あの道この道
男人的赎罪	男の償ひ
能面的秘密	能面の秘密
年轻的手册	若い手帖
女人的决斗	女の決闘
女人的友情	女の友情
女佣	おさん
偶记	折々の記
帕诺拉马岛奇谈	パノラマ島奇談
拍水	水たたき
判官大人的小路	将監さまの細みち
平次身世谈	平次身の上話
苹果成熟时	林檎みのる頃
七朵花蕾	七つの蕾

七棵山茶花	七本椿
奇谈俱乐部	奇談クラブ
千种花	千種の花
前夜	その前夜
浅草的姐妹	浅草の姉妹
浅草的鹩哥	浅草の九官鳥
欠踹的背影	蹴りたい背中
蔷薇还活着	薔薇は生きてる
蔷薇和郁金香	薔薇と鬱金香
蔷薇活着	薔薇は生きてゐる
敲门	ノック
青马	青い馬
青梅竹马	たけくらべ
青鸟	青い鳥
青铜魔人	青銅の魔人
青舟物语	青べか物語
清水烧的风景	清水燒風景
情色自问自答	猥褻独問答
请赐予我五月	われに五月を
秋风送爽	秋風のこころよさに
秋之空	秋の空
趣味丛书	おもしろブック
犬神家族	犬神家の一族
塙侯爵一家	塙侯爵一家
扔掉书本上街去	書を捨てよ、町へ出よう
日本的战栗	日本の戦慄
日本剧场照片集	にっぽん劇場写真帖

三岛由纪夫——旧书店的书志学	三島由紀夫　古本屋の書誌学
三朵花	三つの花
三份盒饭	お弁当三人前
桑树物语	桑の木物語
沙漠的古都	沙漠の古都
山神杀人	山の神殺人
山羊之歌	山羊の歌
伤痕累累的阿秋	疵だらけのお秋
少年俱乐部	少年クラブ
少年侦探·黑领带帮的魔爪	少年探偵　黒襟飾組の魔手
少女 Z	少女ゼット
少女的港湾	乙女の港
少女俱乐部（是否改为 CLUB）	少女クラブ
少女之友	少女の友
少爷	坊っちゃん
什么花的芬芳	なんの花か薫る
盛开的花	咲競ふ花
盛开的樱花林下	桜の森の満開の下
石头的思念	石の思ひ
石头与钉子	石と釘
食后之歌	食後の唄
士兵	兵隊
手枪的使用方法	ピストルの使ひ方
售卖人头的商店	首を売る店
书	本
树影移动	樹のごときもの歩く
漱石的版税记录本	漱石の印税帖

说太多了	饒舌り過ぎる
司马辽太郎其人	司馬遼太郎という人
司马辽太郎演讲全集	司馬遼太郎全講演
死在田园	田園に死す
死之接吻	死の接吻
四叠半房间拉门之糊纸	四畳半襖の下張
四个婚礼	四つの結婚
寺山修司·游戏之人	寺山修司·遊戯の人
他不再是他	彼は昔の彼ならず
汤岛的白梅	湯島の白梅
汤岛之行	湯島詣
天空之书	空には本
天文台的大叔	天文台の小父さん
同是女人物语	女は同じ物語
土地与士兵	土と兵隊
土佐的顶梁柱	土佐の国柱
外套与青空	外套と青空
宛若飞翔	翔ぶが如く
为了年轻的武士	若きサムラヒのために
梶井基次郎评传	評伝梶井基次郎
未成年	生意気盛り
我的金枝篇	わが金枝篇
我是猫	吾輩は猫である
我想拥抱大海	私は海をだきしめてゐたい
乌鸦	鴉
无家可归的小孩	家なき子
无明画卷	無明絵卷

五月的留言①	五月の伝言①
五月的诗	五月の詩
勿忘我草	忘れな草
误会物语	思い違い物語
雾之高原	霧の高原
西洋画入门	洋画手引草
夏天的身影	夏すがた
鲜花盛开的森林	花ざかりの森
蚬贝河岸	しじみ河岸
现代好色者入门	現代野郎入門
献给故乡的赞歌	ふるさとに寄する讃歌
献给萱草	萱草に寄す
向天空那边	空の彼方へ
像那样	かのやうに
橡树之花	橡の花
橡子与山猫	どんぐりと山猫
枭之城	梟の城
逍遥人物评	呑気な人物評
小丑之花	道化の華
小小的花朵	小さき花々
小学四年级学生	小学四年生
小子	ちゃん
谢绝会面	面会謝絶
心理测验	心理試験
新潮日本文学相册 太宰治	新潮日本文学アルバム 太宰治
性生活史	ヰタ・セクスアリス

雨怪	雨ばけ
雨停了	雨あがる
越级申诉	駆込み訴へ
再见箱舟	さらば箱舟
早川丛书	ハヤカワ・ライブリー
战国茶泡饭	戦国茶漬
丈夫的贞操	良人の貞操
侦探班长	級長の探偵
正是我物语	わたくしです物語
正午的杀人	正午の殺人
直到大地尽头	地の果まで
直到大海尽头	海の極みまで
直木的早稻田时代	直木の早稲田時代
致读者	読者に
致山田太一君	山田太一君へ
猪与蔷薇	豚と薔薇
住宅区生活	団地生活
苧菀与玛耶	苧菀と瑪耶
转身之颂	轉身の頌
紫苑之园	紫苑の園
走完的桥	橋づくし
诅咒之塔	呪いの塔
最初，女性是太阳	元始、女性は太陽であった
佐武	さぶ
作家的日记	作家の日記

图书在版编目（CIP）数据

给作家标个价：旧书店的文学论 /（日）出久根达
郎著；黄悦生译 . -- 成都：四川人民出版社，2019.9
（2019.11 重印）

ISBN 978-7-220-11410-6

Ⅰ . ①给… Ⅱ . ①出… ②黄… Ⅲ . ①古旧图书—书
店—研究—日本 Ⅳ . ① G239.313.3

中国版本图书馆 CIP 数据核字 (2019) 第 108356 号

四川省版权局
著作权合同登记号
图字：21-2019-207

GEI ZUOJIA BIAOGEJIA: JIUSHUDIAN DE WENXUELUN

给作家标个价：旧书店的文学论

著　　者	［日］出久根达郎
译　　者	黄悦生
选题策划	后浪出版公司
出版统筹	吴兴元
编辑统筹	梅天明
特约编辑	石儒婧
责任编辑	熊　韵
装帧制造	墨白空间·肖雅
营销推广	ONEBOOK
出版发行	四川人民出版社（成都槐树街 2 号）
网　　址	http://www.scpph.com
E - mail	scrmcbs@sina.com
印　　刷	北京天宇万达印刷有限公司
成品尺寸	130mm × 185mm
印　　张	13.75
字　　数	286 千
版　　次	2019 年 9 月第 1 版
印　　次	2019 年 11 月第 2 次
书　　号	978-7-220-11410-6
定　　价	49.00 元